図解でわかる

# 14歳から知る 人類の脳科学、その現在と未来

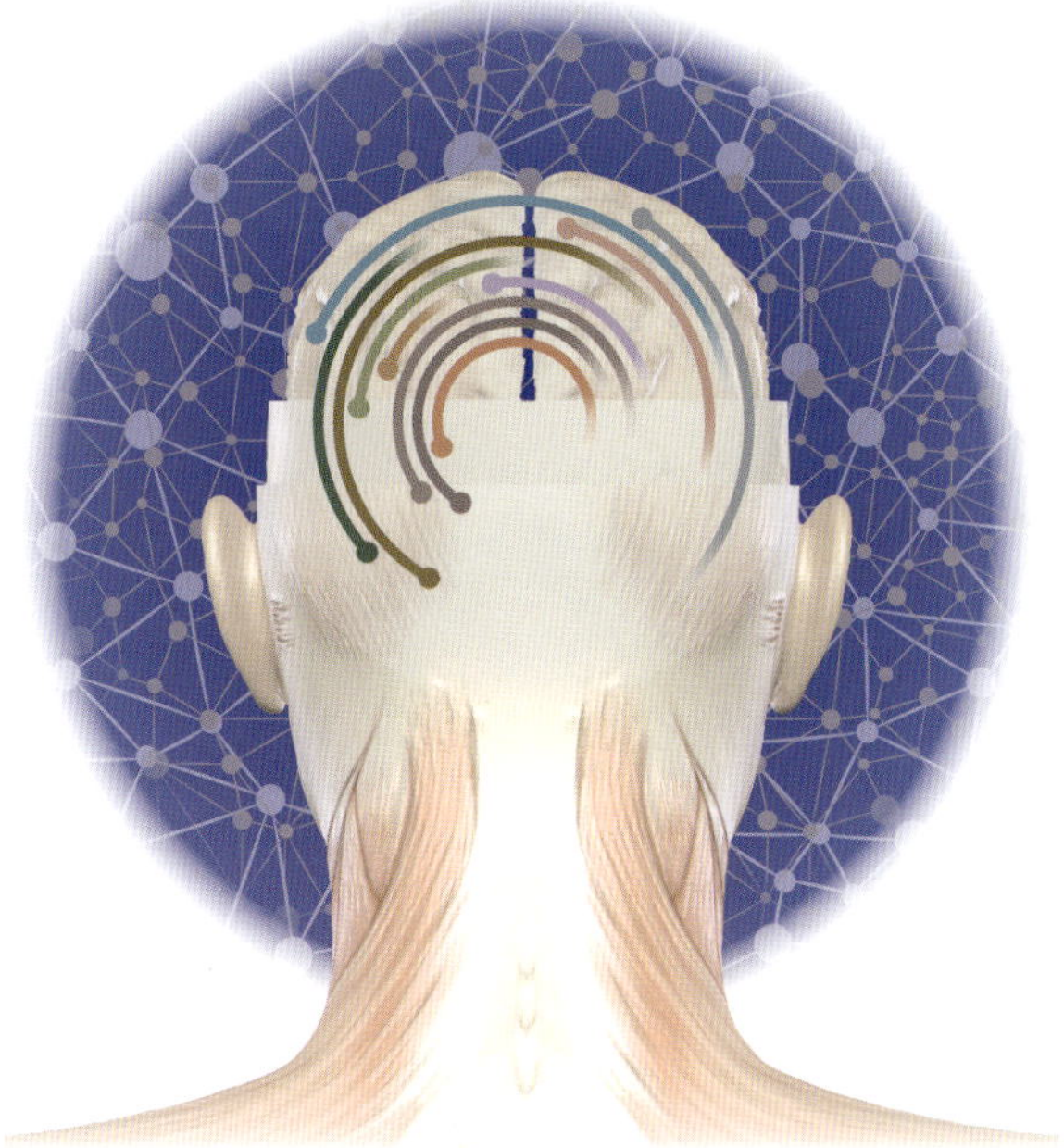

松元健二・監修
（玉川大学脳科学研究所教授）
インフォビジュアル研究所・著

図解でわかる

# 14歳から知る 人類の脳科学、その現在と未来

## 目次


はじめに
ギリシアの哲人アリストテレスは、人間の「脳」は心の冷却装置と考えた
21世紀のいま、脳の探求はどこまで進展したのか？ …… 4

Part. 1 脳についての基礎知識

❶「私」とは、頭蓋骨の中の海に浮かぶ重さ1・5kgの灰白色の物体なのか!? …… 6
❷ 脳内では、電気信号を伝達する千億個の神経細胞が働いている …… 8
❸ 神経細胞同士の情報伝達は複雑な電気・化学反応の結果 …… 10
❹ 神経細胞間の情報をつなぐ神経伝達物質 このバランスが脳機能を正常に保つ …… 12
❺ 私が私であるために働く大脳は部位ごとに違う機能を分担している …… 14
❻ 大脳のもっと奥、そして小脳と脳幹は生きるために必要な機能をつかさどる …… 16

Part. 2 発見された脳の歴史

❶ 悪人は頭蓋骨でわかる!? 骨相学から始まった近代の脳科学 …… 18
❷ 事故や病気から発見された脳の様々な領域の仕組みと働き …… 20
❸ 脳は電気で動いている 電気生理学に始まる実証実験の時代 …… 22
❹ 脳の細胞を見る技術の登場とニューロンをめぐる論争 …… 24
❺ ブロードマンが示した脳地図が脳機能局在論の道しるべになる …… 26
❻ 神経細胞はいかに情報を伝えるか？ 解明された電気と化学物質の連携 …… 28
❼ 20世紀、脳を外から見る技術により飛躍的に発展した脳科学 …… 30
❽ 血流を画像化する「fMRI」により人の脳内の活動が見えた！ …… 32


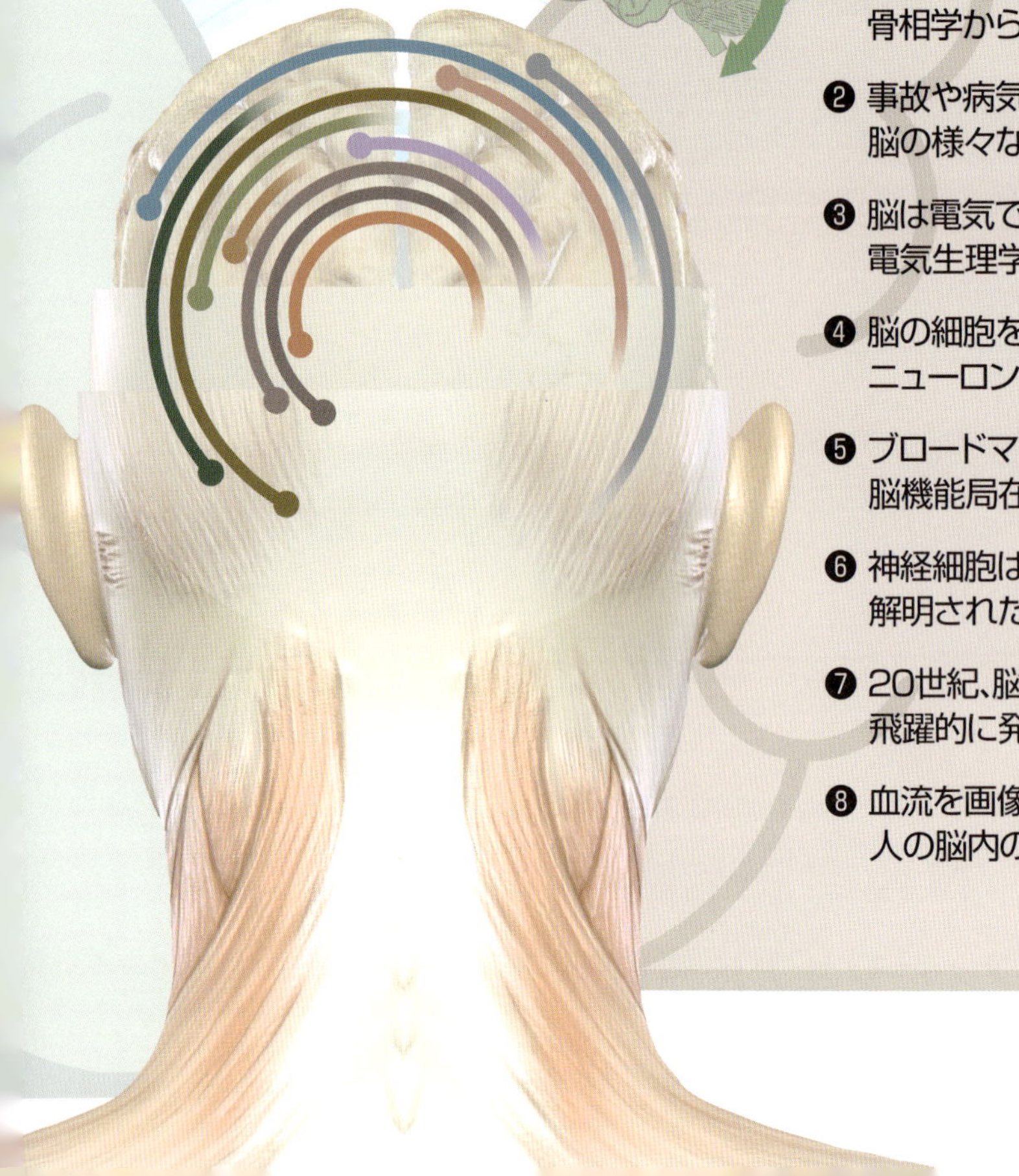

## Part. 3 知覚と行動と脳の仕組み


❶ 目が物を写し取り、脳が〝見る〟複雑な視覚のメカニズム …… 34
❷ 脳はあるがままの世界を見せていない？視覚の背後にある不思議 …… 36
❸ 耳から伝わる聴覚情報を脳が音として認識するまで …… 38
❹ 匂いが感情を揺さぶるわけは嗅覚の伝達ルートが特殊だから …… 40
❺「おいしい」と感じる脳 味覚はあらゆる感覚を刺激する …… 42
❻ 全身から感覚情報を集め身を守るために働くホメオスタシス …… 44
❼ 複雑な運動をつかさどる運動野と脳が筋肉をコントロールする仕組み …… 46
❽ 人間だけがもつ言語を脳は連携プレイで使いこなす …… 48
❾ 脳内には膨大な情報をしまう記憶専用のハードディスクはない？ …… 50
❿ ニューロンがつくる記憶のネットワーク 記憶は反復刺激で固定化される …… 52
⓫ 学習に必要なのは繰り返し リプレイするほど長期記憶になる …… 54
⓬ 記憶障害を引き起こす認知症 その脳内で何が起こっているのか？ …… 56


## Part. 4 私たちの心と脳の世界


❶ 脳は「心」をどうつくるのか？心と体を結びつける「情動」 …… 58
❷ 感情を生み出す脳内ネットワークとそれを促すホルモンや神経伝達物質 …… 60
❸ 怒りと暴力を生み出す脳内回路に男性のほうがスイッチが入りやすいわけ …… 62
❹ 人が体験した恐怖は、時を経てもPTSDとして人を苦しめ続ける …… 64
❺ 鏡のように反応するミラーニューロン 他者と共感するネットワークの発見 …… 66
❻ 妄想と孤立に悩む統合失調症は神経伝達に異常がある？ …… 68
❼ うつ病と双極性障害を引き起こすモノアミン系神経伝達物質の調整不良 …… 70
❽ 人づきあいが苦手な自閉症スペクトラム 脳の機能不全がコミュニケーションを阻害 …… 72
❾ 注意欠陥多動性障害と学習障害も脳機能のトラブルから起きている …… 74
❿ 私たちを休息と夢に誘い睡眠と覚醒をコントロールする脳 …… 76
⓫ やめたくてもやめられない依存症 脳が快感を求め続けるわけ …… 78


## Part. 5 脳研究の未来


❶ 様々なアプローチにより進展する脳研究 その主要な4つのフィールドとは …… 80
❷ 人間の脳と機械をつなげるブレイン・マシン・インターフェイス …… 82
❸「再生する脳細胞」の発見を機に日本で進展する脳の再生医療研究 …… 84
❹ 機械脳ニューロコンピュータと脳のリバースエンジニアリング …… 86
❺ 認知科学によって明らかにされる人間の「意識」や「社会的行動」の仕組み …… 88

おわりに 脳が肉体を捨てる日が来る!? 脳研究の前途にある大きな別れ道 …… 90
参考文献 …… 92
索引 …… 93

# はじめに

## ギリシアの哲人アリストテレスは、人間の「脳」は心の冷却装置と考えた 21世紀のいま、脳の探求はどこまで進展したのか？

私たちホモ・サピエンスがこの地球に出現する以前、約40万年前に、ネアンデルタール人と呼ばれる人々が現れました。私たちよりも強靱《きょうじん》な肉体をもち、私たちよりも大きな脳をもった人々です。

しかしいま、私たちホモ・サピエンスだけが生き延びています。なぜでしょうか。

私たちが、この地球で生物の頂点に立てたわけは、私たちの「脳」に革命が起きたからだと考えられています。その革命は「認知革命」と呼ばれています。「認知」とは、私たちの体の外部にある世界を観察し、その世界を私たちの心がつくったバーチャルな秩序の中に取り込むこと。そしてその秩序を「言葉」として集団で共有することが「認知革命」です。

いま私たちが当たり前だと思っている社会秩序、例えば国家も、貨幣も、法律も、民主主義も、資本主義も、銀行も、科学技術も、コンピュータも、すべて私たちの「脳」の「認知革命」の結果つくられたバーチャルな秩序なのです。私たち人類は、このバーチャルな世界の中で生きています。

しかし、自らつくったバーチャルな秩序で世界中を覆った「脳」をもってしても、ただひとつバーチャル化できないものがあります。それは物質としてのリアルな「脳」です。

ここに巨大な謎が存在します。物質である「脳」が、どうやって私という「心」を生み出し、バーチャルな世界をつくりだしているのか。これは、「人間とは何か？」という、古代からの哲学的な問いかけでもありました。

ヨーロッパ中世に萌芽した科学的な思考は、その探求の目を脳に向けました。科学的思考は、世界を事物として分割し、事物の働きを観察し、その働きの仕組みを再現可能な数式として定義します。私たちの「脳」の働きも、そのような科学的手法によって解明されてきました。

20世紀後半から21世紀初頭の現在まで、機械としての「脳」のメカニズムを知るための研究は、関連する科学技術の発展の恩恵を受け、飛躍的な進展をみています。

眼球が物を見る仕組み、耳が音を聴く仕組み、私たちが人を好きになるときの脳の働きなど、機械としての「脳」の仕組みが次々と解明され、精神の病の原因と治療法にも新しい展望が開けてきました。

2013年、アメリカ政府は「脳」の働きを解明する「ブレイン・イニシアチブ・プロジェクト」を提唱。その視線の先にあるのは、脳の神経細胞の完全な地図をつくり、それをもとにして人間の脳の完全コピーを制作することです。

この研究には、コンピュータ研究の進展、人工知能（AI）の開発が、大きく貢献しています。AI開発は文字通り、人間のように思考する機械をつくろうとする試みです。AIの能力は、近い将来、人間の頭脳を凌駕《りょうが》するとさえ言われています。そして、アメリカの研究者たちは、もっと大胆な計画をもっています。

人間の脳とAIコンピュータをつなぐという計画です。人間の頭脳にニューロAIをつなげば、私たち人間が人間を超えた頭脳をもつことができる、というものです。この極めて乱暴で楽観的な発想が、アメリカの巨大IT企業の経営者たちから発せられています。中世に始まった科学による脳探求の、究極の姿を見るかのようです。

しかしその一方で、こうした発想は、私たち人間の「心」から、大きく道を踏み外しているのではないか、そんな危惧《きぐ》や不安の声も上がっています。

本書は、人間が自らの「脳」について、どのように探求を重ね、現在、何がわかっているのか、その概観を図説したものです。いま、私たちは「脳」の未来について、考えを進める地点に立っています。ここからどこに向かって一歩を踏み出すのかを考えるとき、本書が一助になれば幸いです。

Part. 1
脳についての基礎知識

1

# 「私」とは、頭蓋骨の中の海に浮かぶ重さ1・5kgの灰白色の物体なのか!?

## 物質としての脳の実体

私たちは、ふだん自分の脳を意識することは、ほとんどありません。人体模型やイラストで見る脳は、しわに覆われ、グロテスクにさえ見えます。生きている脳の色は、ピンクがかった灰白色。重さは体重の約2%、成人男性で約1・5kg、成人女性なら約1・2kg。固めのゼリー状で、塩水のような脳脊髄液《のうせきずいえき》の中に浮かび、頭蓋骨《とうがいこつ》によって保護されています。

こんな小さなブヨブヨとした物体が、私たちの体や心をコントロールしているとは、にわかには信じられません。脳が生命をコントロールしているのなら、「私」とは、この脳そのものなのでしょうか？

## 生物の進化と共に拡充した脳機能

脳は大きく分けて、大脳《だいのう》、小脳《しょうのう》、間脳《かんのう》、脳幹《のうかん》という4つの部位から構成されています。この構造は、すべての脊椎《せきつい》動物（背骨をもつ動物）に共通するものですが、生物の進化と共に、脳も進化を遂げてきました。

生きていくために最低限必要な機能を備えるのは、脳幹です。呼吸、拍動、血圧、体温などの調整を自律的に行い、生命維持のために休みなく働いています。魚類や爬虫《はちゅう》類の脳は、ほとんどがこの脳幹によって占められています。

哺乳類になると、大脳と小脳が大きくなります。特に大脳の表面にある大脳皮質《だいのうひしつ》が発達し、高度な機能を担う新皮質が、大脳の大部分を占めるようになります。脳のしわの正体は、この新皮質です。折りたたむことで、より広い表面積を確保し、機能を増やしてきたのです。人類が生物の頂点に立つようになったのは、この新皮質を高度に発達させ、思考を獲得したためでした。

新皮質に対し、古い皮質にあたるのは、大脳の奥にある大脳辺縁系《だいのうへんえんけい》。こちらは、本能や情動《じょうどう》など原始的な生命活動に関与します。

一方、大脳の後ろ下にある小脳は、運動の調整役。脳幹の上にある間脳は、感覚情報の中継や自律神経の制御を担っています。

これら4つの部位から構成される脳は、全身に張り巡らされた神経から情報を受け取り、逆に神経を介して全身に指令を伝え

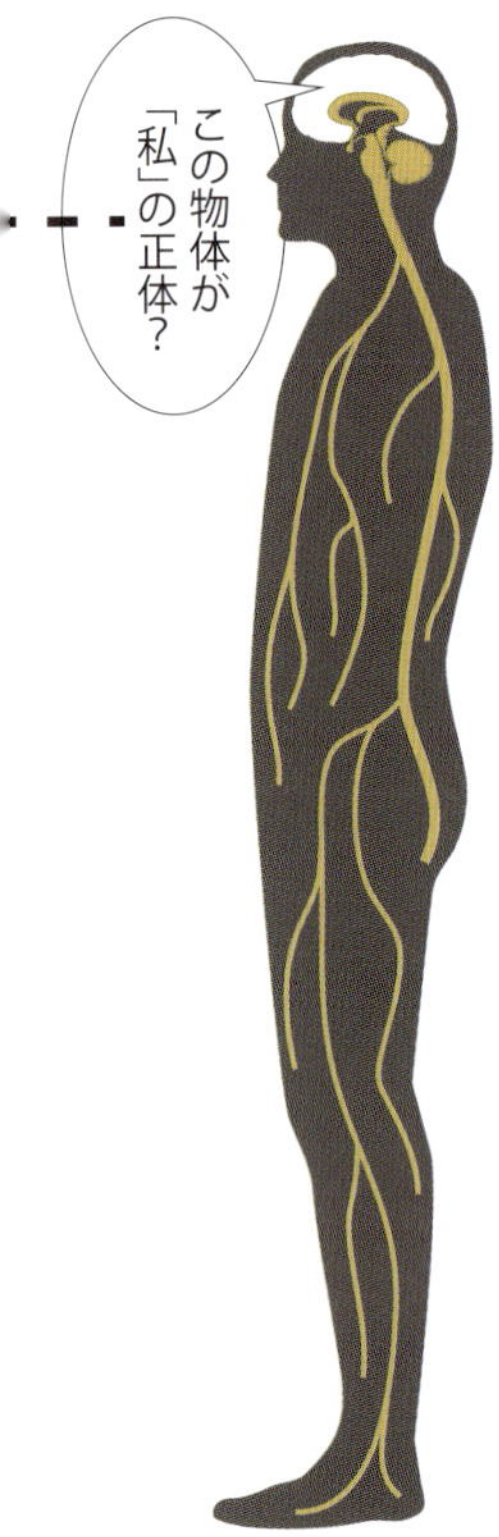


全身に張り巡らされた神経細胞は、脳に集められる
**脳は神経ネットワークの統括センターだ**

## 脳は、頭蓋骨の中に大切に保護されている平均1・5㎏の固めのゼリー状の物体

＊成人で体重の約２%の重さを占める

**大脳**

**小脳**

**間脳**

**脳幹**

## 脳は大きくこの4つで構成されている

ます。神経とは、体内で情報伝達を担う組織で、神経細胞でできています。神経細胞に限らず、あらゆる細胞は、左下の図のように膜の外と内とでバランスをとっていることを、ここではまず知っておきましょう。

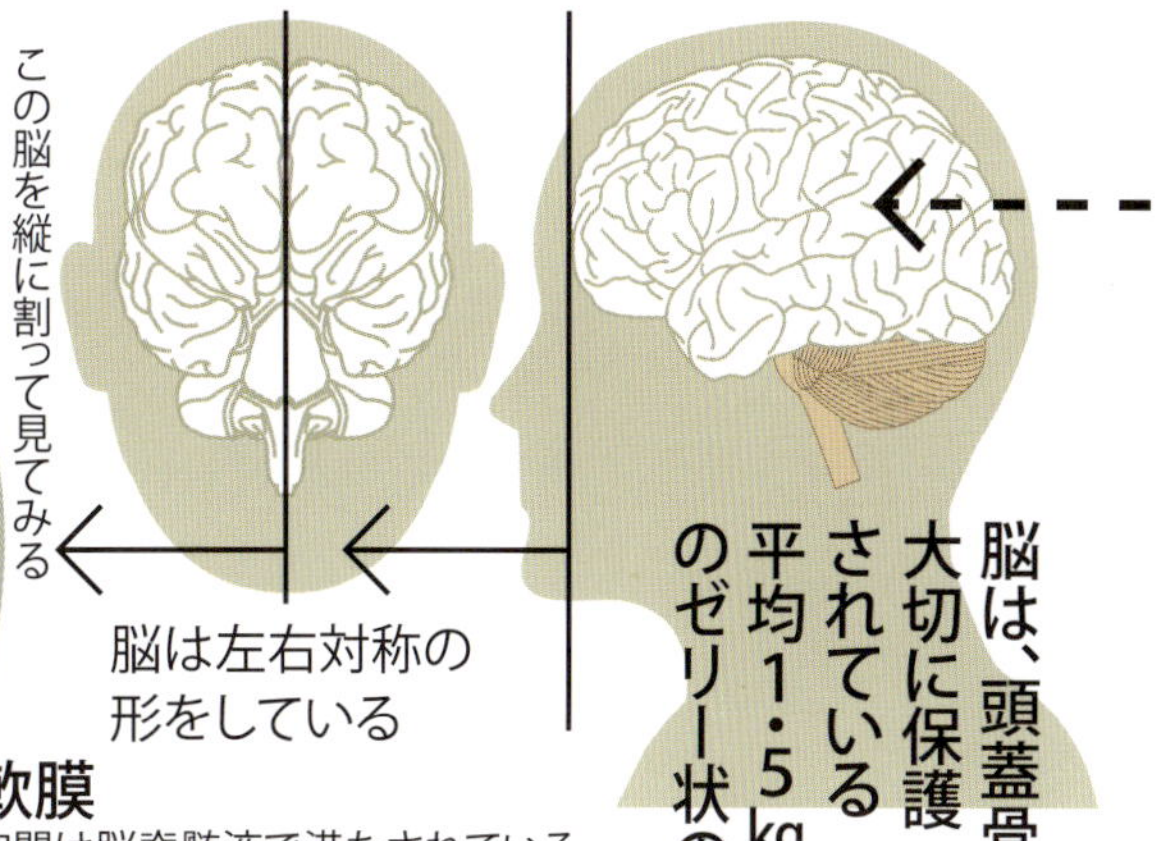


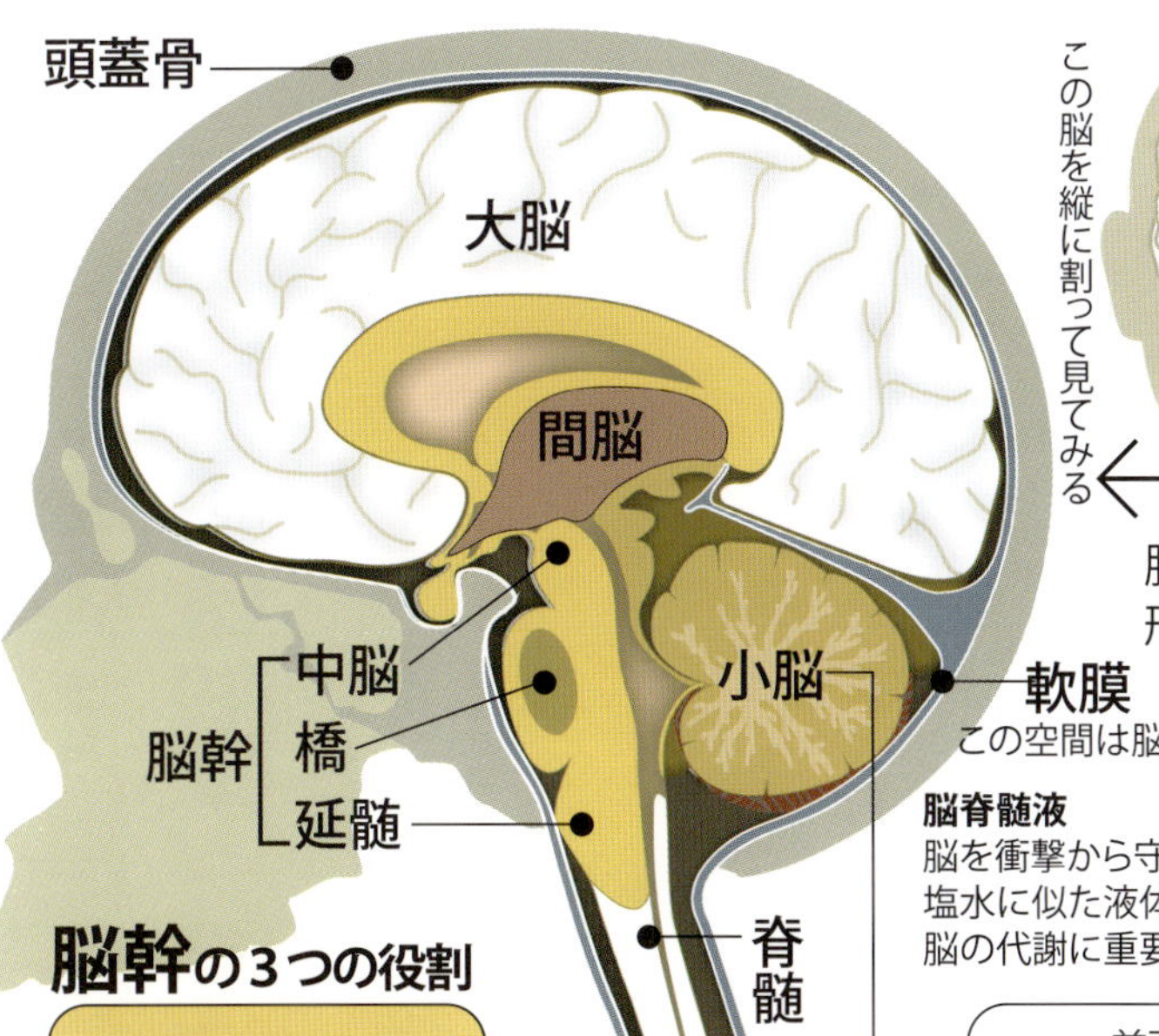


**脳脊髄液**
脳を衝撃から守ると同時に、この塩水に似た液体中のイオンが、脳の代謝に重要な役割を果たす

## 脳幹の３つの役割

**1 脳神経の入出力装置**

- **中脳** 主に目の動きに関わる
- **橋** 主に顔の動きに関わる
- **延髄** 主に呼吸や血液循環に関わる

**2 ノンストップの生命維持装置** 詳しくはp17

**3 脳幹のニューロンが神経伝達物質をつくる**

- グリシン
- セロトニン
- ノルアドレナリン

など 詳しくはp12〜13

## 小脳

詳しくはp16

大脳よりも多い700億個のニューロンによって、無意識の体の動きを制御

## 間脳

詳しくはp17

**間脳の主要部位**

**視床** 感覚情報の中継センター

大脳と脳幹・脊髄とを中継
嗅覚以外のすべての感覚は、必ず視床を経て大脳皮質へ

**視床下部** 自律神経系の最高中枢

体の自律機能を制御
内分泌機能を制御
情動にも関与する

## 大脳の4つの部分と大脳皮質

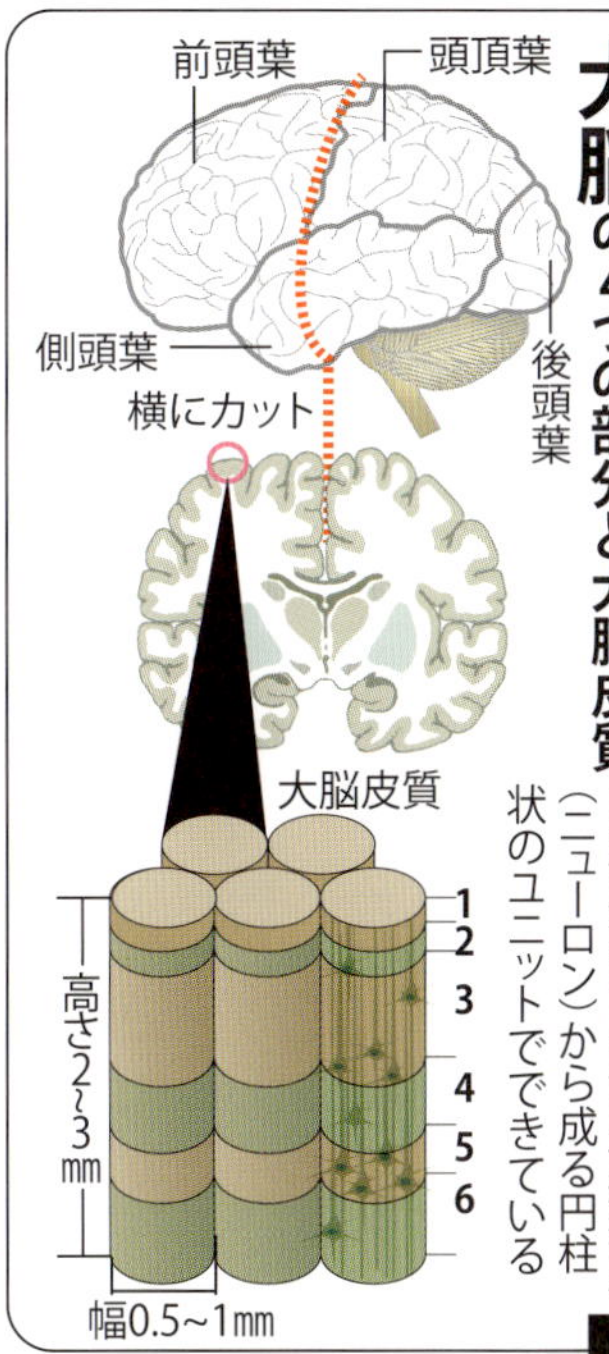


大脳皮質は6層の神経細胞（ニューロン）から成る円柱状のユニットでできている

## まず、この神経細胞の細胞膜の働きを知ろう

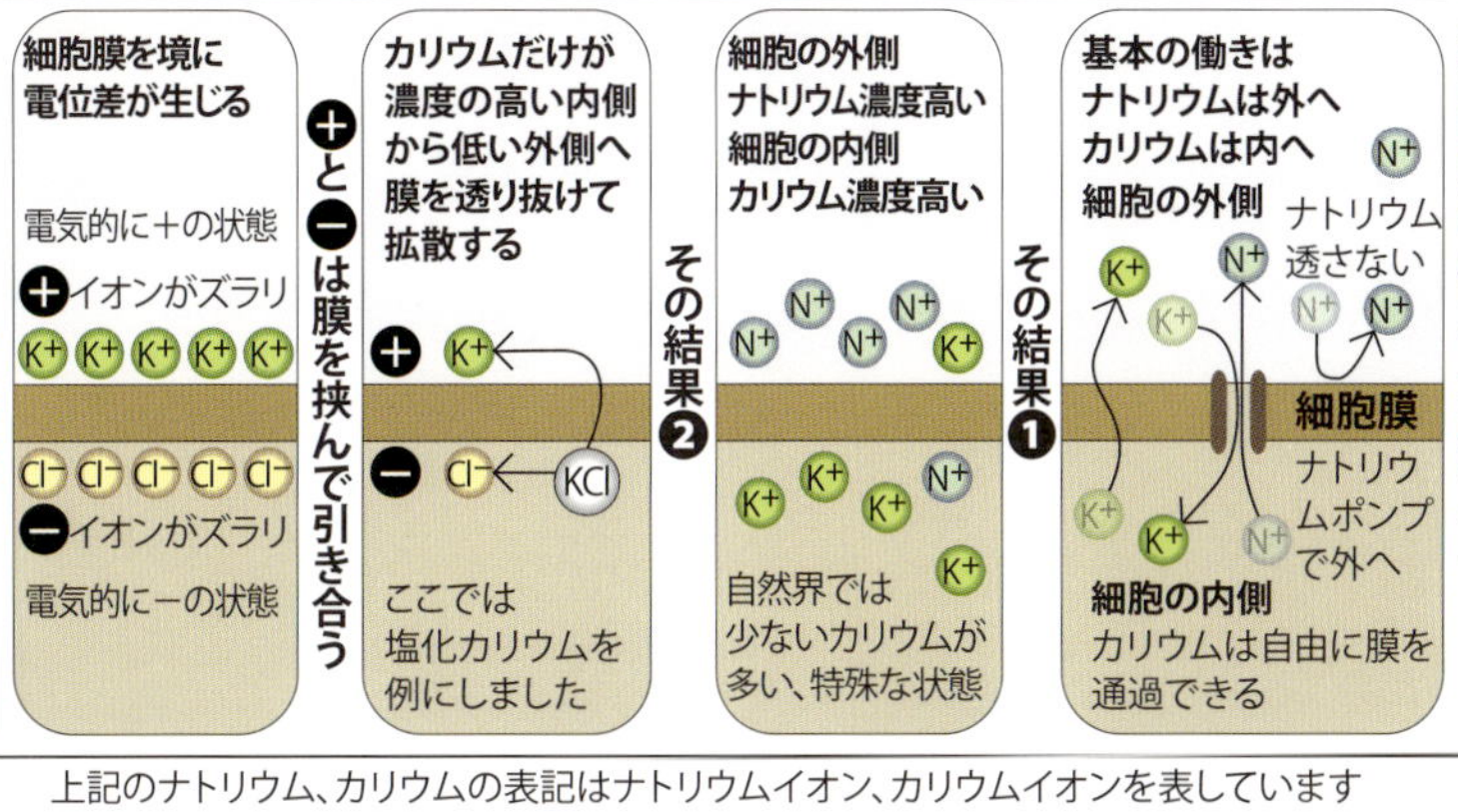


この安定状態を静止電位という
ここに、外から電気信号が届く

p9へと続く

上記のナトリウム、カリウムの表記はナトリウムイオン、カリウムイオンを表しています

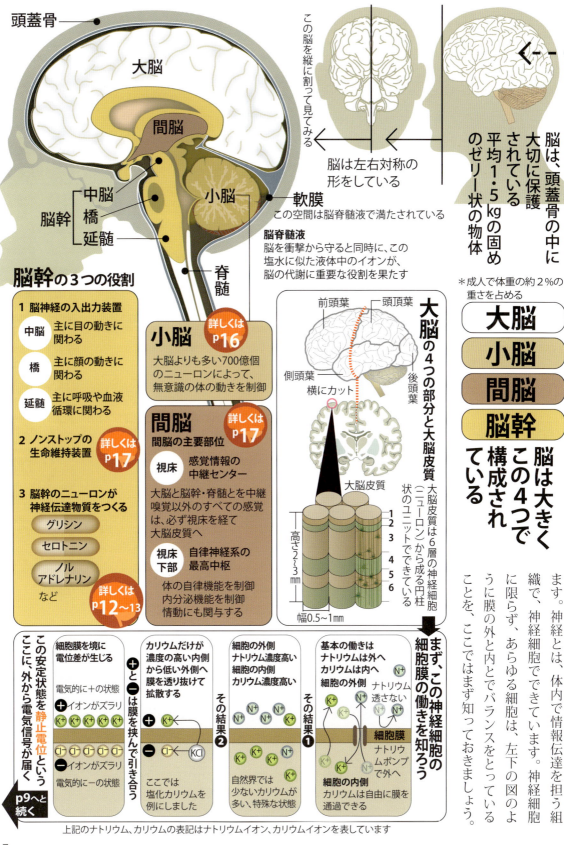

Part. 1
脳についての基礎知識

2

# 脳内では、電気信号を伝達する千億個の神経細胞が働いている

## ニューロン情報ネットワークの構造

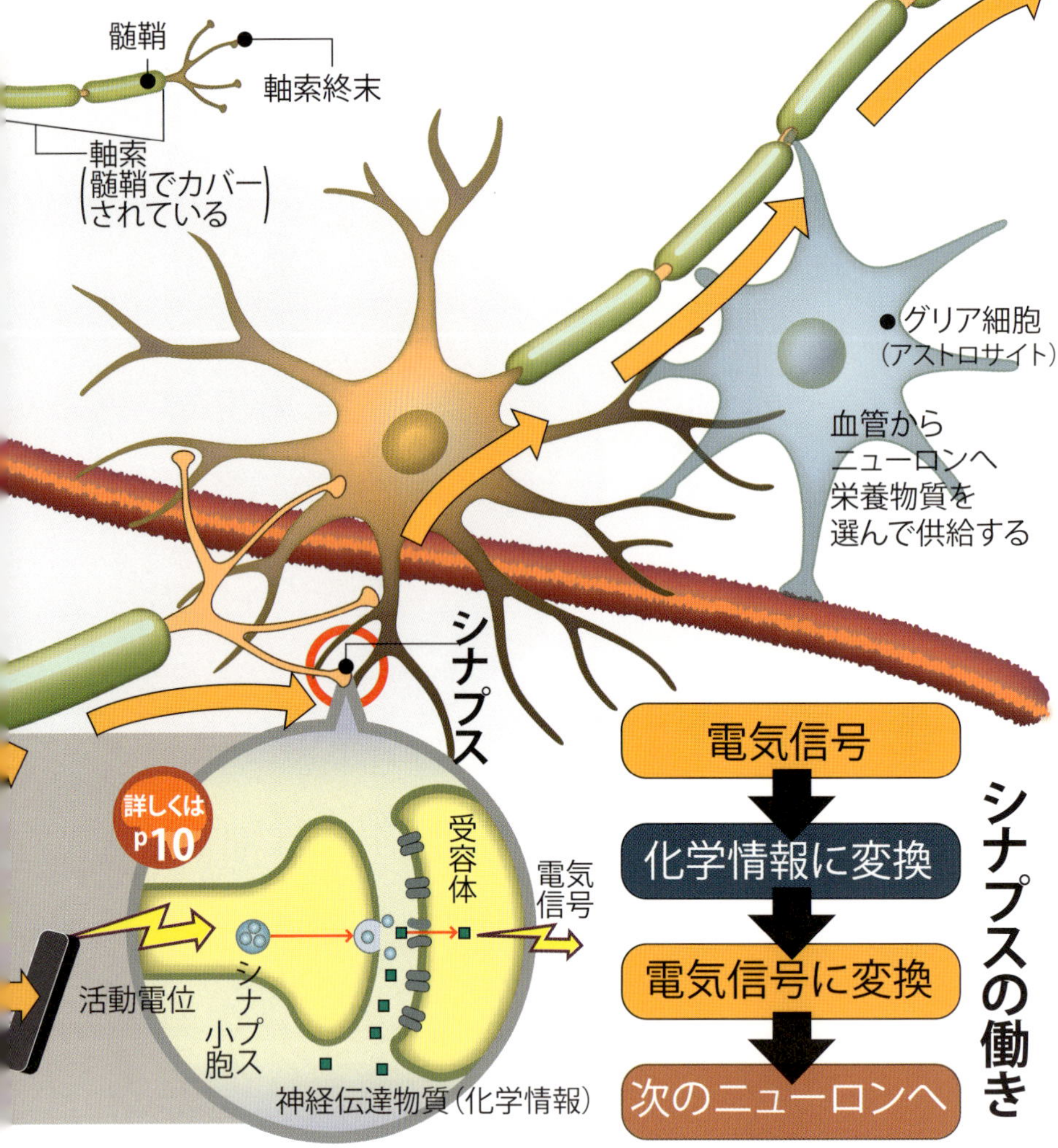
髄鞘
軸索終末
軸索
（髄鞘でカバーされている）
グリア細胞
（アストロサイト）
血管から
ニューロンへ
栄養物質を
選んで供給する
シナプス
詳しくは
P10
受容体
電気信号
活動電位
シナプス小胞
神経伝達物質（化学情報）
シナプスの働き
電気信号
化学情報に変換
電気信号に変換
次のニューロンへ

### 脳をつくる神経細胞ニューロン

私たちの体は、60兆個もの細胞でできているといわれます。体の部位や役割によって、様々な種類の細胞がありますが、体内の素早い情報伝達の役割を担うのは、神経細胞です。神経細胞は全身に張り巡らされた神経系に存在しますが、そのすべてを統括する脳内に最も集中し、大脳皮質《だいのうひしつ》だけで140億個、脳全体では約千億個もあるといわれています。

上の図に示したように、神経細胞はとても不思議な形をしています。細胞体から樹《じゅ》状突起《じょうとっき》と呼ばれるものが何本も突き出し、しっぽのように伸びた軸索《じくさく》は、髄鞘《ずいしょう》と呼ばれるさやのようなものにくるまれています。

この細胞体、樹状突起、軸索から構成されるひとつの神経単位を「ニューロン」といいます。一般には、ニューロンといえば

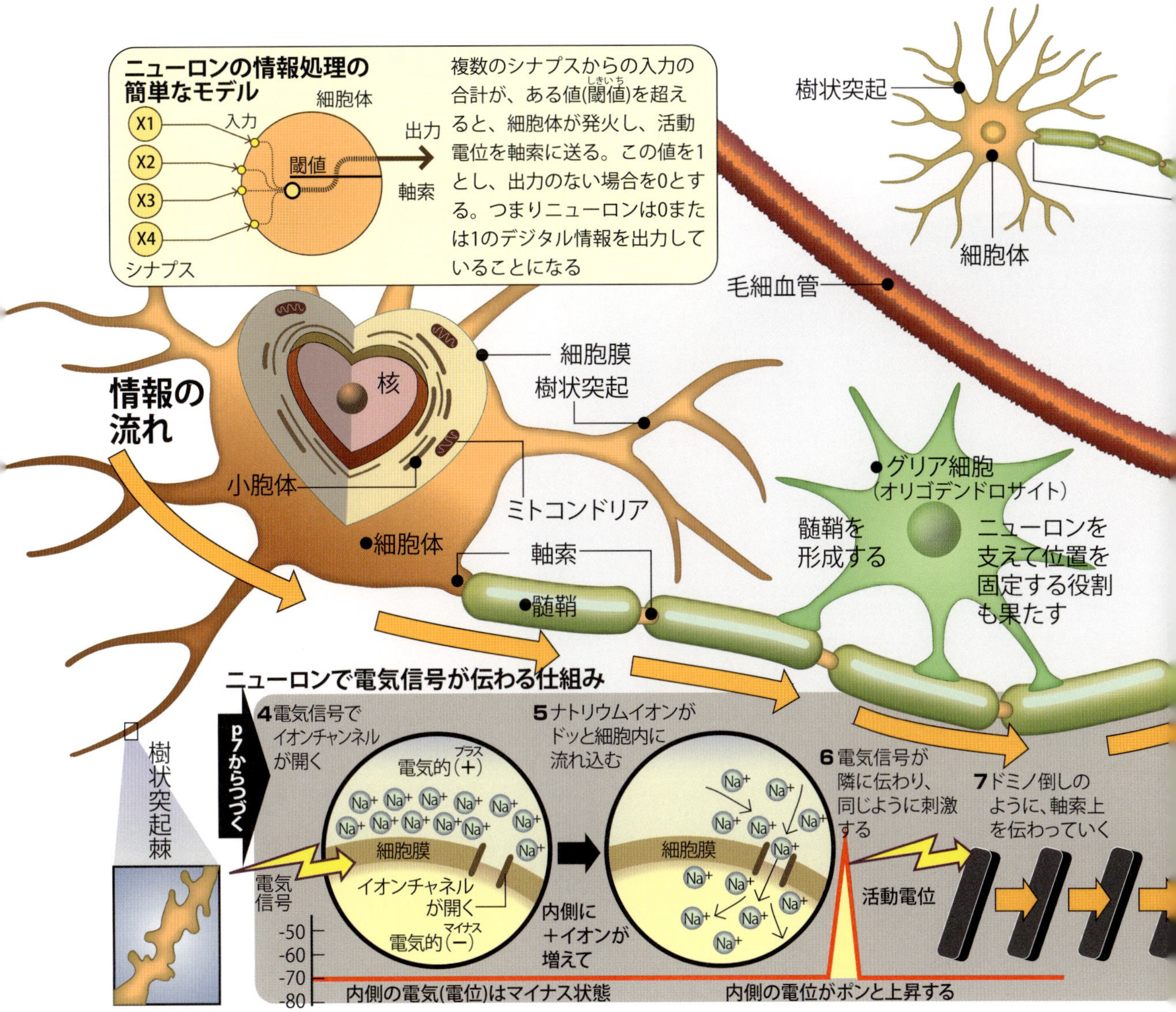


神経細胞のことを指します。脳内には神経細胞のほかに、グリア細胞と呼ばれる細胞があり、神経細胞の補助を始め、様々な役割を果たしています。

## 神経細胞の役割は情報伝達

神経細胞が、普通の細胞と違って、長い枝のようなものを四方に伸ばしているのは、別の神経細胞と情報をやりとりするためです。情報は電気信号として送られます。まず、樹状突起で前の神経細胞から情報を受け取り、軸索の末端から次の神経細胞に情報を送ります。つまり、樹状突起は入力、軸索の末端は出力の担当です。

こうして見ると、神経細胞はまるで電気ケーブルのようですが、情報伝達の仕組みは、とても複雑です。ここではポイントを2つ押さえておきましょう。第一に、電気が生じるのは、上の図のように細胞膜の内外にあるイオン（電荷をもつ原子）が関係していること。第二に、神経細胞同士が情報の受け渡しをするとき、電気信号は化学情報に一度変換され、再び電気信号に変換されること。この仕組みについては、次のページでもっと詳しく見ていきましょう。

3

# 神経細胞同士の情報伝達は複雑な電気・化学反応の結果

## イオンの移動が活動電位を生む

神経細胞の複雑な情報伝達を理解するために、まずp7下の図を思い出してみましょう。あらゆる細胞は、細胞膜に包まれ、海水のような体液から隔てられています。通常の状態では、膜の外側はナトリウムイオン、内側はカリウムイオンが多く存在しています。このバランスは、細胞膜にあるナトリウムポンプによって常に保たれています。結果として、細胞膜の外側には、電気的にプラスの性質をもつナトリウムイオンが多くなるため、細胞膜の内側は外に対してマイナスの状態で安定しています。

ここまでは、すべての細胞に共通しますが、神経細胞には刺激を受けると興奮する性質があり、これが電気伝導の引き金になります。今度はp9下の図を見てください。細胞膜のあちこちには、タンパク質でできたイオンの通り道があり、イオンチャネルと呼ばれています。神経細胞が刺激を受けると、普段は閉じているナトリウム専用チャネルが、一瞬開きます。すると、ナトリウムイオンが濃度の高いほうから低いほう、つまり細胞膜の外から内へと一斉に流れ込み、マイナスだった細胞内の電位が、一瞬ポンとプラスに転じます。これを「活動電位」あるいは「スパイク」といいます。これがドミノ倒しのように次々連鎖して、電気信号が軸索《じくさく》を下っていくのです。

## シナプスを越える神経伝達物質

こうして軸索の末端までたどり着いた電気信号が、どのようにして次の神経細胞に伝わっていくかを示したのが、左の図です。神経細胞同士が接合する部分を「シナプス」といい、2つの細胞の間にあるわずかな隙間を「シナプス間隙《かんげき》」と呼びます。電気信号は、この隙間を飛び越えることができません。ではどうするかといえば、神経伝達物質という化学物質に一度変換されるのです。

神経細胞Aの軸索末端には、神経伝達物質の入ったシナプス小胞《しょうほう》と、カルシウムイオンを通すカルシウムチャネルがあります。電気信号が末端まで届くと、このチャネルが開き、カルシウムイオンが流入。それが刺激になって、シナプス小胞から神経伝達物質が放出されます。

これを神経細胞Bの受容体が受け取ると、ここでもチャネルが開き、今度はナトリウムイオンが細胞内に流れ込みます。すると小さな脱分極(シナプス後電位)が生じます。たくさんのシナプス後電位が足し合わされて、軸索の根元のところで十分な電位変化となると、活動電位が生じ、情報は再び電気信号としてリレーされていくのです。

## ニューロンのシナプス間での情報伝達の仕組み

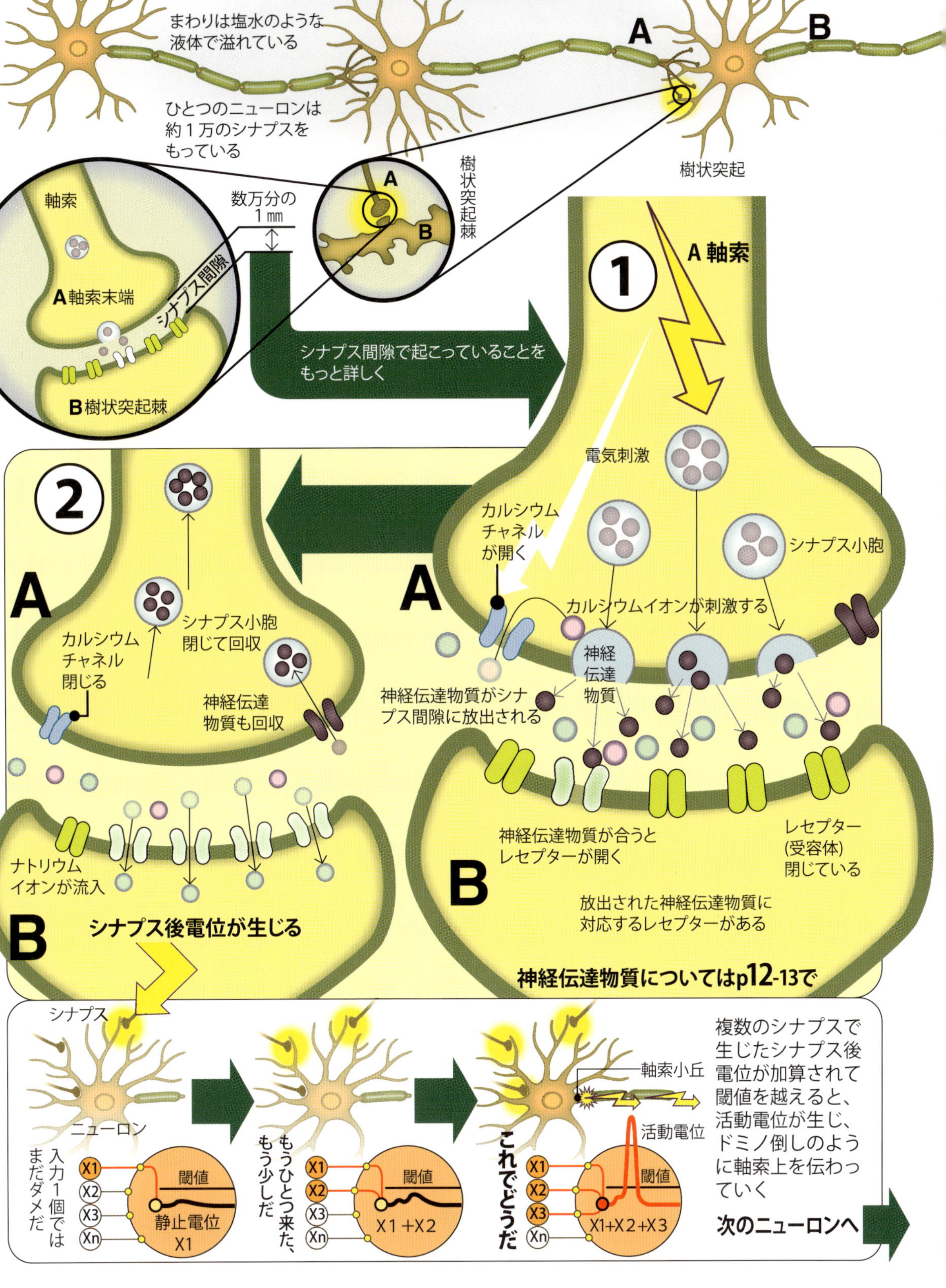

4

# 神経細胞間の情報をつなぐ神経伝達物質
# このバランスが脳機能を正常に保つ

## 神経伝達物質の主な発生部位

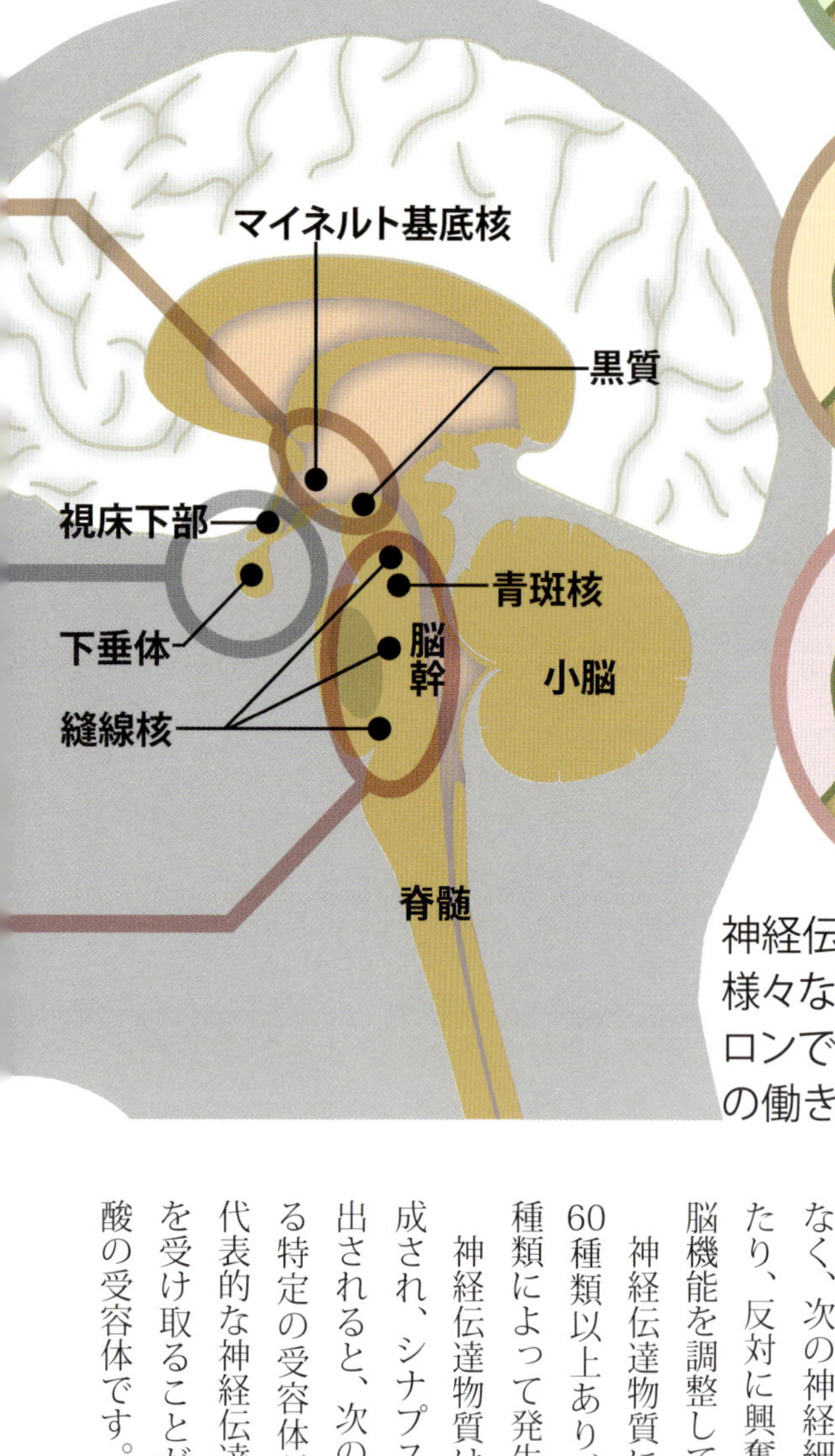


神経伝達物質は、脳内の様々な部位にあるニューロンで発生し、それぞれの働きを担う

### 興奮と抑制のバランスをとる

神経細胞から神経細胞へ情報が受け渡されるとき、電気信号は神経伝達物質に変換されて、シナプス間隙《かんげき》を越えます。この神経伝達物質は、単に情報を中継するだけでなく、次の神経細胞を興奮させて活性化したり、反対に興奮を抑制したりすることで、脳機能を調整しています。

神経伝達物質には、わかっているだけで60種類以上あり、上の図に示したように、種類によって発生場所や働きが異なります。

神経伝達物質は、神経細胞の細胞体で生成され、シナプス小胞《しょうほう》に貯蔵されます。放出されると、次の神経細胞のシナプスにある特定の受容体が受け止めます。例えば、代表的な神経伝達物質であるグルタミン酸を受け取ることができるのは、グルタミン酸の受容体です。

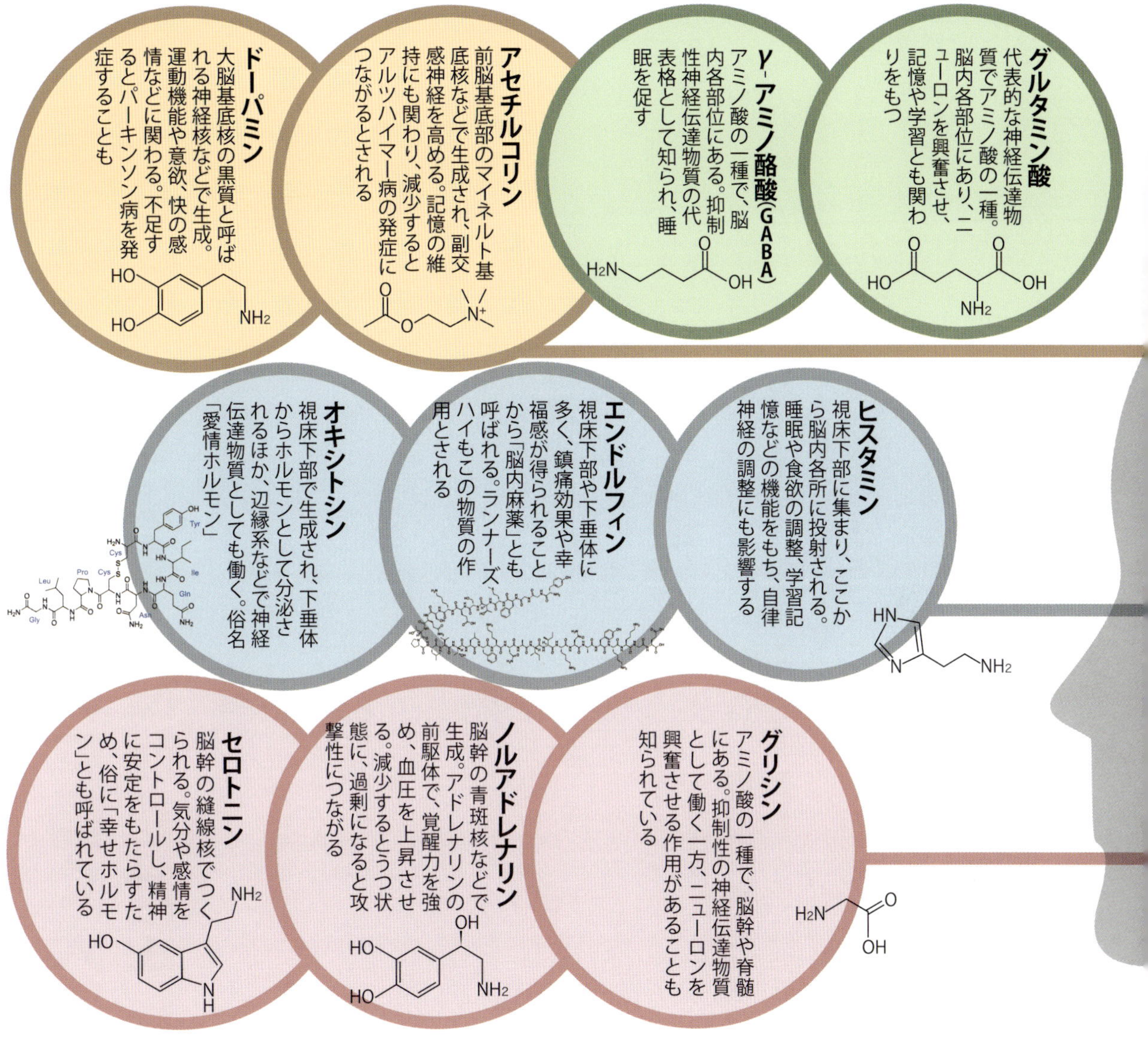
グルタミン酸
代表的な神経伝達物質でアミノ酸の一種。脳内各部位にあり、ニューロンを興奮させ、記憶や学習とも関わりをもつ
γ-アミノ酪酸(GABA)
アミノ酸の一種で、脳内各部位にある。抑制性神経伝達物質の代表格として知られ、睡眠を促す
アセチルコリン
前脳基底部のマイネルト基底核などで生成され、副交感神経を高める。記憶の維持にも関わり、減少するとアルツハイマー病の発症につながるとされる
ドーパミン
大脳基底核の黒質と呼ばれる神経核などで生成。運動機能や意欲、快の感情などに関わる。不足するとパーキンソン病を発症することも
ヒスタミン
視床下部に集まり、ここから脳内各所に投射される。睡眠や食欲の調整、学習記憶などの機能をもち、自律神経の調整にも影響する
エンドルフィン
視床下部や下垂体に多く、鎮痛効果や幸福感が得られることから「脳内麻薬」とも呼ばれる。ランナーズハイもこの物質の作用とされる
オキシトシン
視床下部で生成され、下垂体からホルモンとして分泌されるほか、辺縁系などで神経伝達物質としても働く。俗名「愛情ホルモン」
グリシン
アミノ酸の一種で、脳幹や脊髄にある。抑制性の神経伝達物質として働く一方、ニューロンを興奮させる作用があることも知られている
ノルアドレナリン
脳幹の青斑核などで生成。アドレナリンの前駆体で、覚醒力を強め、血圧を上昇させる。減少するとうつ状態に、過剰になると攻撃性につながる
セロトニン
脳幹の縫線核でつくられる。気分や感情をコントロールし、精神に安定をもたらすため、俗に「幸せホルモン」とも呼ばれている

神経伝達物質は、俗に「脳内ホルモン」とも呼ばれますが、ホルモンは本来、血流に乗って全身に運ばれて作用する物質のことで、シナプス間隙という狭い空間で作用する神経伝達物質とは区別されます。

神経伝達物質の多くは、受け取る側の神経細胞を興奮させるタイプのものです。例えば、ドーパミンやノルアドレナリンは、やる気を起こさせる物質として知られていますが、少なすぎると意欲が低下して、うつ状態になり、反対に過剰に放出されると、様々な問題を引き起こします。

一方、興奮を抑える抑制性タイプの神経伝達物質には、γ《ガンマ》－アミノ酪酸（別名GABA《ギャバ》）やグリシンがあります。

近年、精神医学界で最も注目を集めているのは、セロトニンです。全身にあるセロトニンのうち、脳内には2％しかありませんが、ほかの神経伝達物質の過剰放出を抑えて、感情をコントロールするため、「幸せホルモン」とも呼ばれています。

脳内のあちこちでは、常にこれらの神経伝達物質が放出され、興奮と抑制のバランスをとっています。これにより、脳は正常に機能し、心身の健康も保たれるのです。

5

# 私が私であるために働く大脳は部位ごとに違う機能を分担している

## 4つの部位に機能が局在

人間の脳の重さの8割を占めるのが大脳《だいのう》です。大脳は部位ごとに異なる機能をもち、これを脳の「機能局在《きのうきょくざい》」といいます。

左のイラストは、大脳を左横から見たものです。大脳の表面にある大脳皮質《だいのうひしつ》には、特定の場所に深い溝があり、その溝を境にして4つの部位に分かれています。

そのうち一番前にあるのは「前頭葉《ぜんとうよう》」です。人間は、この前頭葉を発達させることで、ほかの動物がもち得なかった知性を獲得してきました。思考や創造性など、高度な精神機能を担う前頭前野《ぜんとうぜんや》（または前頭連《ぜんとうれん》合野《ごうや》）があるのがここ。ほかに、体の動きを担当する運動野、口を動かして言葉を話す機能を担当するブローカ野（運動性言語野）も、前頭葉にあります。

側面のこめかみの奥あたりにあるのは「側頭葉《そくとうよう》」です。ここには言葉の意味を理解するウェルニッケ野（感覚性言語野）や、音の情報を処理する聴覚野があり、音声や言語などを担当しています。

頭のてっぺんの少し後ろにあるのは、体の感覚などを担当する「頭頂葉《とうちょうよう》」です。何かの刺激を受けると、その情報は、全身に張り巡らされている末梢神経から背骨の中を走る脊髄を通って、頭頂葉の体性感覚野に送られます。

そして、頭の後ろにあるのは「後頭葉《こうとうよう》」。ここには視覚野があり、目から入った視覚情報が届いて、処理されています。

## 右脳と左脳の誤解

上記の分類とは別に、大脳を右半球と左半球とに分けることもできます。脳と体をつなぐ神経は延髄《えんずい》で交叉するため、右半球は左半身、左半球は右半身を担っています。

よく「右脳は感性、左脳は論理」という言い方をします。左脳が発達している人は論理に強い、といわれるようになったのは、言語野であるブローカ野とウェルニッケ野が、左半球にあるためでもあります。実は、言語野の位置は、利き手と関係があり、左利きの人は言語野が右半球にもある場合が少なくありません。また、左右の大脳半球は連携して働くので、どちらか一方が優れているということはないのです。

私の空間認知のために働く

## 大脳の4つの部分が分担する主な機能

私が見るために働く

# 私が行動を起こすために働く

## 前頭葉

大脳の30%を占める最も大きな部位。この前頭葉の大きさが、人間の特性

●**運動前野**
複雑な運動を制御。新たな運動を学習する際にも働く

詳しくは P46

●**ブローカ野**
話す、書くなど運動を伴う言語機能をつかさどる

詳しくは P48

●**前頭前野**
思考、創造性、状況判断など、高度な精神活動を担う

●**前頭眼野**
眼球の随意運動（自分の意思で動かすこと）を担う

## 頭頂葉

●**一次体性感覚野**
全身からの身体感覚情報を受け取る

●**頭頂連合野**
感覚情報を統合する。空間の認知・立体視も

詳しくは P44

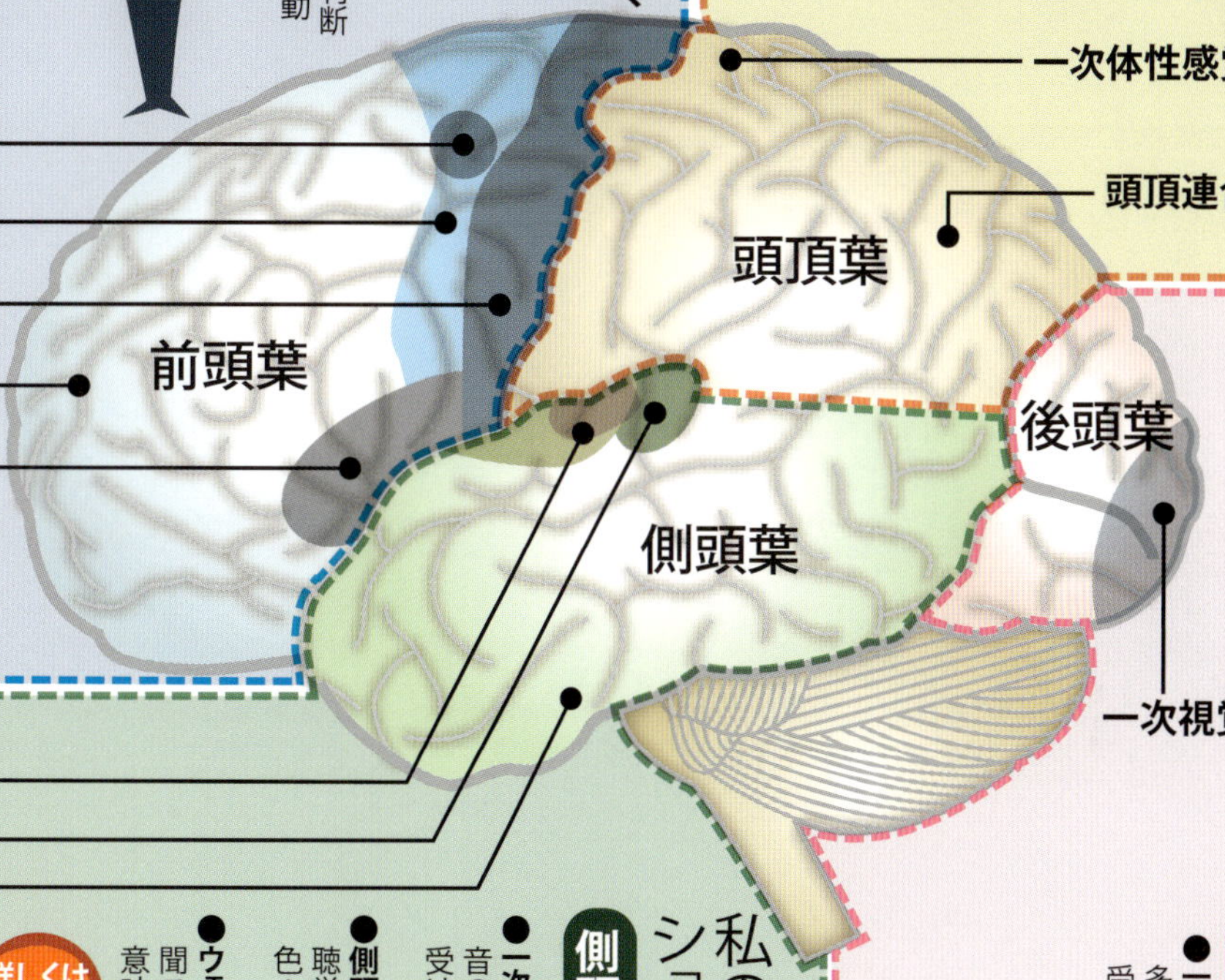


# 私の音声・言語コミュニケーションなどのために働く

## 側頭葉

●**一次聴覚野**
音の情報を受け取って処理

詳しくは P38

●**側頭連合野**
聴覚情報の処理や色・形を認知

●**ウェルニッケ野**
聞こえた言語の意味を理解

詳しくは P48

## 後頭葉

●**一次視覚野**
多彩な視覚情報を受け取って処理

詳しくは P34

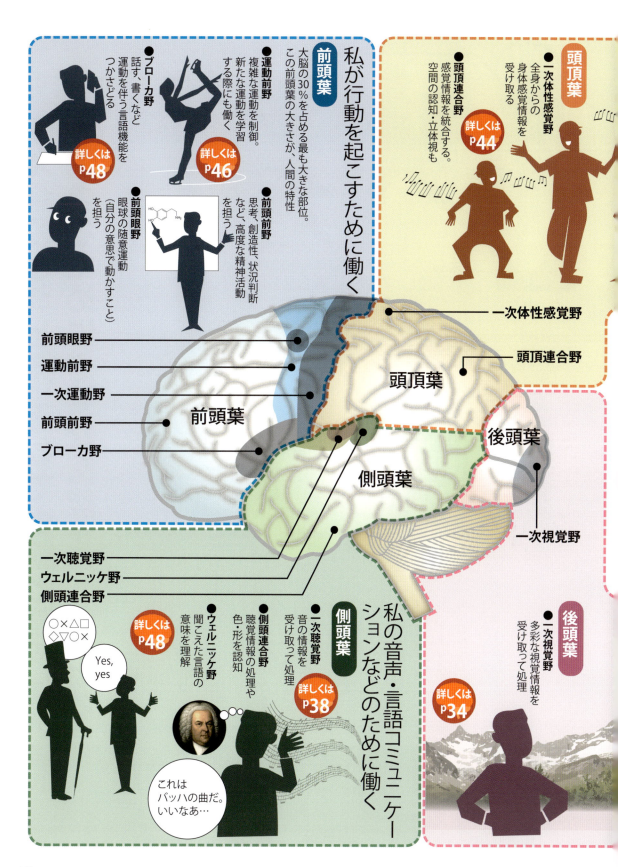

6

# 大脳のもっと奥、そして小脳と脳幹は生きるために必要な機能をつかさどる

小脳
私の筋肉の動きを調整するために頑張っている
バットを振るタイミング
細かいエッジワーク
私が生き続けているのは脳幹のおかげ?

大脳がイメージする体の動きを、微調整し、学習し、上達させる

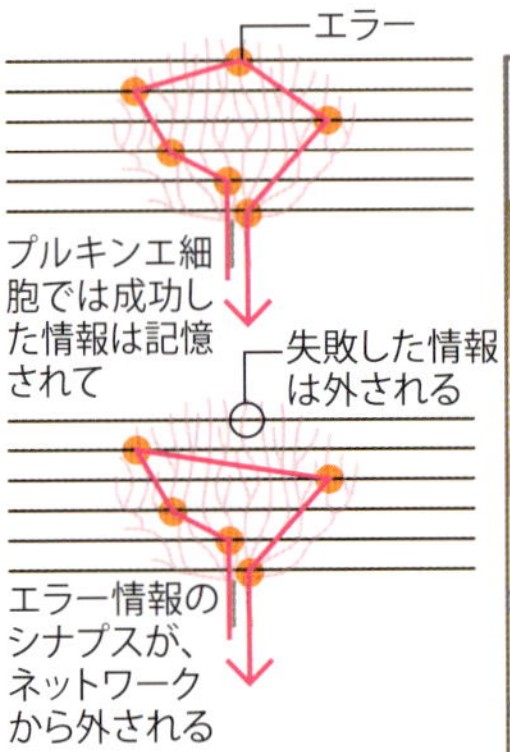
エラー
プルキンエ細胞では成功した情報は記憶されて
失敗した情報は外される
エラー情報のシナプスが、ネットワークから外される

小脳皮質のプルキンエ細胞が働き、身体情報のエラーを外し、正しいフィードバックを大脳に返す働きをしている

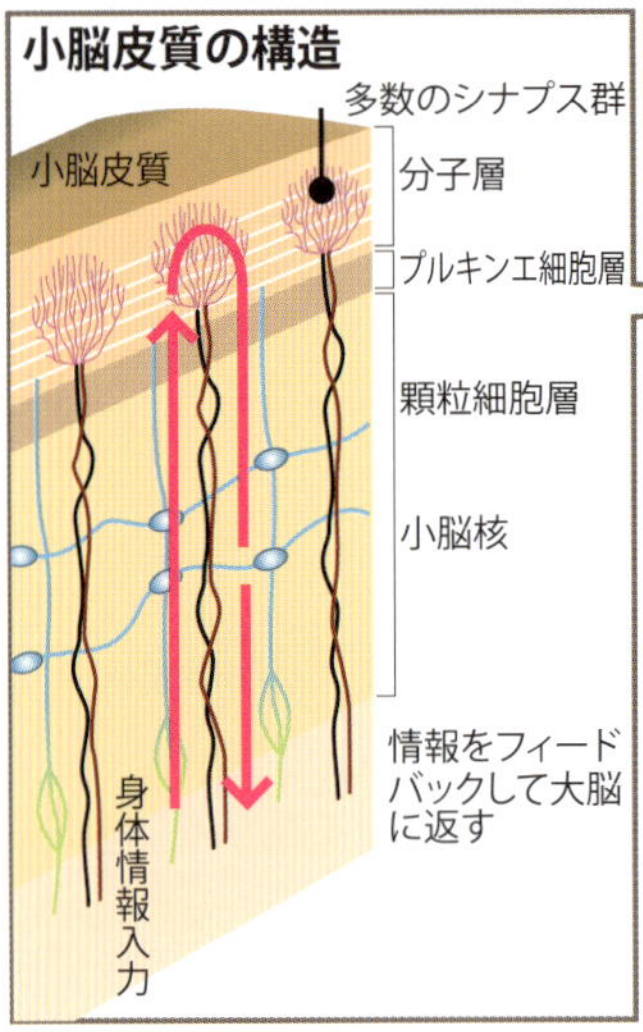
小脳皮質の構造
多数のシナプス群
小脳皮質
分子層
プルキンエ細胞層
顆粒細胞層
小脳核
情報をフィードバックして大脳に返す
身体情報入力

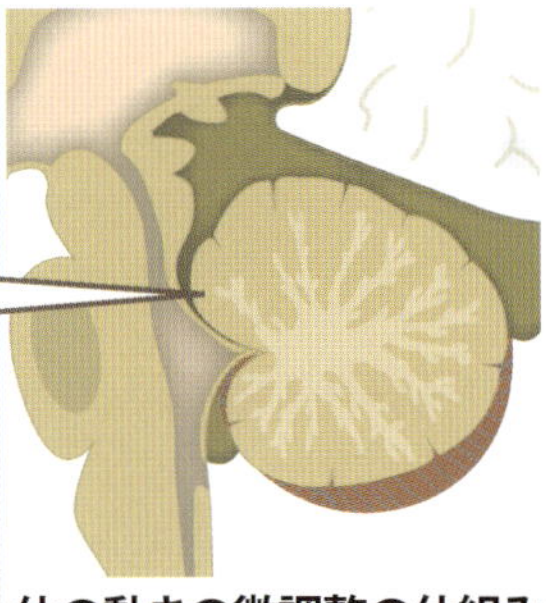

体の動きの微調整の仕組み

小脳に障害のある人の場合、歩いたり、物を握ったりする普通の動きが難しくなる。それは小脳が、私たちの体の微妙な動きをコントロールしてくれているから

## 大脳辺縁系と大脳基底核の役割

大脳皮質《だいのうひしつ》の深い部分やその奥は、進化的に古い皮質で、大脳辺縁系《だいのうへんえんけい》と呼ばれます。動機づけなどに関わる帯状回、記憶に関わる海馬《かいば》、本能や原始的な感情に関わる扁桃体《へんとうたい》などによって構成されています。

大脳の奥、間脳の外側には大脳基底核《だいのうきていかく》があり、大脳皮質と視床《ししょう》・脳幹《のうかん》を結び、行動の学習・選択や運動の制御を担っています。大脳皮質から運動の指令が出ると、大脳基底核は適切なタイミングで運動を開始したり、不要な運動を抑えたりするほか、良い結果につながった行動を起こしやすくします。

## 体の動きを微調整する小脳

大脳の後ろ下にある小脳《しょうのう》は、大脳の重さの約1割。文字通り小さな脳ですが、ここには大脳よりも多い７００億個もの神経細

## 私の体と心に作用する間脳と大脳辺縁系

### 間脳

**視床下部＋下垂体**

視床下部は、内分泌系の中枢。先端に連なる下垂体に、様々なホルモンの分泌を促す。また前頭前野や大脳辺縁系とも相互作用し、体と心の相関関係を生み出す要ともなる

**視床**

脳のほぼ中央にあり、左右対称の卵型。視覚、聴覚、体性感覚などの感覚情報を大脳皮質に中継する

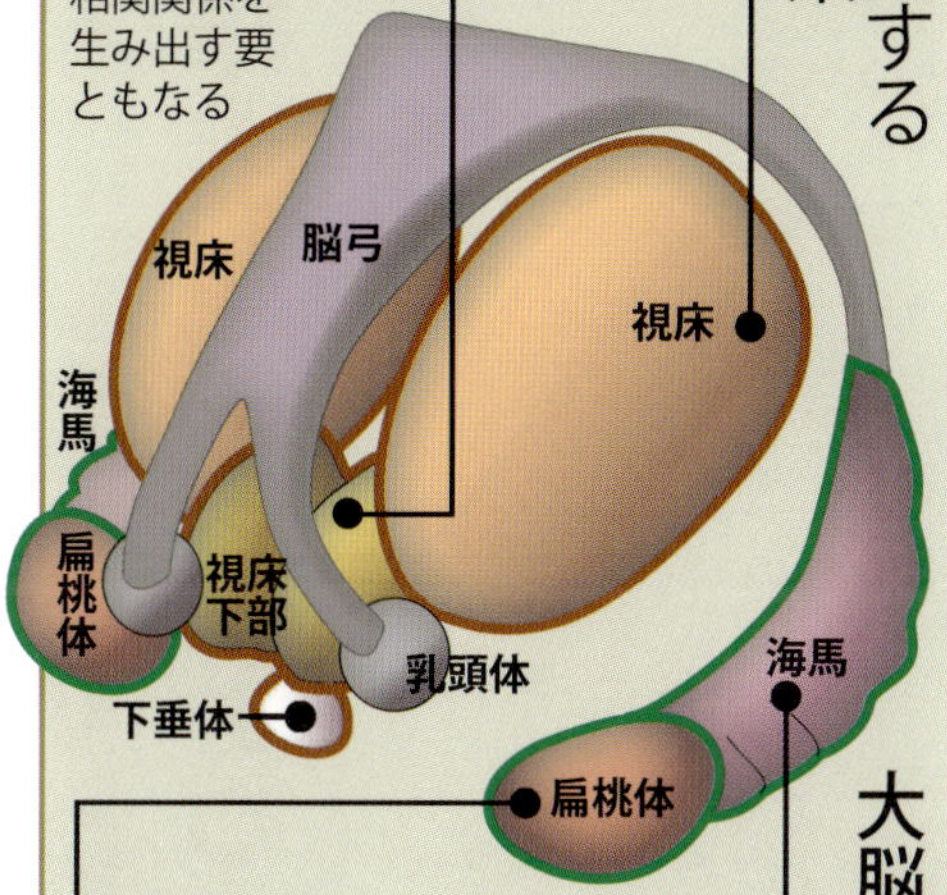

視床
脳弓
視床
海馬
扁桃体
視床下部
乳頭体
下垂体
海馬
扁桃体


### 大脳辺縁系

**海馬**

日常生活の出来事の記憶を蓄積。海馬がないと、新たな出来事は記憶されない。記憶は1～2年ほど海馬にとどまり、その後、大脳皮質に移される

詳しくはP50

**扁桃体**

人間の原始的な感情や好き嫌いの感情をコントロールする。損傷すると、人は恐怖・敵意を認識できなくなる

詳しくはP60

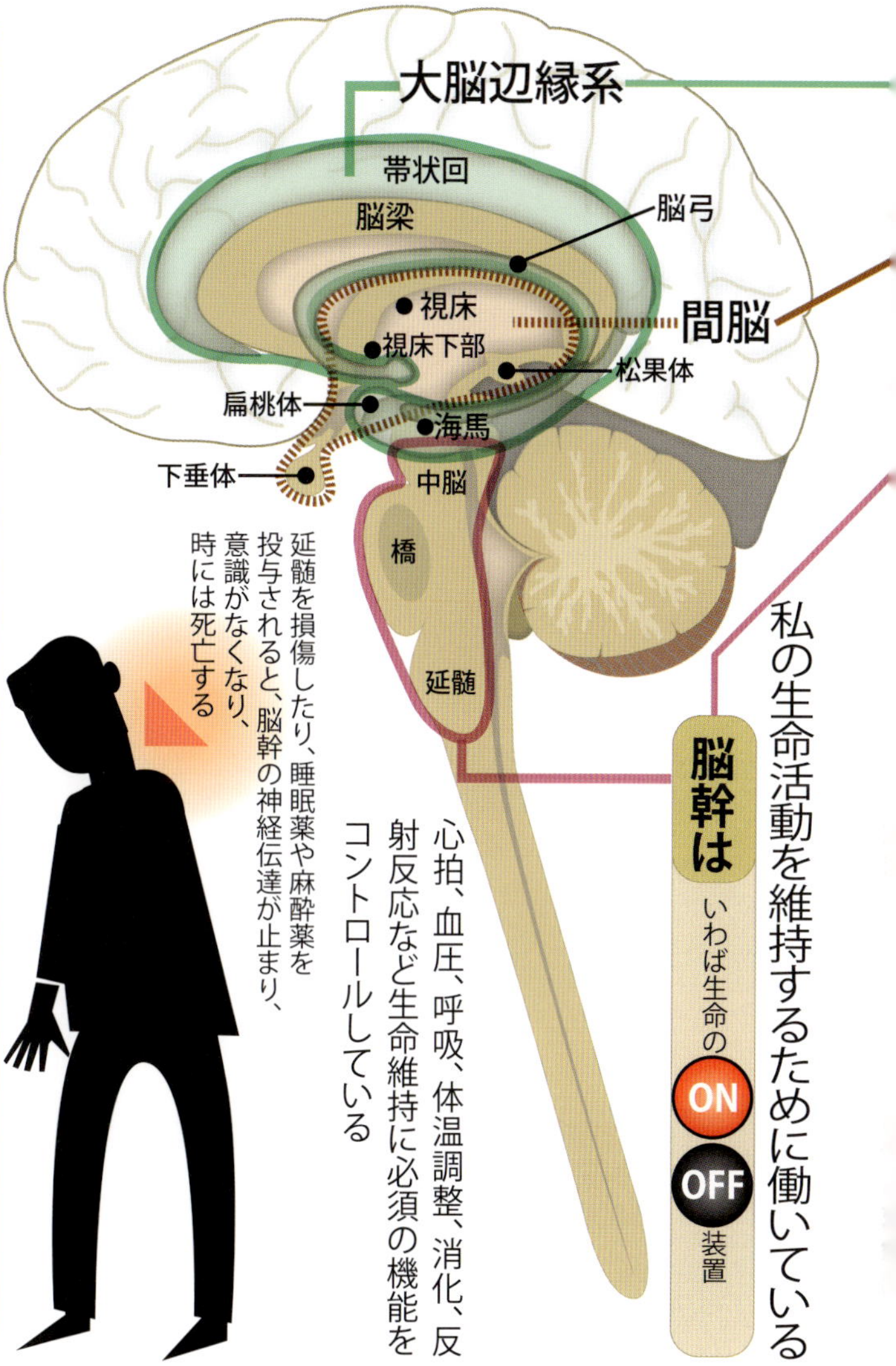

大脳辺縁系
帯状回
脳梁
脳弓
視床
間脳
視床下部
松果体
扁桃体
海馬
下垂体
中脳
橋
延髄
延髄を損傷したり、睡眠薬や麻酔薬を投与されると、脳幹の神経伝達が止まり、意識がなくなり、時には死亡する
私の生命活動を維持するために働いている
脳幹は
いわば生命のONOFF装置
心拍、血圧、呼吸、体温調整、消化、反射反応など生命維持に必須の機能をコントロールしている


胞が集まっています。小脳の表面には小脳皮質があり、3層構造になっています。そのうちのプルキンエ細胞は、運動の細かい制御や学習に重要な役割を果たします。大脳が運動の指令を出すだけでも、筋肉は動きますが、複数の筋が協調してなめらかに動くのは、小脳の働きによるものです。さらに小脳は、運動中にも、動きが正しいかどうかチェックして修正していますし、学習によって運動パターンを記憶し、運動を上達させてもくれるのです。

### 命をつなぐ脳幹

大脳と脊髄《せきずい》の間には、間脳《かんのう》と脳幹があります。間脳は、嗅覚以外の感覚情報を大脳に送る視床、自律神経とホルモン分泌を担う視床下部《ししょうかぶ》から成り立っています。

脳幹は中脳《ちゅうのう》、橋《きょう》、延髄《えんずい》から成り、生存のために必要な呼吸、心拍、血圧などを調整する役割をもつと共に、全身の知覚神経からの信号や運動神経への信号の通り道にもなっています。私たちが寝ているときも呼吸をしていられるのは、脳幹の働きのおかげですし、この脳幹に障害が生じると、意識をなくし、死に至る危険さえあるのです。

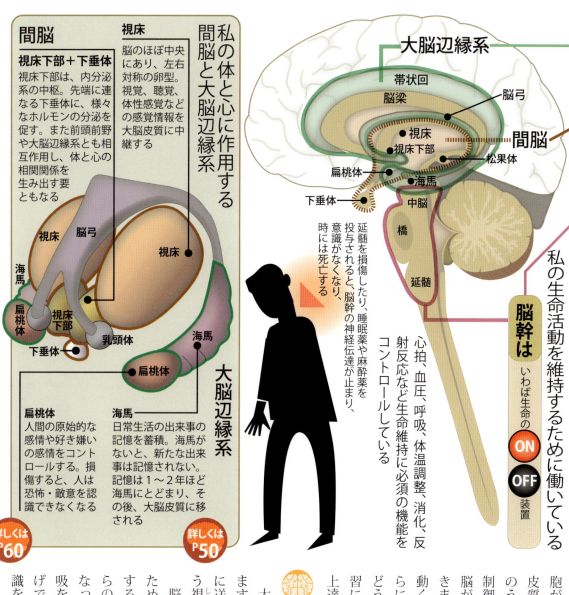

1

# 悪人は頭蓋骨でわかる!? 骨相学から始まった近代の脳科学

## 心が宿るのは心臓か脳か

人類は文明の始まりとともに、心は体のどこにあるのかを探り続けてきました。紀元前1700年頃の古代エジプトでは、人間の魂は心臓に宿ると考えられ、ファラオの遺体をミイラにする際は、脳や臓器は取り除き、心臓だけを残していました。

心は脳にある、と最初に唱えたのは、紀元前5世紀のギリシアの医師ヒポクラテスでした。紀元前4世紀の哲学者プラトンも、脳こそが精神作用の源だと考えましたが、その弟子であるアリストテレスは、心は心臓にあり、脳は心臓の熱を冷ます装置とみなしていました。

初めて人体解剖に基づいて脳を解明しようとしたのは、解剖学者ヘロフィロスです。彼は、脳が神経系の中枢であり、知性のありかであることを突き止めました。

しかし、紀元後に広まったキリスト教が、人体解剖を禁じたため、医学の研究は長らく停滞します。2世紀の外科医ガレノスは、脳の空洞に精気が流れ、人間の行動を制御すると考えましたが、彼の理論は動物解剖に基づくものでした。

17世紀、フランスの哲学者デカルトは、心と体は別であるとする「心身二元論《しんしんにげんろん》」を提唱。ここから心は脳から切り離されて、心の研究は心理学へと発展していきます。

一方、この頃すでに人体解剖が解禁され、脳の科学的研究も始まっていました。

18世紀末、ドイツの医学者ガルは、解剖学の観点から人間の心を科学しようとし、骨相学《こっそうがく》という学説をひっさげて登場。脳は様々な精神活動に対応した器官から成り、人によって発達している器官が異なるため、それが頭蓋骨《とうがいこつ》の大きさや形に現れる、と説きました。つまり、頭蓋骨を見れば、その人の性格までわかると考えたのです。

この考えに触発されたイタリアの医師ロンブローゾは、犯罪者は生まれついてのものであり、頭の形を見ればわかる、とまで言い切りました。その後、骨相学はダーウィンの進化論と結びつき、欠陥のある人間を排除して優秀な人間だけを残す、という危険な思想を生み出すに至ります。

様々な問題があった骨相学ですが、ガルが提唱した、脳は部位によって異なる機能をもつという考え方は、その後の脳機能局《のうきのうきょく》在論《ざいろん》へと引き継がれていくことになります。

### 脳について古代の人たちも考えていた

ギリシア哲学・科学が、人々の関心を心に向けた。医学者たちは、様々な考えを主張した

人の心はどこにあるのだろう?
我々は脳によって思考している

**医師ヒポクラテス**
(紀元前460〜前370年頃)
医学を経験科学として発展させた「医学の父」。医師の倫理を説いた「ヒポクラテスの誓い」はいまに受け継がれている

## ところが、キリスト教が人体解剖を禁止 ここで人間の脳研究は止まる

脳は精神作用の源だ

哲学者プラトン
（紀元前427〜前347年頃）

しかし、アリストテレスは身も蓋もないことを言った

心は心臓にある。脳はその冷却装置だ


**そして、脳を実際に解剖する人が現れた**

医学者ヘロフィロス
（紀元前335〜前280年）

人体解剖を行い脳が神経の中心であることを突き止めた

## 18世紀になり、再び人体解剖学が解禁

医学者ガレノス
（129〜200年頃）

ガレノスは、動物解剖により脳の研究を続けた

ルネ・デカルト
（1596〜1650年）

デカルトの心身二元論が登場

我思うゆえに我あり
心とカラダ


哲学者・数学者のデカルトは、水力で動く自動装置を参考に、体は機械の力学で動くとし、心とは別のものとした

**心と体の分離**

**フロイトの臨床心理学へとつながる**

物質としての脳の機能を離れ、心を考察する心理学が生まれる

詳しくはP27

**19世紀末に体（物質）が心を決定する理論が登場**

## そして骨相学が誕生

フランツ・ヨーゼフ・ガル（1758〜1828年）

ドイツの医学者。脳の解剖によって大脳生理学の多くの発見を行う。のちに様々な脳の比較研究から骨相学の基礎をつくる

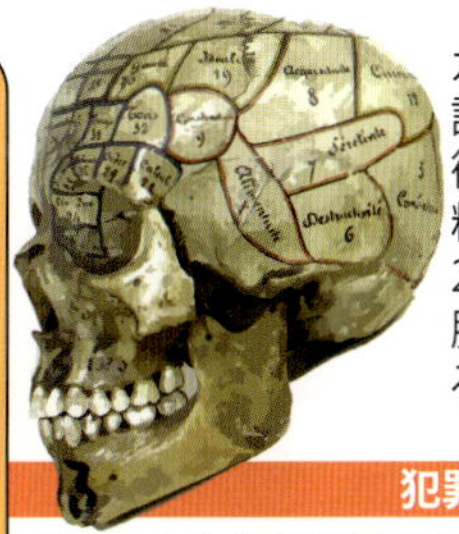

ガルは、色、音、言語、名誉、友情、芸術、殺人、窃盗など、精神活動に関わる27の器官によって、脳はつくられていると主張した

**ガルの大脳皮質の器官学**

心の精神・認知機能の特徴は、大脳の皮質によって生じる。大脳皮質は、その機能を担う部分が成長する。頭蓋骨はこの脳の成長の特徴を正確に表していると考えた

犯罪学につながる

犯罪人類学の父
**チェーザレ・ロンブローゾ**
（1835〜1909年）

**生来的犯罪人説の根拠に**

**悪人は頭の形でわかる!!**

イタリアの精神医学者。骨相学、人類学、遺伝学、統計学、社会学を用いて、人間の身体的特徴と犯罪の相関性を研究した

例えば彼はこう言う。「ネアンデルタール人のような頭蓋骨の人間は、原始人への先祖返りの特徴をもち、犯罪に手を染めやすい」

影響を与えあう

**進化論とつながる**

**チャールズ・ダーウィン**
（1809〜1882年）

イギリスの自然科学者。「下層階級に子供が多いのは問題だ。模範的人々の子供を増やすべきだ」と主張

**フランシス・ゴルトン**
（1822〜1911年）

ダーウィンの従兄弟。統計学者。才能は、ほぼ遺伝によって受け継がれると主張。人間も家畜の品種改良と同じように、良い遺伝子が受け継がれれば、良い社会ができると考えた

**優生学を生む**

弱者や障害者を社会から排除する思想に

ナチスドイツの人種的優生学へつながる

## 脳機能局在論のはじまり

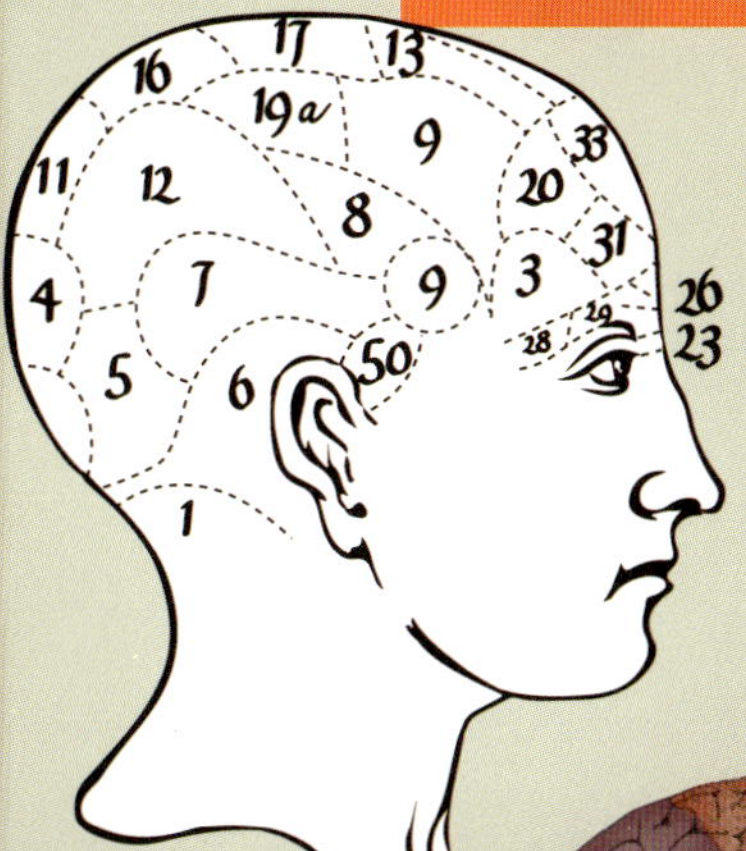

17
13
16
19a
9
33
11
12
8
20
31
4
7
9
3
26
23
28
50
5
6
1


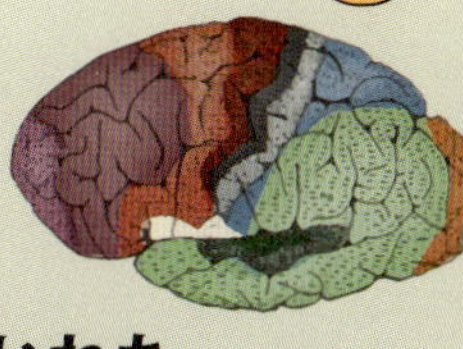

心の働きの源を、脳の様々な部分に割り振る、現代の脳科学の先駆けとも言えた

**脳が物理的に開かれた**

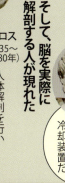

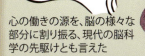

# 事故や病気から発見された脳の様々な領域の仕組みと働き

**1848年 前頭葉の一部を失ったフィネアス・ゲージによって前頭葉の機能が明らかになった**

アメリカで鉄道工事中に火薬が爆発。金属棒が頭を貫通する大怪我を負ったフィネアス・ゲージは、前頭葉の一部を損ない、人格が一変する。ここから、前頭葉は人格と関わりをもつことが示された
Before
事故前は有能な現場監督
鉄道建設現場の監督を務める25歳の真面目な青年。優しく、礼儀正しく、仕事熱心で、誰からも一目おかれていた
爆発事故
After
事故後はならず者に
事故の後、気まぐれで、礼義知らずで、わがままな性格に豹変。「あれはゲージではない」と職場の同僚を驚かせた
右上の写真は、後年、事故時の鉄棒をもつゲージ

## 脳を損傷した人々が研究対象に

脳は脳全体であらゆる働きをするのではなく、部分ごとに違う機能をもつのではないか？　そんな脳機能局在論《のうきのうきょくざいろん》が、科学的に実証されるきっかけとなったのは、アメリカの青年フィネアス・ゲージの症例でした。

1848年、鉄道工事中の爆発により、現場監督を務めていたゲージの頭部を、約1mの金属棒が貫通するという事故が発生。頭に大きな穴が開き、前頭葉《ぜんとうよう》の一部を損傷する大怪我を負ったにもかかわらず、ゲージは奇跡的に回復します。左目こそ失明しましたが、会話も計算もできれば記憶力の低下もなく、目立った後遺症はありませんでした。ただひとつ、人格を除いては――。

事故以前は真面目で責任感の強かったゲージは、事故後は気まぐれで礼義知らずな性格に一変してしまったのです。そのた

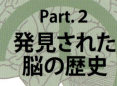

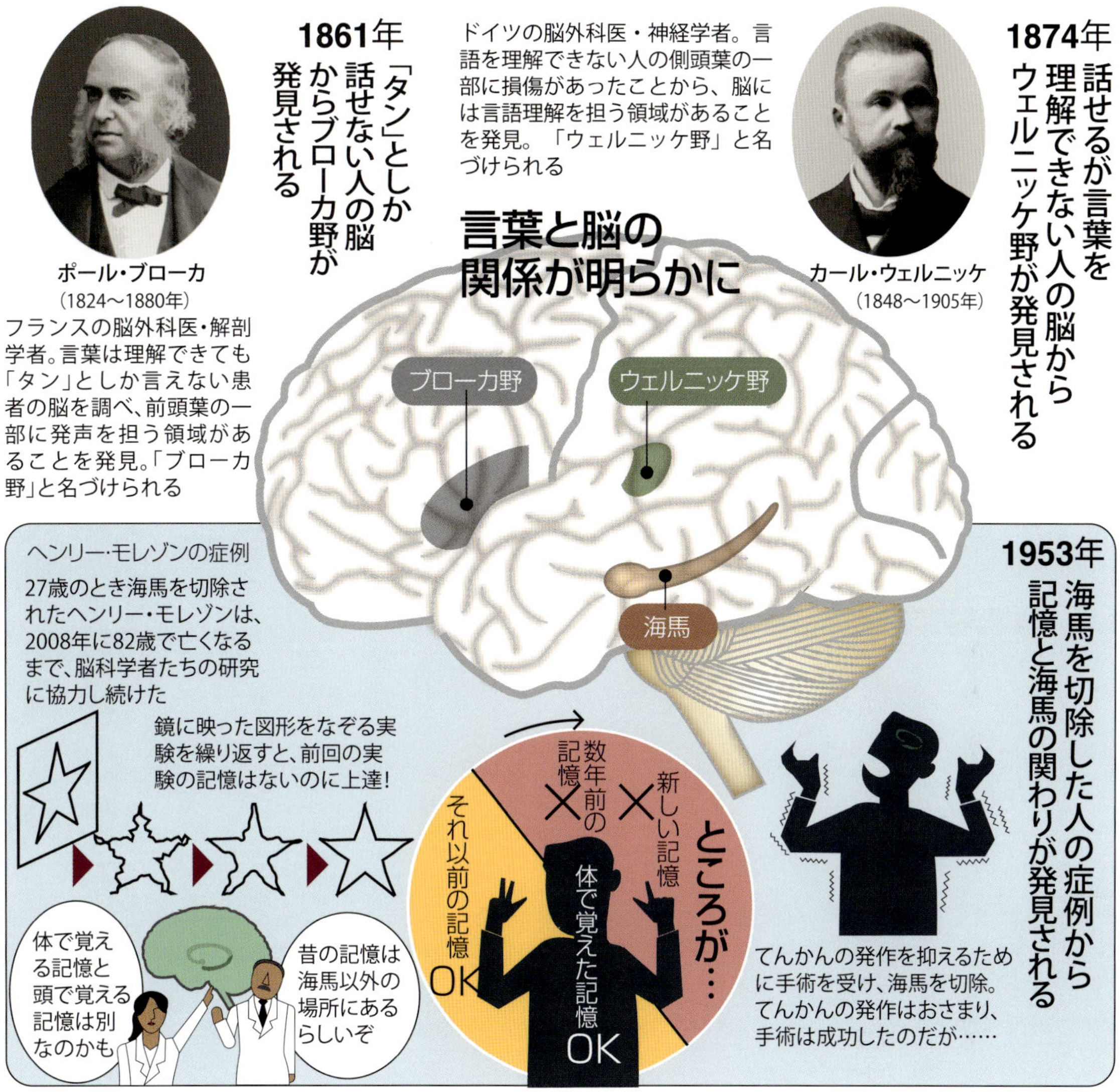
言葉と脳の関係が明らかに
1861年
「タン」としか話せない人の脳からブローカ野が発見される
ポール・ブローカ
(1824〜1880年)
フランスの脳外科医・解剖学者。言葉は理解できても「タン」としか言えない患者の脳を調べ、前頭葉の一部に発声を担う領域があることを発見。「ブローカ野」と名づけられる
1874年
話せるが言葉を理解できない人の脳からウェルニッケ野が発見される
ドイツの脳外科医・神経学者。言語を理解できない人の側頭葉の一部に損傷があったことから、脳には言語理解を担う領域があることを発見。「ウェルニッケ野」と名づけられる
カール・ウェルニッケ
(1848〜1905年)
ブローカ野
ウェルニッケ野
海馬
1953年
海馬を切除した人の症例から記憶と海馬の関わりが発見される
ヘンリー・モレゾンの症例
27歳のとき海馬を切除されたヘンリー・モレゾンは、2008年に82歳で亡くなるまで、脳科学者たちの研究に協力し続けた
てんかんの発作を抑えるために手術を受け、海馬を切除。てんかんの発作はおさまり、手術は成功したのだが……
ところが…
新しい記憶
数年前の記憶
それ以前の記憶OK
体で覚えた記憶OK
鏡に映った図形をなぞる実験を繰り返すと、前回の実験の記憶はないのに上達!
昔の記憶は海馬以外の場所にあるらしいぞ
体で覚える記憶と頭で覚える記憶は別なのかも

め、ゲージが失った左の前頭葉は、人格と何らかの関係があるのではないかと考えられるようになりました。

19世紀後半になると、言語障害をもつ人の脳を死後解剖することにより、言語を担う脳の領域が相次いで明らかにされました。フランスの脳外科医ポール・ブローカは、失語症患者の脳には、左の前頭葉の一部に損傷があることを突き止め、この領域は発話を担う運動性言語中枢であると結論づけました。一方、ドイツの脳外科医カール・ウェルニッケは、言語を理解できない人の左の側頭葉《そくとうよう》の一部に損傷があったことから、この領域は言語理解を担う感覚性言語中枢であるとしました。それぞれの領域は、発見者の名前から「ブローカ野」「ウェルニッケ野」と名づけられました。

さらに20世紀半ばには、第二次世界大戦で脳に損傷を負った兵士の多くの症例がアレクサンドル・ルリアなどによって報告されたほか、てんかんの治療のために海馬《かいば》を除去した患者に記憶障害が現れた症例から、海馬が記憶と関わりのある部位であることもわかってきました。こうして脳の部位ごとの機能が徐々に解明されてきたのです。

# 脳は電気で動いている 電気生理学に始まる実証実験の時代

**1791年**

### ルイジ・ガルヴァーニから電気生理学が始まる

ルイジ・ガルヴァーニ
（1737〜1798年）
イタリアの解剖学者・生理学者。カエルを用いた実験により、電気生理学の基礎をつくる

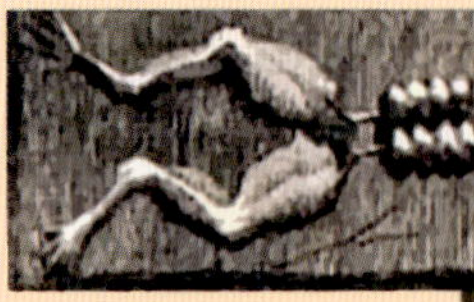

解剖実験の際、カエルの足に２種類の金属を当てると、筋肉がけいれんすることを発見。これを生物電気と名づけ、1791年に発表。電気と筋肉の収縮に関係があることを明らかにし、多くの学者が電気の研究を始めるきっかけとなった

**1870年**

### エデュアルド・ヒッツィヒらが犬の脳を使って電気実験

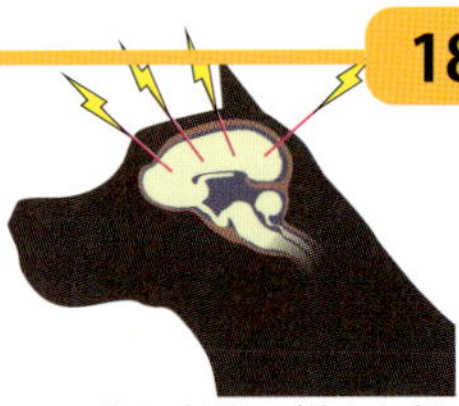

犬の大脳の様々な場所に電流を流すと、足、顔、首など特定の部位が反応

脳には、体の部位ごとの筋肉を動かす場所がある!

## 電気を用いた実験の始まり

前項では、脳に損傷を負った人々の症例から、脳の機能を探る試みを紹介しましたが、この方法には限界がありました。損傷した部位と失った機能に確かな関係があることまでしかわからないからです。脳の各部位がそれぞれの機能を実現する詳細な仕組みにまで迫るには、正常な、しかも生きた脳を調べる必要がありました。それを可能にしたのが、電気生理学の登場です。

18世紀末、イタリアの解剖学者ガルヴァーニは、カエルを使った実験によって、電気刺激によって筋肉が収縮することを発見。生物の体内で電気活動が起こることがわかり、ここから電気生理学が始まります。

19世紀後半には、ドイツの医師ヒッツィヒらが、脳の特定の部位に電流を流すと、体のどの部分が動くかを調べる動物実験を実施。同様の実験を、アメリカの医師バーソロウは、ついに人間の脳を使って行います。こうした実験の結果、脳は部位ごとに異なる機能をもつ、と考える脳機能局在論《のうきのうきょくざいろん》がしだいに優勢を占めるようになり、20世紀前半には、アメリカの脳神経外科医ペンフィールドによって、脳の機能分布図がつくられるに至りました。

しかし、脳機能局在論には、危うい側面もありました。脳の一部に外から働きかければ、動物や人間を自在に操れる、と考える人も現れたからです。スペインの脳科学者デルガードが開発した脳への埋め込みチップもそのひとつでした。

## 脳内の電気変動を測る脳波の発見

20世紀前半には、脳研究にとって、もうひとつの進展がありました。それは、脳波の発見です。脳波とは、脳の活動によって

## 1874年

エデュアルド・ヒッツィヒ
(1838〜1907年)

ドイツの医師。解剖学者グスタフ・フリッチュと共に、生きた犬の脳を用いて実験を行い、前頭葉に運動野（運動を制御する領域）があることを示した

### ロバーツ・バーソロウがついに人間の脳で実験

アメリカの医師ロバーツ・バーソロウは、悪性腫瘍により頭部に穴が開いた女性患者の脳に電気刺激を与える実験を実施。ヒッツィヒらの犬の実験と同じ成果を得る

## 1930年代

### ワイルダー・ペンフィールドが脳の機能分布図をつくる

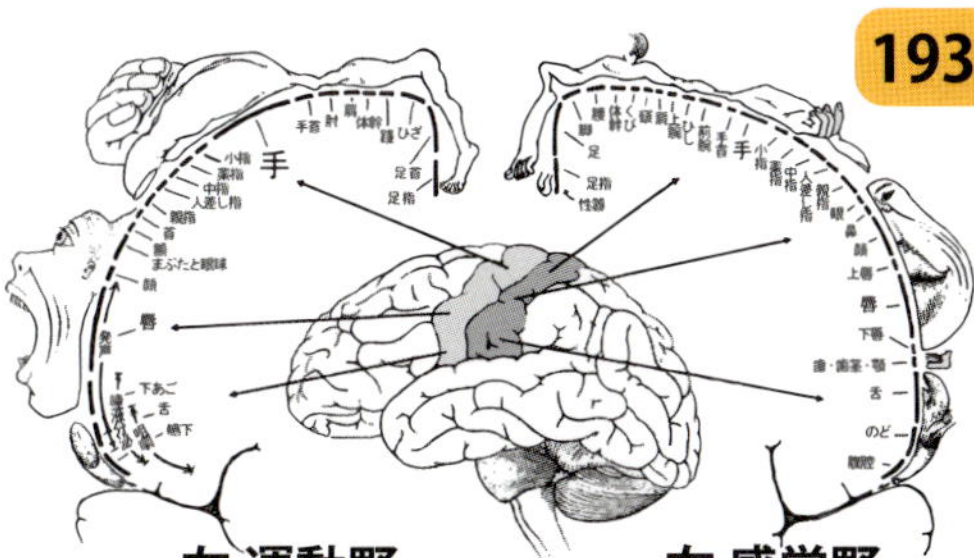


ペンフィールドは、脳のどの部分が、体のどの部分と対応するかを示した脳の機能分布図を作成

ワイルダー・ペンフィールド
(1891〜1976年)

アメリカ・カナダの脳神経外科医。てんかん患者の脳外科手術の先駆者であり、脳外科学・神経科学の発展に貢献

## 1924年

### ハンス・ベルガーにより脳波の計測が可能になる

ハンス・ベルガー
(1873〜1941年)

ドイツの神経科学者。人間の脳における電気活動を研究し、脳波研究の先駆けとなる

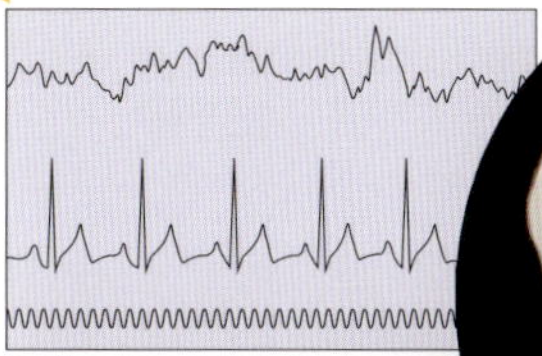

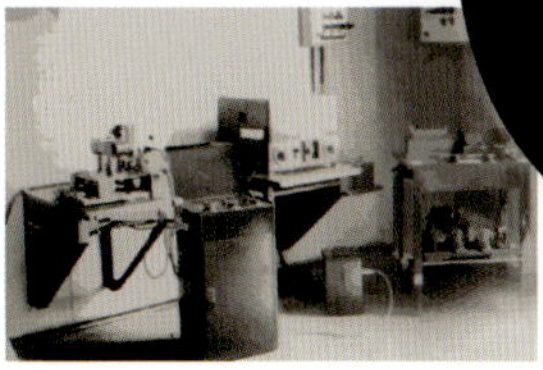

ベルガーは、人間の脳の活動によって起こる電位変動を記録することに成功する。上は当時の脳電図と脳波測定装置

## 1934年

### エドガー・エイドリアンが脳波の存在を証明する

エドガー・エイドリアン
(1889〜1977年)

イギリスの電気生理学者。神経細胞の機能に関する研究で、1932年ノーベル生理学・医学賞受賞。ベルガーの研究を追試し、当時まだ受け入れられていなかった脳波を証明する

## 1960年代

### ホセ・デルガードが脳の埋め込みチップを開発し批判を浴びたが…

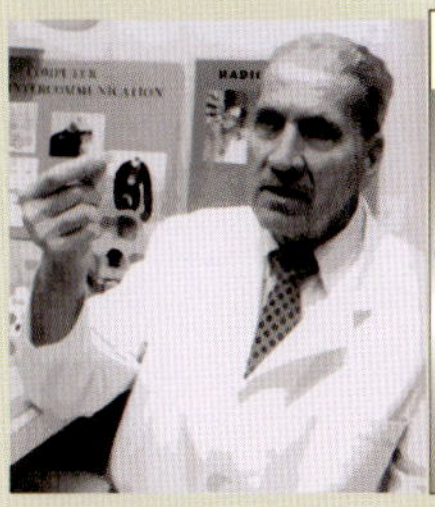

ホセ・デルガード
(1915〜2011年)

スペインの脳科学者。アメリカに渡り、エール大学教授となる。スティモシーバーを発明したが、激しい批判を浴びる

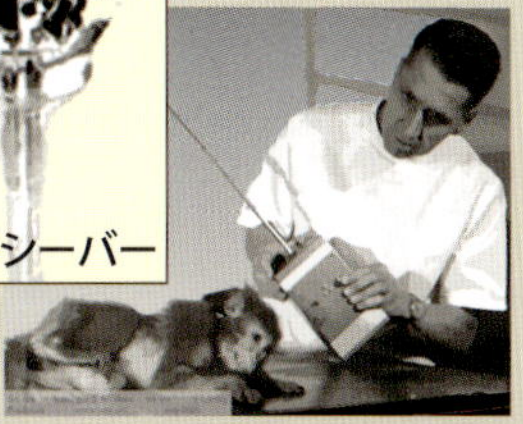

デルガードは、埋め込みチップ「スティモシーバー」を動物の脳に埋め込み、リモコンで信号を送って自在に操ってみせた。人間を洗脳する装置と非難されたが、脳疾患の治療や暴力行為の抑制などに応用された

生じる電気変動を表したもの。1924年に、ドイツの精神科医ベルガーによって発見されましたが、ほかの研究者たちは、「意味のないノイズ」と一蹴《いっしゅう》し、見向きもしませんでした。ようやく認められるようになったのは、イギリスの権威ある電気生理学者エイドリアンが、公開実験によって脳波の存在を証明してみせたからです。

脳波測定は、頭部の外から行われるため人体に害がなく、脳の異常を調べるために有効な手段として現在も使われています。

4

# 脳の細胞を見る技術の登場とニューロンをめぐる論争

電子顕微鏡出現以前
神経科学者を悩ませていたことは…

細胞がゴチャゴチャで正確な形がわからない
こんな顕微鏡の画像が

**カミッロ・ゴルジが神経の染色法を発明し神経細胞が可視化される**

カミッロ・ゴルジ
（1843〜1926年）
イタリアの内科医。ゴルジ染色と呼ばれる染色法の生みの親。脳は神経細胞による網目状のネットワークを形成していると考えた

## 神経細胞の姿を明かしたゴルジ染色

19世紀前半、顕微鏡によって、生物の基本単位は細胞であることが解明されました。脳も細胞から成り立っているとは最初は信じられていませんでしたが、ヤン・プルキンエが脳（小脳）に大きな細胞を発見し、脳の研究においても、顕微鏡を用いた細胞レベルの研究が始まります。

細胞は顕微鏡で拡大して見ただけでは、はっきりと形をとらえることができないため、色をつけて観察する方法がとられるようになりました。しかし、脳の神経組織は複雑にからみ合っているので、染色すると、かえって形がよくわかりませんでした。

そこに風穴を開けたのが、イタリアの医師カミッロ・ゴルジです。1873年、彼は硝酸銀《しょうさんぎん》とニクロム酸カリウムの反応によって、限られた細胞を黒々と染め上げることに成功。この方法は、のちに「ゴルジ染色」と呼ばれました。ゴルジ染色は、神経細胞の細胞体から樹状突起《じゅじょうとっき》がいくつも伸び、別の神経細胞と連携しているようすを、まざまざと見せてくれました。ゴルジは、神経細胞同士が突起によってつながり合い、ネットワークをつくっているのではないかと考え、「網状説《もうじょうせつ》」を唱えます。

## 網状説かニューロン説か

1887年、ひとりの無名の医師が、このゴルジ染色を知ったことから、神経細胞の解明が大きく進展します。スペインの医師サンチャゴ・ラモン・イ・カハールは、自らゴルジ染色を試し、顕微鏡の中の美しい細胞の形状に目を奪われました。

この時代、研究者たちは顕微鏡で見たものを自らスケッチしていたのですが、もともと画家志望だったカハールは、細部にわ

カハールの「哺乳類網膜の構造」スケッチ

このゴルジ染色を使い
脳神経をより正確にスケッチしたのが
サンチャゴ・ラモン・イ・カハール

サンチャゴ・ラモン・イ・カハール
(1852〜1934年)
スペイン出身の神経解剖学者。ゴルジ染色による細胞観察をもとに、ニューロン説をうち立てる

ゴルジ染色なら、
限られた細胞だけが染色され、
はっきり見える！

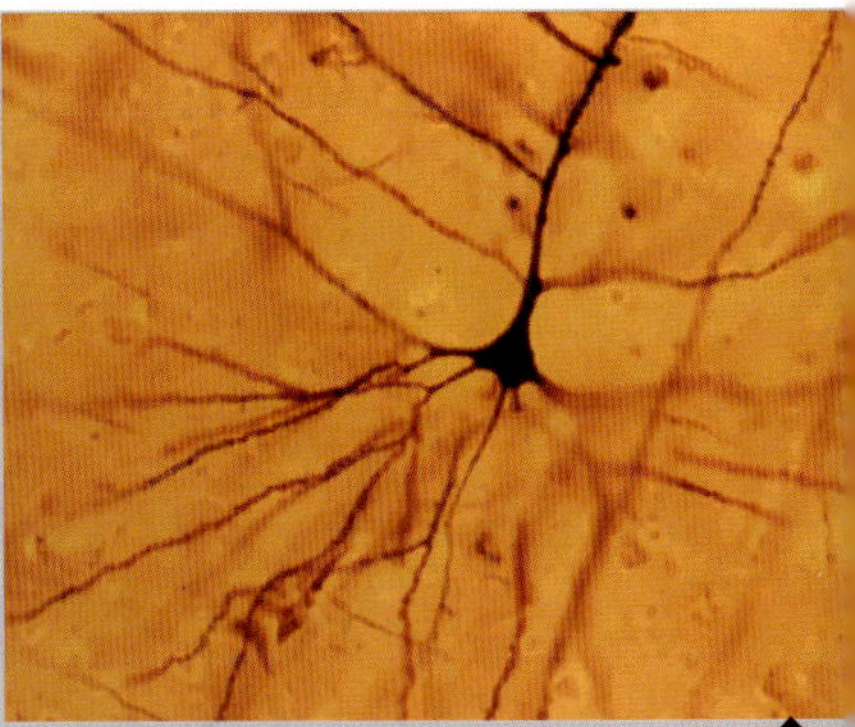

1873年にゴルジが発明。神経組織をニクロム酸カリウムと硝酸銀に浸すと、細胞内がクロム酸銀で満たされ、細部がはっきり見えるようになる。これにより神経細胞が細胞体と樹状突起から成ることもわかった

ゴルジ染色によって鮮明に!!

1906年
神経系の機能研究が評価され
ノーベル生理学・医学賞を同時受賞

カハール
**いや、神経細胞は離れている**

ゴルジ
**神経細胞はつながっている**

ところが受賞講演でも
二人の意見は対立

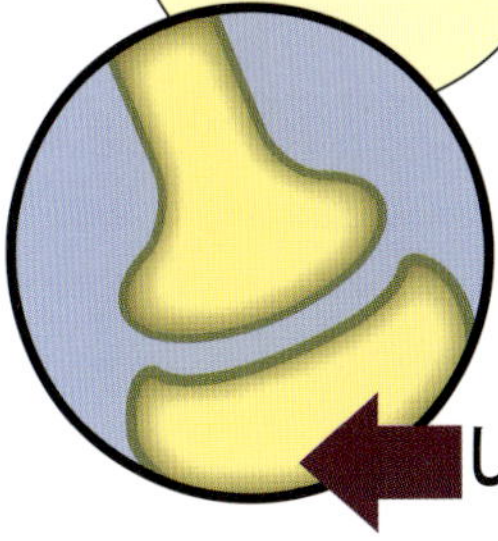

カハールはゴルジ染色を習得し、脳の神経を顕微鏡で観察。神経細胞はひとつひとつ独立しており、結合によって機能する、という「ニューロン説」を唱えた

神経細胞同士は
全部つながっており、
全体として機能する、
と主張したのが
ゴルジの「網状説」

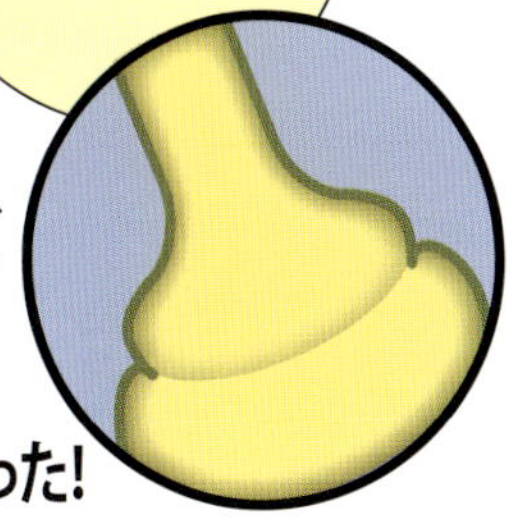

**しかし電子顕微鏡の登場によって決着　カハールが正しかった!**

たるまで観察し、克明《こくめい》な細胞図を描きました。その際に彼は、神経細胞と神経細胞の間に、ほんのわずかな隙間があることに気づき、すべての神経細胞はつながっている、とするゴルジの主張は間違っているのではないか、と考えるようになりました。そして、神経細胞はそれぞれ独立している、とする「ニューロン説」を唱えます。

神経細胞単位をニューロンと命名したのは、1891年、ドイツの解剖学者ワルダイエルによるものですが、カハールはこのニューロンの研究実績を論文にまとめ、注目を集めるようになります。

1906年、ゴルジとカハールは、それぞれの業績により、揃ってノーベル生理学・医学賞を受賞しました。その受賞講演においても、ゴルジは網状説、カハールはニューロン説を唱えて、真っ向から対立し、握手さえしなかったといいます。

この大論争にようやく決着がついたのは、それから半世紀近くたった1955年のことでした。電子顕微鏡の登場によって、ニューロンは独立していることが、はっきりと証明され、カハールのニューロン説に軍配《ぐんばい》が上がったのです。

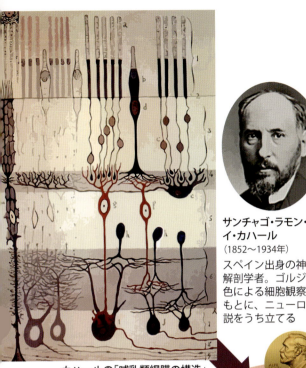

5

# ブロードマンが示した脳地図が脳機能局在論の道しるべになる

## 1909年 コルビニアン・ブロードマンによって大脳皮質の地図がつくられる

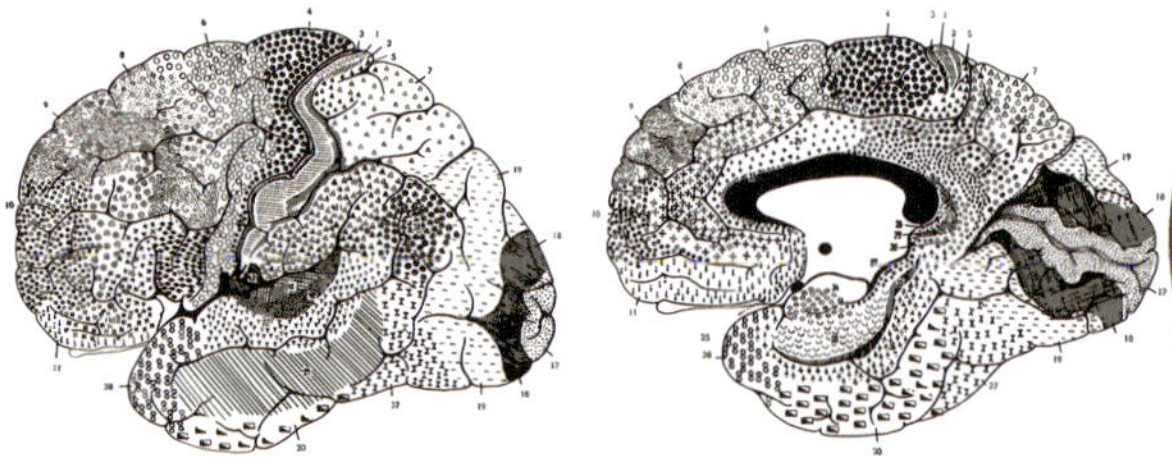

1909年に発表されたブロードマンの脳地図。左は脳を外側から見た図、右は脳の内側を示した図。52に区分されているが、欠番があるため未完成ともされる

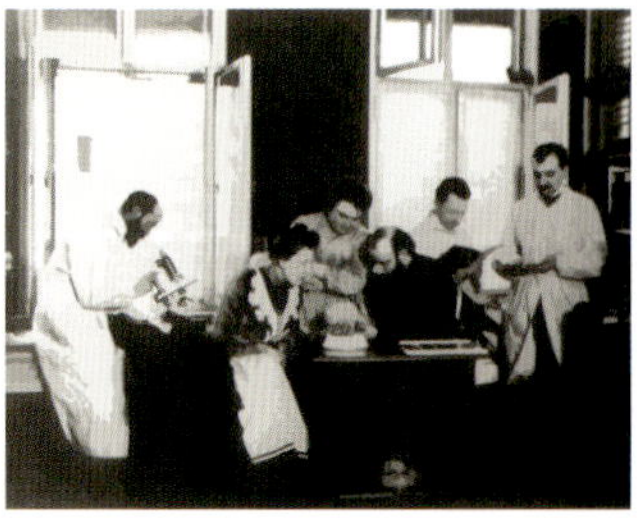

コルビニアン・ブロードマン
（1868〜1918年）
ドイツの医師。1901年より大脳区分の研究を始める。1905年にサルの脳地図、1908年に人間の脳地図を作成。この「ブロードマンの脳地図」は、今日にいたるまで脳研究の礎であり続けている。左図は当時のブロードマンの研究室のようす

### 脳に番地をつけたブロードマン

p23でペンフィールドの脳の機能分布図を紹介しましたが、これに先立つものとして、上に示した「ブロードマンの脳地図」と呼ばれるものがあります。これは、ドイツの医師コルビニアン・ブロードマンが、1909年に発表したものです。

人間の脳の最大の特徴は、大きな大脳をもつことにあり、ここにこそ人間だけがもつ感情や思考などの謎が隠されていると考えられてきました。

大脳の表面にある大脳皮質《だいのうひしつ》は、6つの層から成っています（p7参照）。ブロードマンは、この6層構造が場所ごとに異なることを発見。例えば、ある場所では、一番外側の層が厚いのに、別の場所では薄い、といった違いがあることに気づいたのです。

そこで彼は、大脳皮質を細かく調べて、構造の違う場所を1から52までの番号を割り振って区分しました。いわば脳という地図に番地をつけたのです。

ブロードマンの脳地図は、脳は部分によって異なる機能を担う、と考えた研究者たちにとって、格好の道しるべとなりました。例えば、p21でとりあげたブローカ野（運動性言語中枢）は、「ブロードマン44野と45野」、ウェルニッケ野（知覚性言語中枢）は、「ブロードマン22野」にあたります。

このように、様々な実験や研究によって、ブロードマンの分類による各領野が、それぞれ異なる機能をもつことが、しだいに解明されるようになりました。

ブロードマンの脳地図は、現在でも使われていますが、近年ではMRI技術の進歩によって、これまで特定されなかった新たな領野がいくつも見つかっており、より正確な脳地図がつくられつつあります。

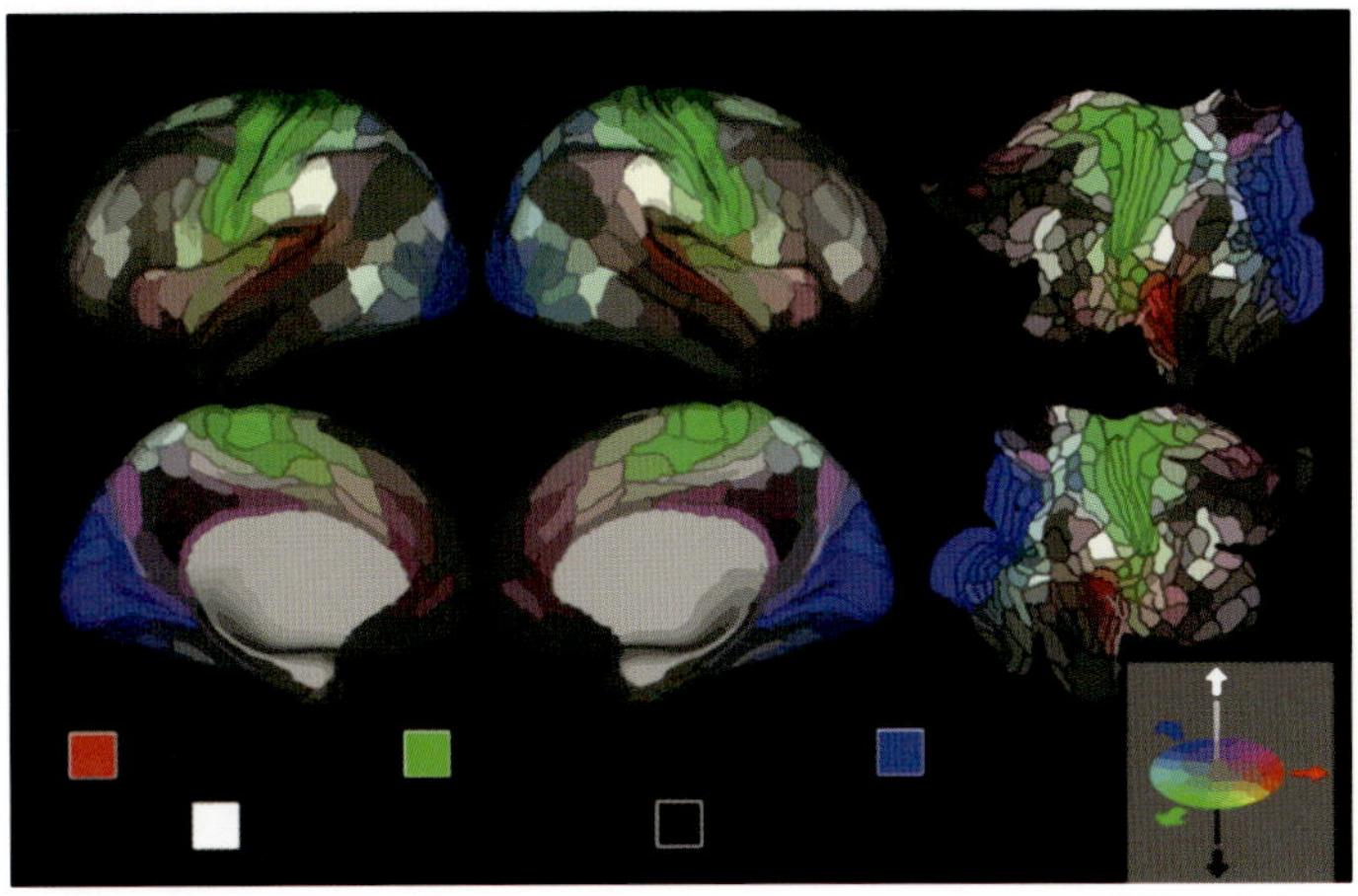

近年ではMRI技術の発達（詳しくはp31）によって、よりリアルに脳地図が表現されるようになった

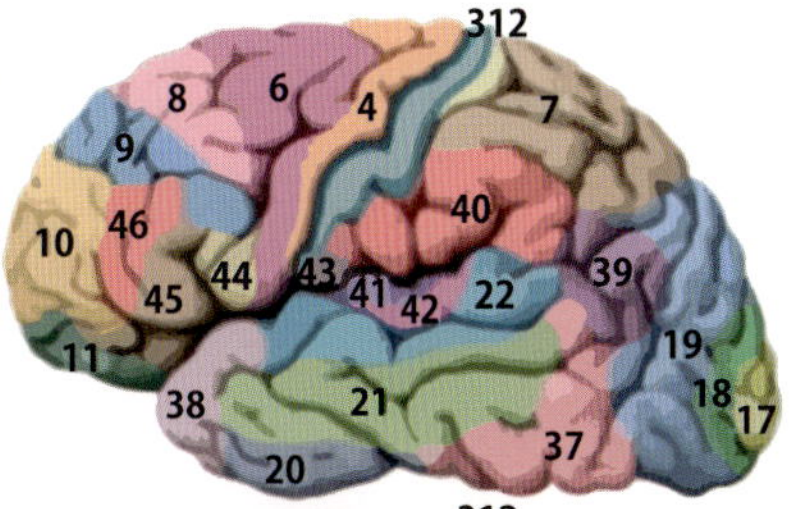


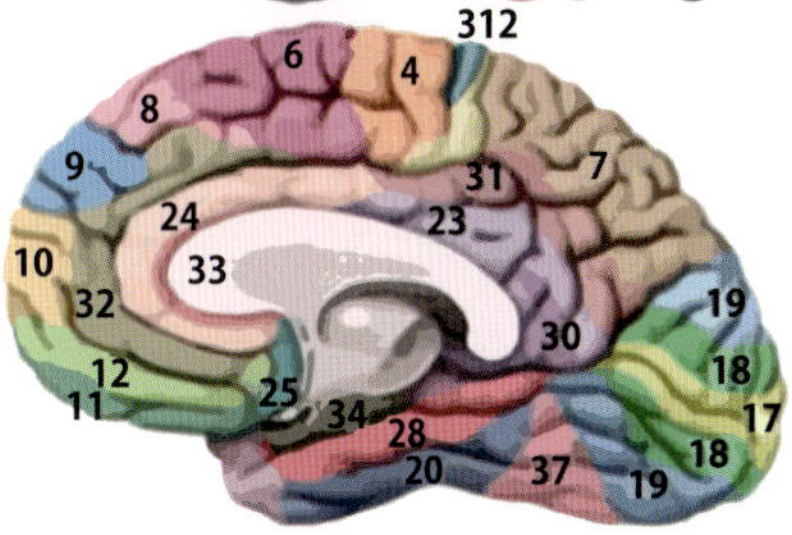


わかりやすく領野ごとに色分けされて、現在も使われているブロードマンの脳地図

## 脳機能局在論の暗黒 ロボトミー手術

1935年、ポルトガルの医師モニスが、精神疾患の治療の一環として、前頭葉白質切断手術、別名ロボトミー手術を実施。彼は、一部の患者に見られる激しい興奮は、前頭葉と視床をつなぐ神経回路を遮断することによって改善される、と考えたのです。

この手術はアメリカに伝わり、神経学者フリーマンによって一躍普及。第二次世界大戦で精神を病んだ退役軍人を始め、国内2万人もの患者に施されました。しかし、術後、廃人同様になってしまうケースが相次ぎ、批判を浴び、1960年代以降はほとんど行われていません。

エガス・モニス
(1874～1955年)

ポルトガルの政治家・神経科医。
精神疾患治療のためのロボトミー手術により、1949年ノーベル生理学・医学賞受賞

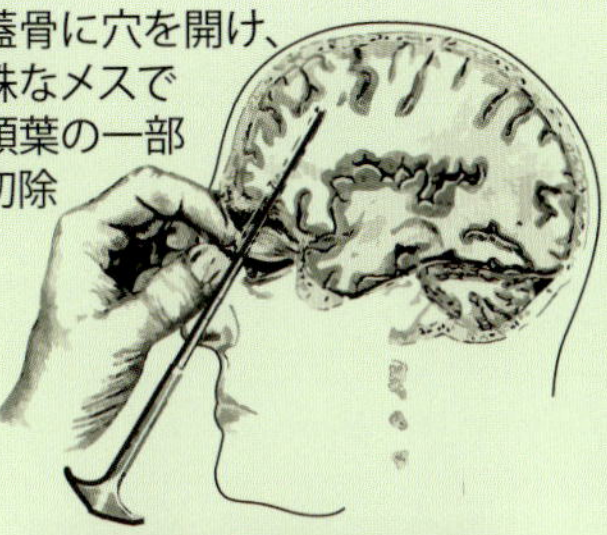

頭蓋骨に穴を開け、
特殊なメスで
前頭葉の一部
を切除

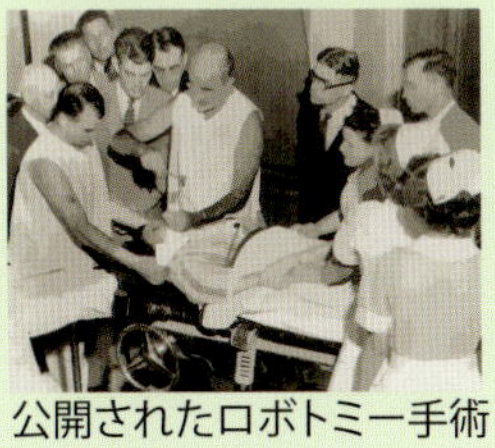

公開されたロボトミー手術

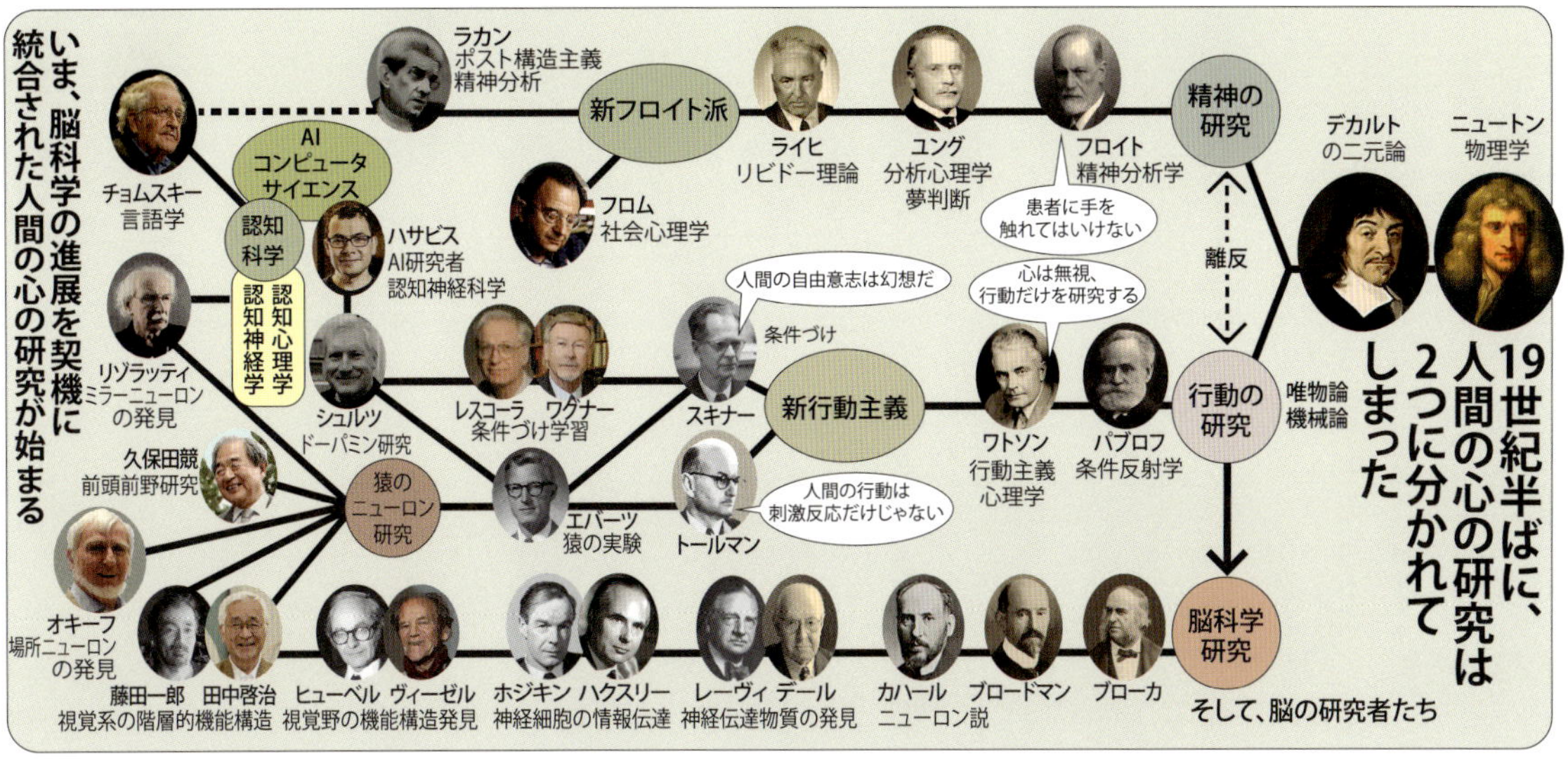

# 神経細胞はいかに情報を伝えるか？ 解明された電気と化学物質の連携

## 神経伝達物質が情報をリレー

ニューロン説が優勢となった20世紀前半、独立した神経細胞同士をつなぐものは、電気なのか、それとも化学的なものなのか、研究者の意見は分かれました。

１９２１年、オーストリアの薬理学者レーヴィが、ある重大な実験をします。用意したのは、２匹のカエルから取り出した心臓。Ａの心臓には脳神経がついており、Ｂにはついていません。Ａを溶液に入れ、脳神経に電気刺激を与えると、心臓の動きが遅くなりました。それを取り出し、同じ液にＢの心臓を浸すと、やはり心臓の動きが遅くなったのです。何らかの化学物質が、脳神経から溶け出して、情報を伝達している。レーヴィは、そう確信します。

その数年前、イギリスの脳科学者デールは、アセチルコリンという物質が神経に作用することを発見していました。このアセチルコリンこそ、レーヴィが見つけた未知の物質だったのです。デールはその後の研究により、神経細胞間の伝達は、化学物質が仲介している、と結論づけました。

## 電気の流れはイオンで起こる

神経細胞間の伝達に化学物質が関わっていることが判明したものの、細い軸索《じくさく》を多数まとめた束でしか実験できなかったため、軸索を電気が伝わる仕組みは、仮説にとどまっていました。１９３６年、イギリスの動物学者ヤングが、ヤリイカの巨大軸索を発見したことから、神経伝達の研究が加速化します。普通の神経軸索は肉眼では到底見えないほど細いのに対し、イカの軸索は直径１ミリ近くもあったのです。

イギリスの生理学者ホジキンは、同僚のハクスリーと共に、イカの巨大軸索を使って実験を開始。イカの軸索に微小電極を取り付け、細胞内の電位を測定したところ、細胞を興奮させると、急激な電位変化が起こりました。これを活動電位といいますが、ホジキンらは、活動電位が生じる原因として、ナトリウム説を打ち立てます。

当時すでに、細胞膜の内側はカリウムイオン、外はナトリウムイオンが多いことが知られていました。ホジキンらは実験を重ね、興奮によってナトリウムイオンが細胞内に一気に流入することで、活動電位が生じることを明らかにし、細胞の内外を隔てる膜にはイオンの通り道があると考えました。

この「イオンチャネル」の実体は、その後の研究者たちによって明らかにされます。こうして、イオンチャネルが次々開くことで電気が伝わり、電気が越えられない神経細胞間の隙間は神経伝達物質が仲介する、という神経伝達の全容が見えてきたのです。

## 1921年　シナプスの間をつなぐ化学物質の発見

シナプス
ここが謎
だった

この実験で化学物質が溶液に溶けて、それが情報を伝えている。その物質が謎だ

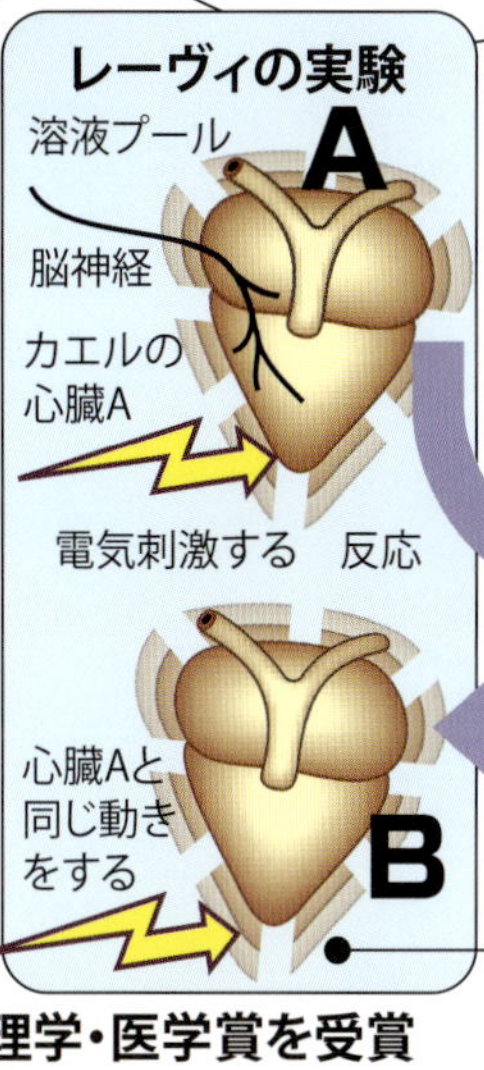
心臓Aを取り出す
脳神経のない心臓Bを入れる
ここになにかある


オットー・レーヴィ
（1873〜1961年）

ドイツ出身の薬理学者。オーストリアで研究を重ね、1921年に神経伝達物質の存在を突きとめた

アセチルコリンが神経に働きかけている。1914年に私が発見した

**結論**
シナプス間の情報伝達は化学物質(アセチルコリンなど)で行われている

ヘンリー・ハレット・デール
（1875〜1968年）

イギリスの脳科学者。アセチルコリンの研究により、シナプスの化学的伝達説を唱える

**1936年**
**この2人は、ノーベル生理学・医学賞を受賞**

## 1952年　神経細胞の電気的情報伝達の仕組みの発見

ジョン・ザッカリー・ヤング
（1907〜1997年）

イギリスの動物学者。イカの巨大軸索を発見し、その後の神経研究の発展に大きく貢献した

アラン・ロイド・ホジキン
（1914〜1998年）

イギリスの生理学者。イカの巨大軸索を用いて、神経細胞の興奮の仕組みを明らかにした

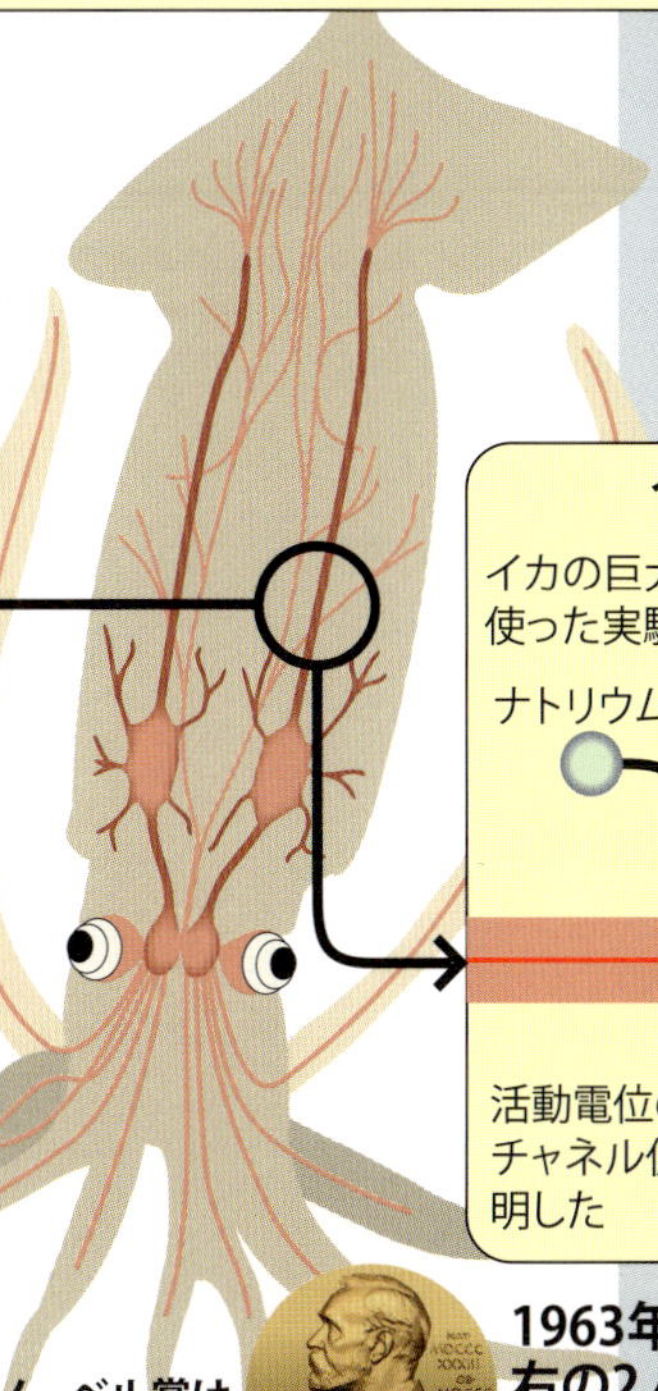

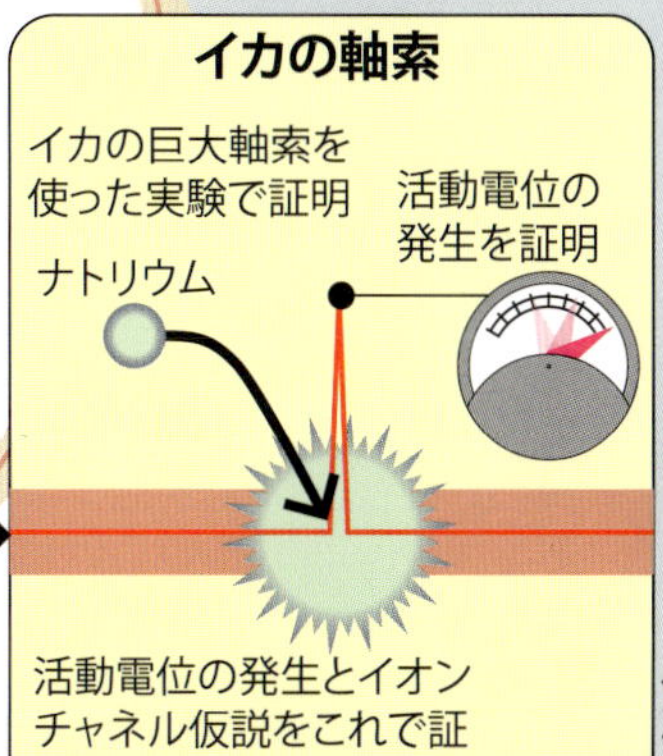

アンドリュー・フィールディング・ハクスリー
（1917〜2012年）

イギリスの生理学者。ホジキンと研究を共にし、骨格筋の収縮の仕組み解明にも貢献

当時、ノーベル賞はイカにやれ、とも言われた

**1963年**
**右の2人もノーベル生理学・医学賞を受賞**

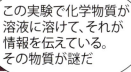

Part. 2
発見された脳の歴史

7

# 20世紀、脳を外から見る技術により飛躍的に発展した脳科学

## 1979年

**X線で人体の輪切り画像を得るCTの開発によりハウンズフィールドとコーマックがノーベル生理学・医学賞受賞**

## CT（コンピュータ断層撮影）

アラン・コーマック
（1924～1998年）
アメリカの物理学者。素粒子物理学の研究の傍ら、X線技術を研究

ゴッドフリー・ハウンズフィールド
（1919～2004年）
イギリスの電子技術者。コンピュータを用いたX線断層撮影技術を開発

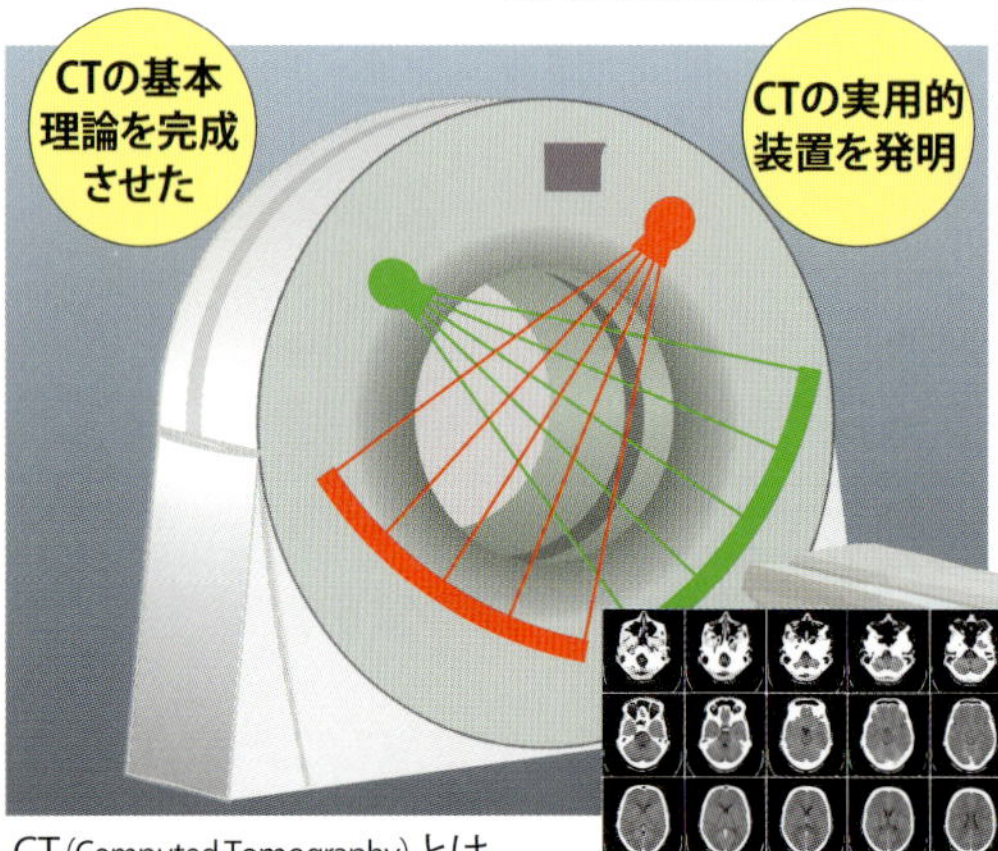
CTの基本理論を完成させた
CTの実用的装置を発明

CT（Computed Tomography）とは、コンピュータを用いたX線検査。様々な方向からX線を当てて体内の情報を読み取り、コンピュータ処理によって人体を輪切りにしたような画像を得ることができる

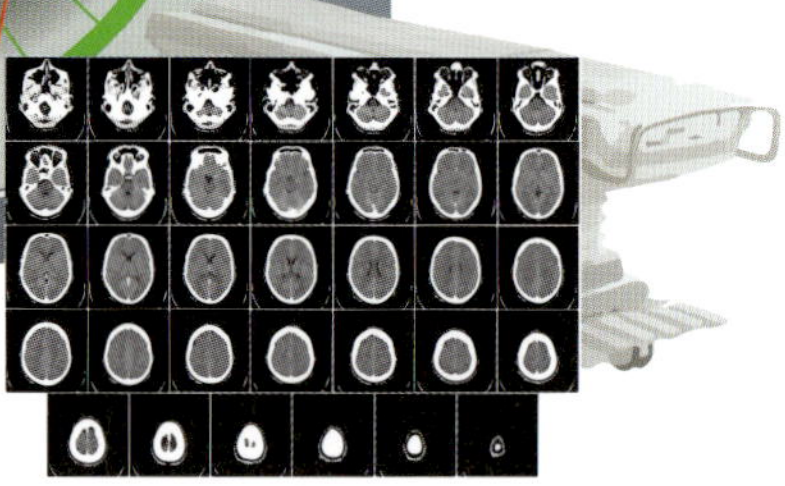

CTは、普通のX線撮影では写らない部位も鮮明に写し出す。これにより病気の特定が容易になった

## 1980年代

**体内の水分に含まれる水素イオンの磁気共鳴を利用して人体内部を画像化するMRIが開発される**

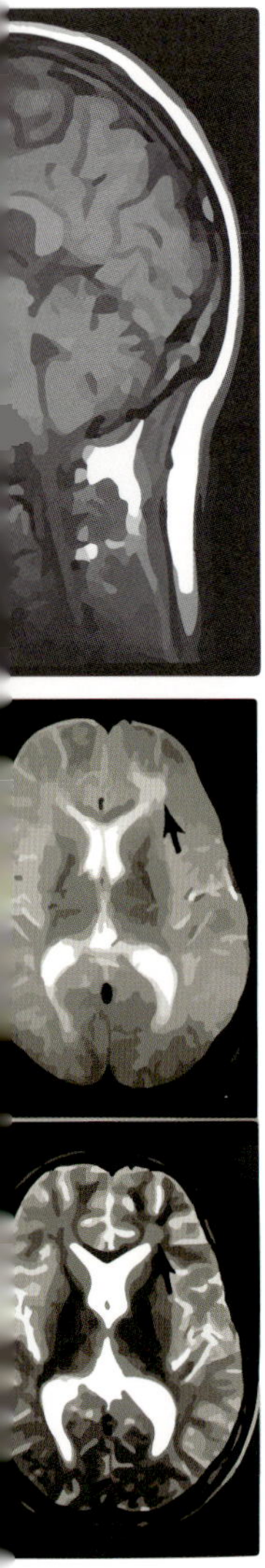

## コンピュータにより脳を画像化

１８９５年にドイツの物理学者レントゲンによってX線が発見されると、人体を外から診断できるようになり、物理学や医学は急速に発展します。しかし、脳のように中身が詰まっている臓器は、X線では詳しく見ることができませんでした。脳研究が新たな次元を迎えるのは、コンピュータが発達した20世紀後半のことです。

１９７２年、イギリスの電子技術者ハウンズフィールドは、アメリカの物理学者コーマックの理論をもとに、ＣＴ（コンピュータ断層撮影）装置を開発。X線と高度なコンピュータ技術を組み合わせたＣＴは、脳を輪切りにして画像化することを可能にしました。ハウンズフィールドとコーマックは、この業績により１９７９年のノーベル生理学・医学賞を受賞しています。

## f MRI（機能的磁気共鳴画像法） 1992年

### 脳の機能活動を画像化する fMRIが開発される

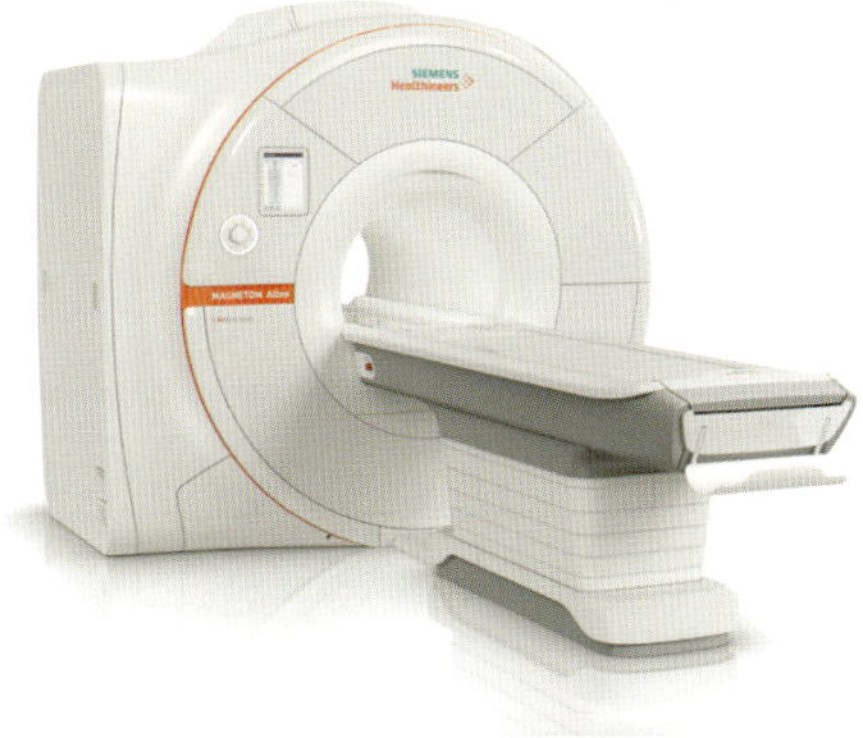

シーメンスヘルスケア株式会社
3テスラMRI「MAGNETOM Lumina」

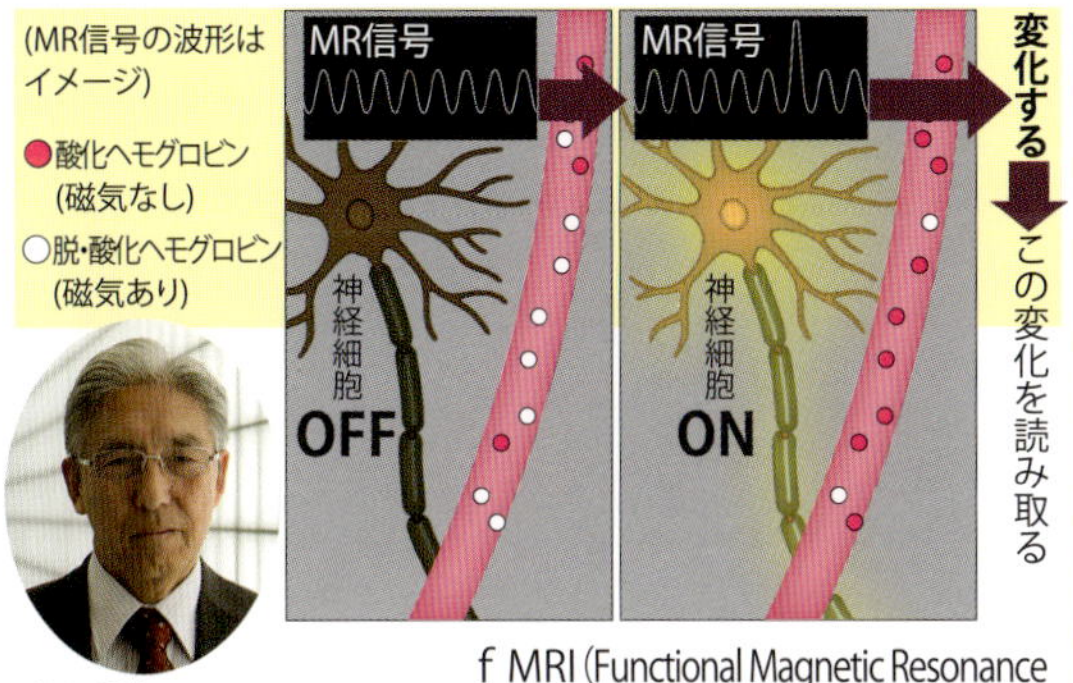

(MR信号の波形はイメージ)
●酸化ヘモグロビン (磁気なし)
○脱・酸化ヘモグロビン (磁気あり)
MR信号
神経細胞
OFF
MR信号
神経細胞
ON
変化する
この変化を読み取る


**小川誠二**（1934年〜）
日本の物理学者。東北福祉大学特任教授。BOLD（Blood Oxygenation Level Dependent）法を確立し、1992年にｆMRIを開発
写真提供：東北福祉大学

ｆMRI（Functional Magnetic Resonance Imaging）は、機能的磁気共鳴画像法の意。脳が活動すると酸素を必要とし、血流が増加。血液中のヘモグロビンは、酸素を運び終えると磁性になって磁場の歪みをつくり、MR信号を弱める。BOLD法と呼ばれるこの現象を画像化したのがfMRI

## MRI（磁気共鳴画像法）

**ピーター・マンスフィールド**（1933〜2017年）
イギリスの物理学者。医療用のMRI開発に従事し、実用化への道を開く

**ポール・ラウターバー**（1929〜2007年）
アメリカの化学者。1973年、『ネイチャー』誌にMRIの基本原理を最初に発表する

MRI（Magnetic Resonance Imaging）は、磁気共鳴を利用した画像描出法。強い磁場と電磁波をかけて、体内の水素イオンから発する共鳴電波を受信し、コンピュータで画像化する。放射線を使わないため人体にほとんど害がない

**2003年**
ラウターバーとマンスフィールド、ノーベル生理学・医学賞を受賞

**MRIの発明は自分だと主張したレイモンド・ダマディアン**（1936年〜）
アルメニア系アメリカ人医師。1971年に悪性腫瘍の判別に核磁気共鳴の使用を示唆する論文を発表。翌年特許を申請した。しかし、技術的裏付けがなく実用化に至らず。ノーベル賞に関して、ラウターバーの受賞を批判したが、多分に独善的と批判を浴びた

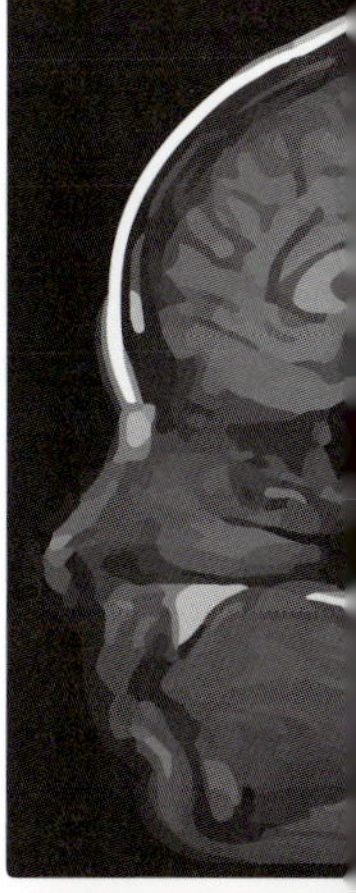

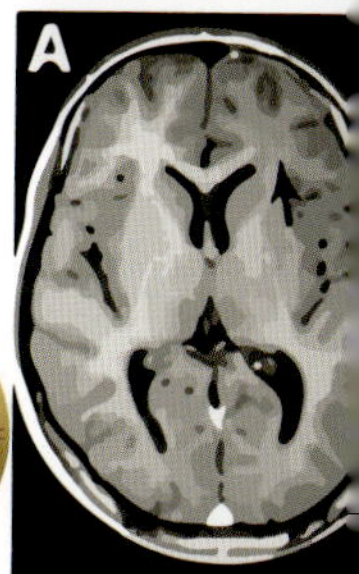

A


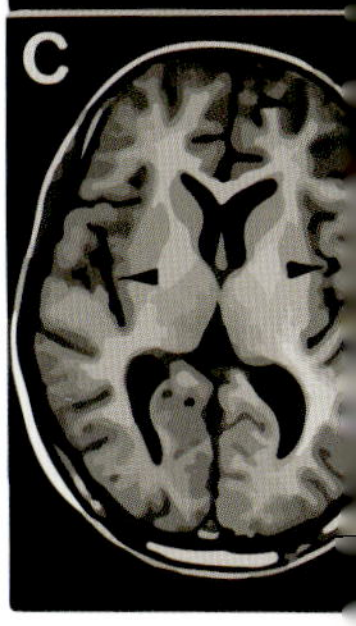

C


## 人体に無害なＭＲＩの登場

１９７０年代には、もうひとつの重要な研究が進められていました。アメリカの化学者ラウターバーが最初に原理を発見し、イギリスの物理学者マンスフィールドが実用化のための技術を開発したＭＲＩ（磁気共鳴画像法《じききょうめいがぞうほう》）がそれです。ＭＲＩは、強い磁気を利用して、体内の水素イオンが共鳴するようすを測定し、コンピュータで画像化するもの。ＭＲＩが優れているのは、ＣＴよりも鮮明で正確な画像が得られることに加え、放射線を使わないので、人体にほとんど害がないという点でした。

ＭＲＩは、１９８０年代になって実用化され、今日では世界中の病院で、病気の診断に用いられています。

このＭＲＩを用いて、脳科学をさらに推し進めることになったのが、１９９２年に日本の物理学者、小川誠二教授によって開発されたｆＭＲＩ（機能的磁気共鳴画像法）です。この方法が画期的なのは、脳のどの部位がどのようなときに働くかを見られることです。その応用例を次のページで見てみましょう。

# 8 血流を画像化する「fMRI」により人の脳内の活動が見えた！

## 心の動きも脳内活動として視覚化

脳内の神経細胞が活動すると、酸素を供給するために、近傍の細い動脈が拡張して局所的に多くの酸化ヘモグロビンが流れ込みます。この酸化ヘモグロビンの濃淡、つまり血流の変化を、MRI装置を用いて画像化するのがfMRI（機能的磁気共鳴画《じききょうめいが》像法《ぞうほう》）です。この方法を用いると、脳内のどの領域が、どんなときに働いているかが一目でわかります。しかも、放射線を使わず、人体にほとんど害がないため、脳機能研究に欠かせない手法として、近年、注目を集めています。では、fMRIを用いると、実際にどんなことがわかるのでしょう？

玉川大学脳科学研究所の松元健二研究室では、人間の主体性を生み出す脳の仕組みを研究。その一環として、fMRIを用いて行った実験の一例が、左の図です。

人が何かをするときには、まず動機づけがあり、目標を設定してそれに向かって行動します。動機づけには、自分がやりたいからやる「内発的動機づけ」と、何らかの報酬を目的とする「外発的動機づけ」があります。好きで始めたことも、報酬をもらうことが目的になると、やる気がなくなってしまうことがあります。これを「アンダーマイニング効果」といいますが、このとき脳内で何が起こっているのか、これまでほとんど知られていませんでした。

そこで報酬の約束なし（内発的動機づけ）、報酬の約束あり（外発的動機づけ）のグループに分け、MRI装置の中で同じ課題に取り組んでもらいました。どちらのグループも課題に成功すると、大脳の奥にある線条体《せんじょうたい》の活動が活発になりました。ところが、「次は報酬はありません」と伝えて同じ課題に再び取り組ませると、報酬ありグループの線条体の活動が消えてしまったのです。

線条体は、意思決定に関わる領域として知られていましたが、この実験により、「やる気」と関わる脳内ネットワークの要となっていることも明らかになりました。

このように、fMRIは、実体のない人間の心や意識を、脳内の活動としてとらえることができる画期的な手法です。ただ、fMRIにも限界があり、脳のどの場所とどんな情報の処理に関係しているかはわかっても、神経細胞の中で何が起きているかまではわかりません。そこは、動物実験に頼らざるを得ないのが現状ですが、人間特有のものは、人間でしか調べられません。その両方からのアプローチによって、少しずつギャップを埋めていく作業が、現在、各国で行われています。脳研究の最前線と未来については、p80以降のパート5で詳しく探っていきます。

# 人間の「やる気」を脳の画像から探る

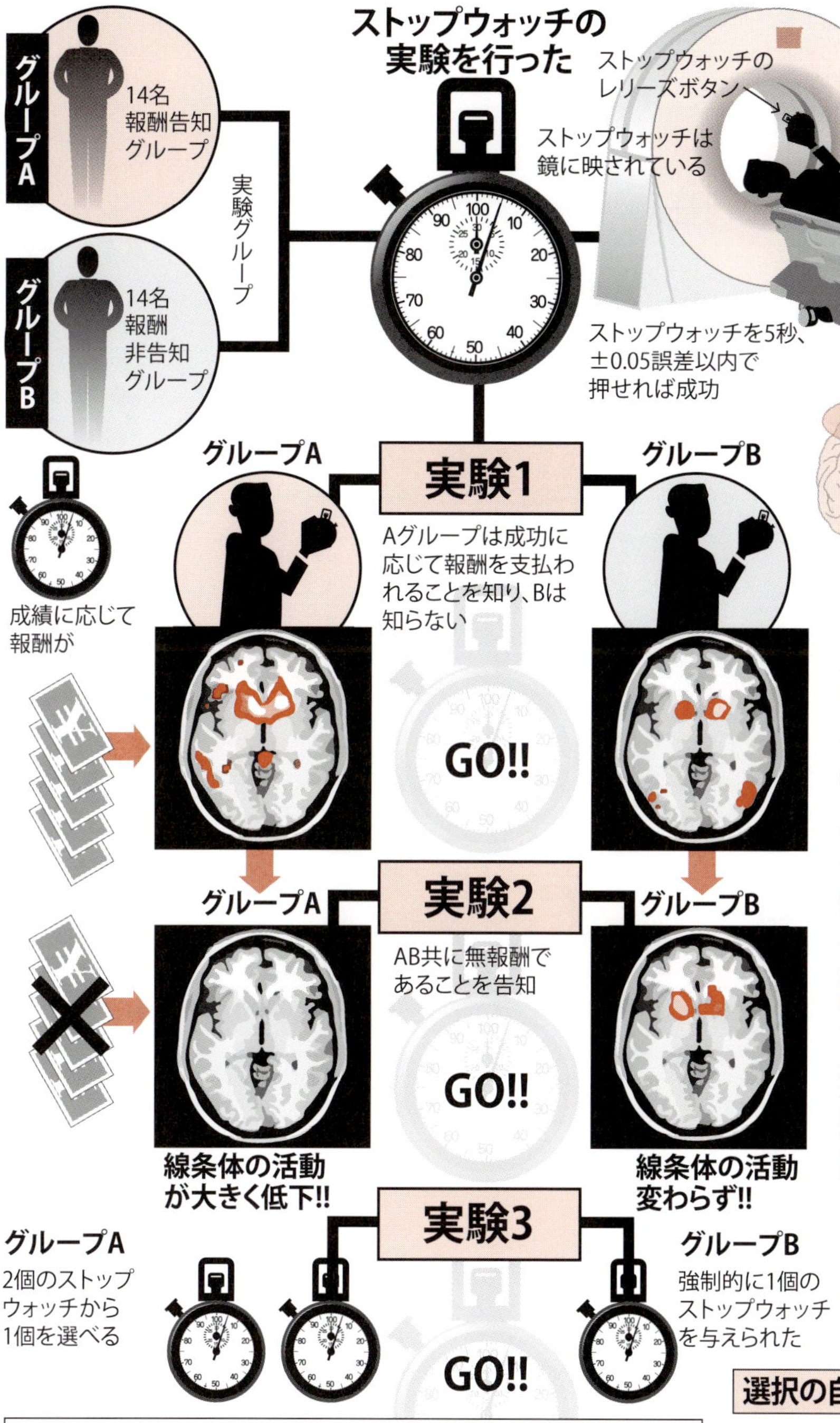


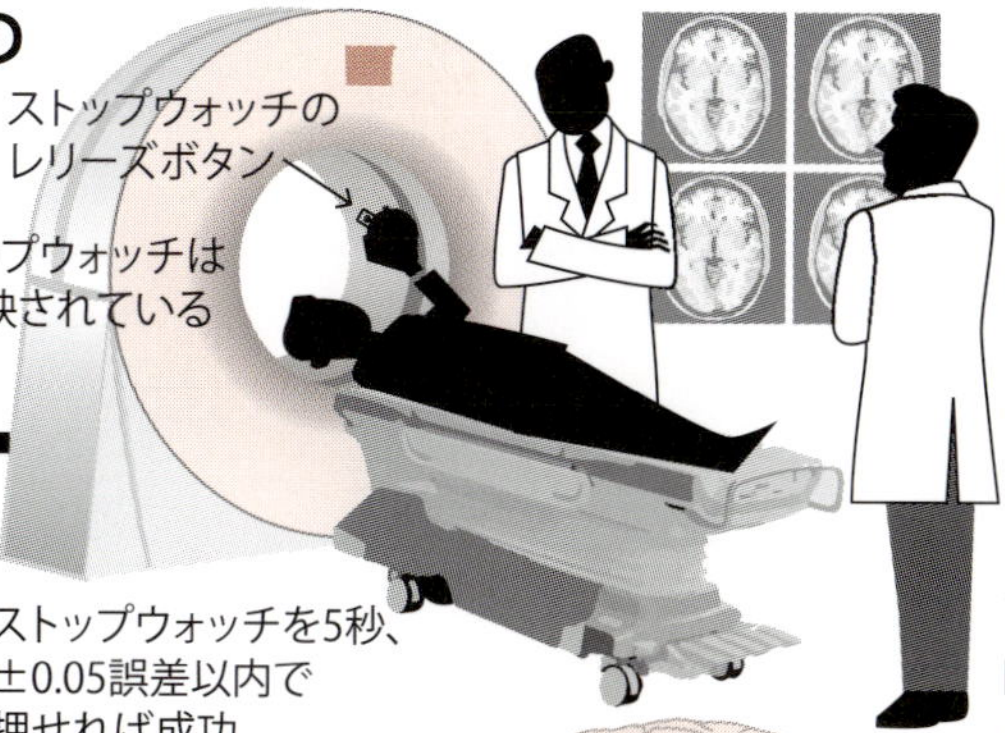

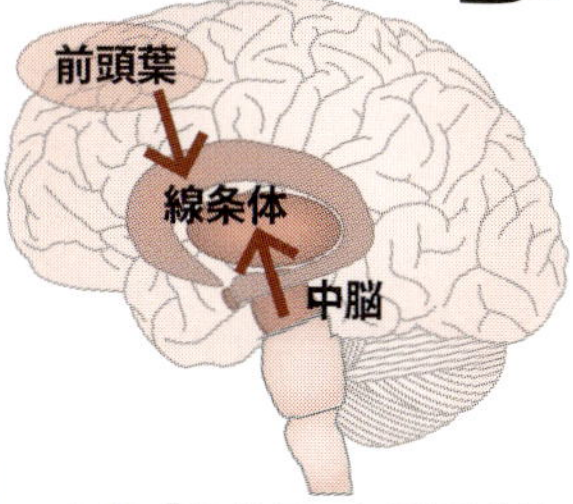


人の「やる気」に関係する脳内ネットワークと、その中核となる線条体。前頭葉からは行動の、中脳からは報酬に関する情報を受け取っている。線条体は人間の行為の価値と動機づけに重要な役割を果たしている

**実験時、AB両グループ共、この線条体が活性化した**

## アンダーマイニング効果

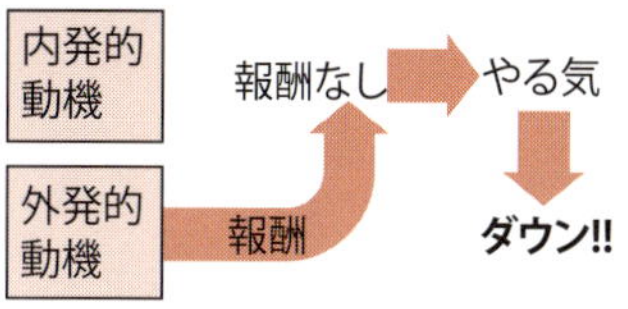


＊左のｆMRI画像の出典：
Kou Murayama, Madoka Matsumoto, Keise Izuma and Kenji Matsumoto,
Neural basis of the undermining effect of monetary reward on intrinsic motivation,
PNAS vol.107, no.49, December 7, 2010, p.20913, Fig.2

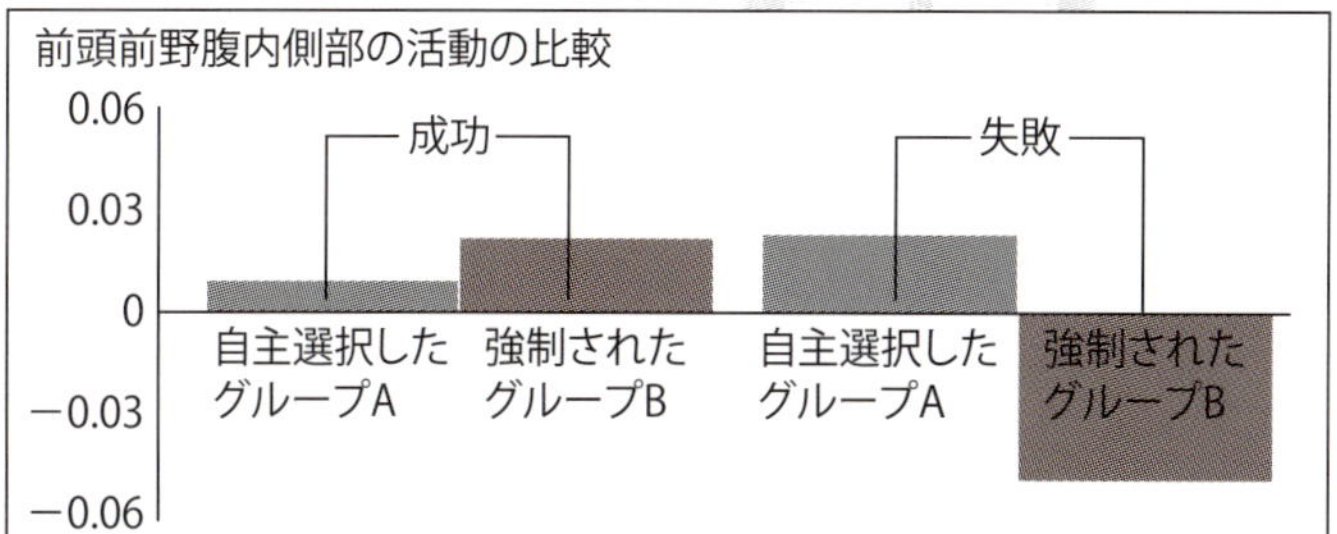


## 選択の自由が「やる気」を生み出す

強制されたグループＢは、失敗すると前頭前野腹内側部の活動が一気に低下。自主選択したグループ Ａ には変化がなかった。つまり、自己決定できたグループは失敗にもめげず、「やる気」が続くことが判明。しかも、成績もよかった

**これらの結果から読み取れることは、人間の「やる気」に線条体と前頭前野が大きく関わる、ということ**

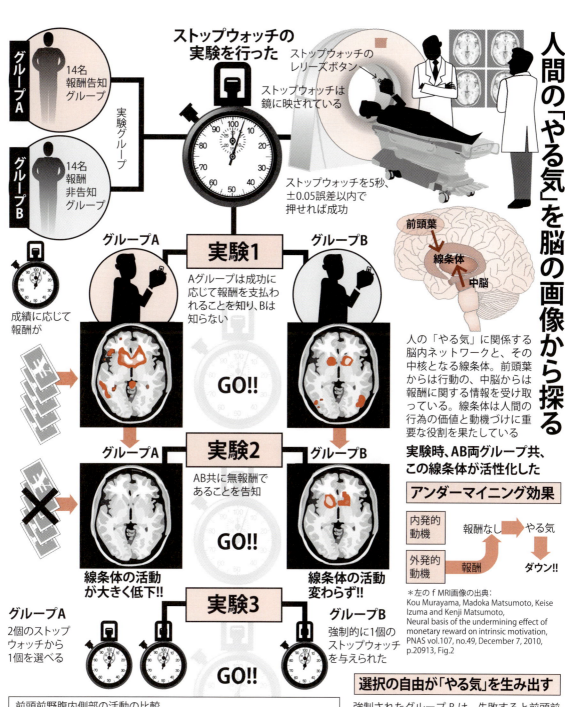

1

# 目が物を写し取り、脳が“見る”
## 複雑な視覚のメカニズム

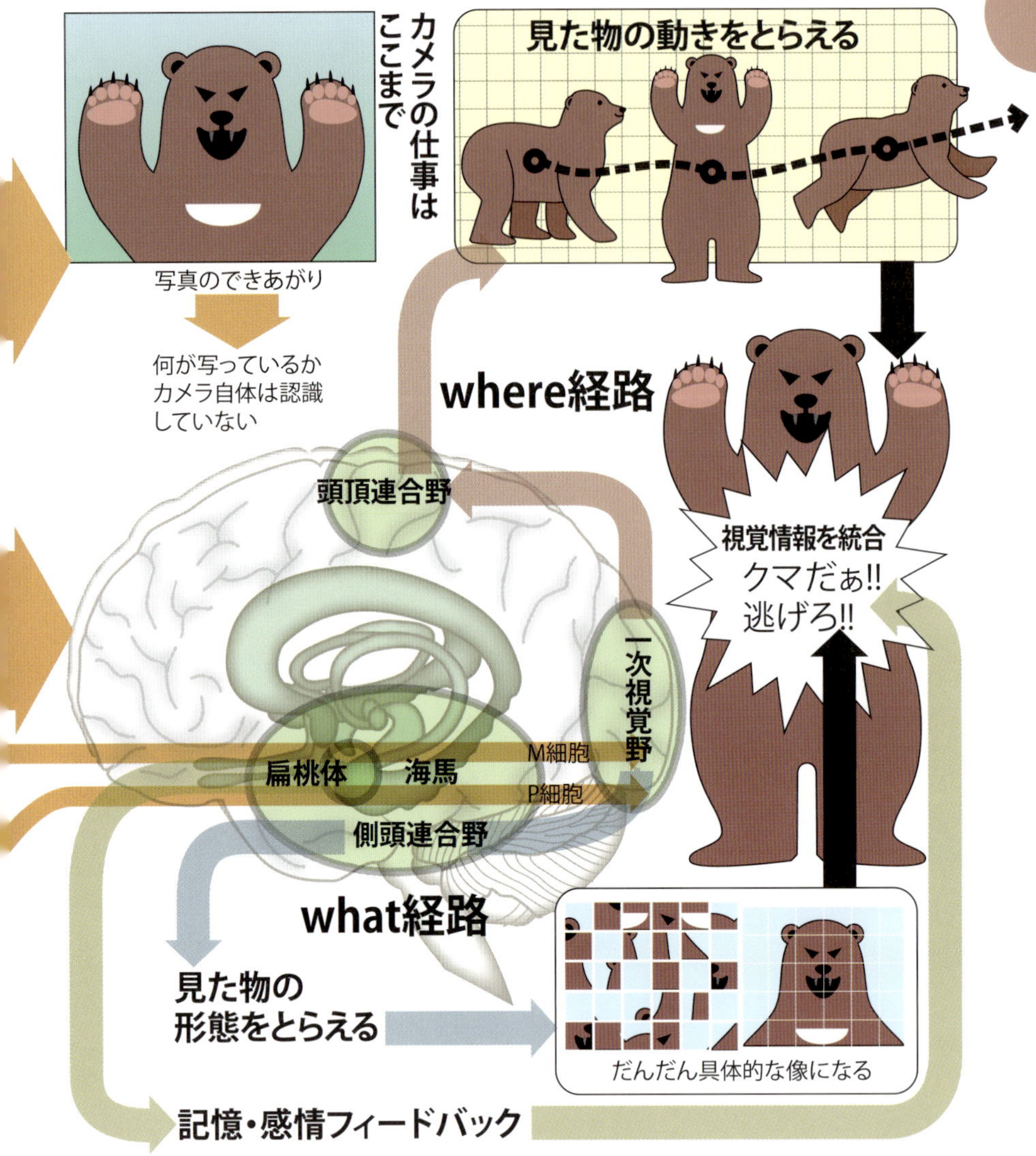


### 分解されて送られる視覚情報

私たちはどのようにして物を見ているのでしょう？ 例えば目の前にクマが現れたとします。しかし、私たちの脳は、最初からそれをクマとしてとらえているわけではありません。視覚の対象物（この場合はクマ）は、まず光の刺激として、角膜から水晶体を経て、網膜に届きます。

人間の網膜には、物を見るために働く視細胞が1億個以上もあり、様々な役割を担っています。視細胞のうち、桿体《かんたい》細胞は光の明暗、錐体《すいたい》細胞は光の波長（色）を見分け、電気信号に変換します。この信号が、網膜から脳へと伝えられるのですが、網膜の内側半分からの視神経は下垂体《かすいたい》の前で左右に交叉するので、右側の視野は左半球、左側の視野は右半球で処理されます。

網膜から脳への情報伝達を担うのは、主

# あっ なにか出てきたぞ

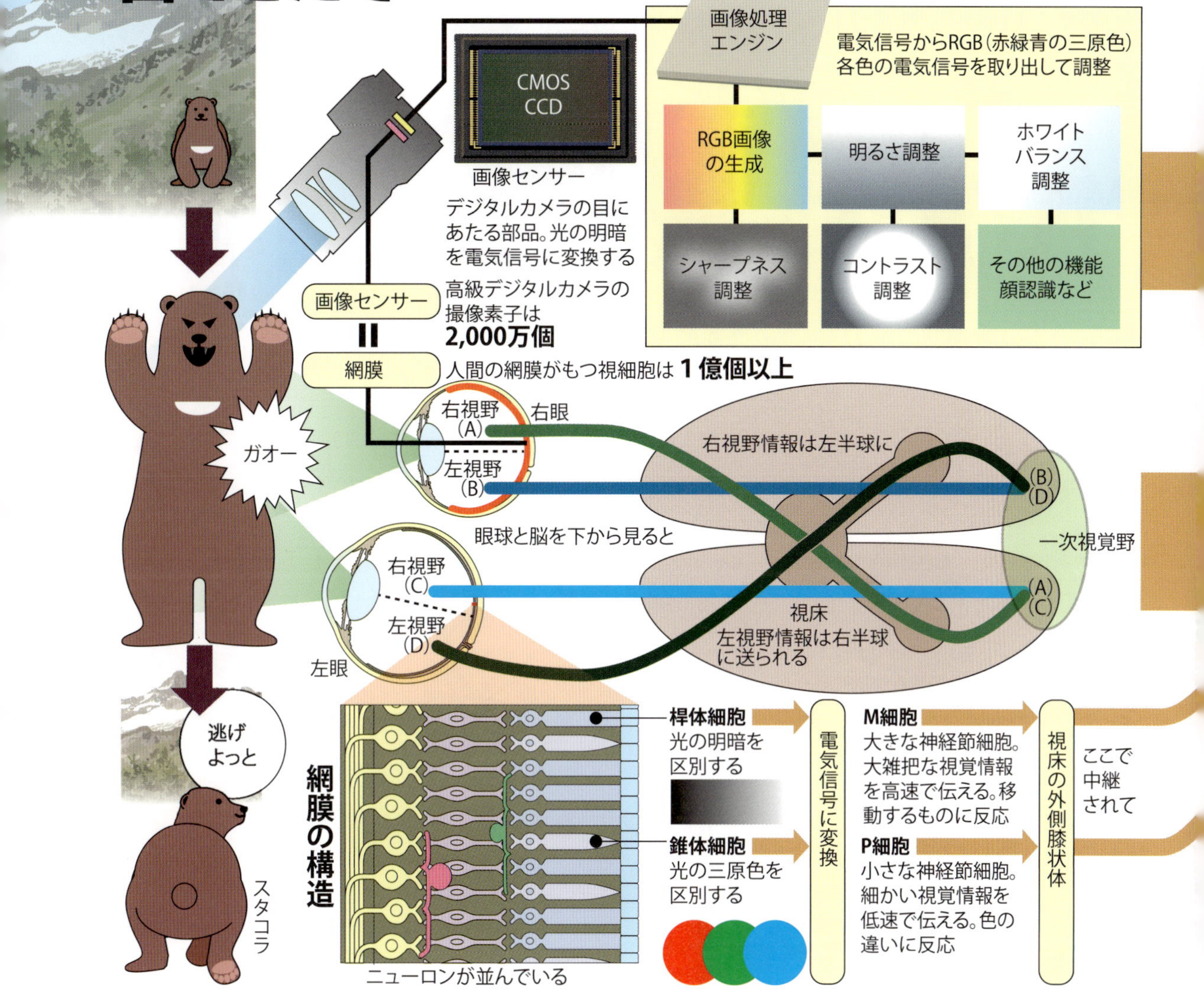


にM細胞（大細胞）とP細胞（小細胞）と呼ばれるものです。M細胞は、大まかな情報を急いで伝え、P細胞は色などの細かい情報をあとから伝えます。これらがまず、視《し》床《しょう》の外側膝状体《がいそくしつじょうたい》に届き、ここから後頭葉《こうとうよう》にある一次視覚野に送られます。

一次視覚野では、視覚情報はまだ部品の状態です。ここで情報が分析され、色や形の情報は、what経路（または腹側視覚経路）と呼ばれるルートをたどって側頭《そくとう》連合野へ。一方、位置や動き、大きさの情報はwhere経路（または背側視覚経路）をたどって頭頂連合野に伝わります。そしてようやく情報が統合され、リアルなクマの姿が目の前に認識されるのです。

このように視覚の仕組みは極めて複雑です。この複雑な仕組みを機械的に再現したのがカメラですが、カメラにできることは画像を得るところまで。人間の脳は、視覚情報を海馬《かいば》や扁桃体《へんとうたい》に送り、記憶や感情をたぐり寄せることもできます。例えば人はクマを見たら、瞬時にして怖い、危ない、と感じ、逃げたり隠れたりして身を守ろうとします。つまり、脳は視覚情報を知覚や行為に変換することもできるのです。

# 脳はあるがままの世界を見せていない？視覚の背後にある不思議

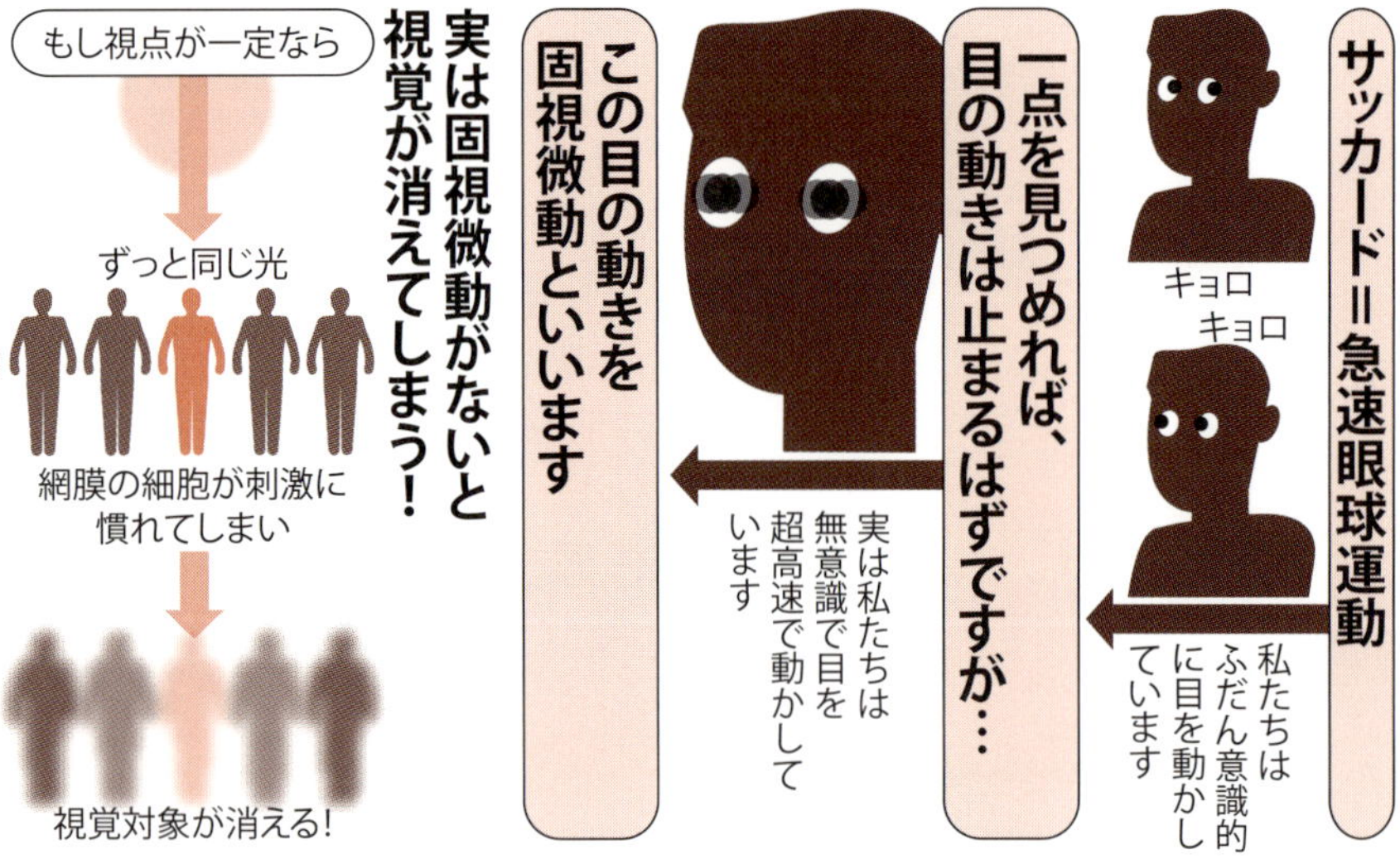
サッカード＝急速眼球運動
キョロ
キョロ
私たちはふだん意識的に目を動かしています
一点を見つめれば、目の動きは止まるはずですが…
実は私たちは無意識で目を超高速で動かしています
この目の動きを固視微動といいます
実は固視微動がないと視覚が消えてしまう！
もし視点が一定なら
ずっと同じ光
網膜の細胞が刺激に慣れてしまい
視覚対象が消える！

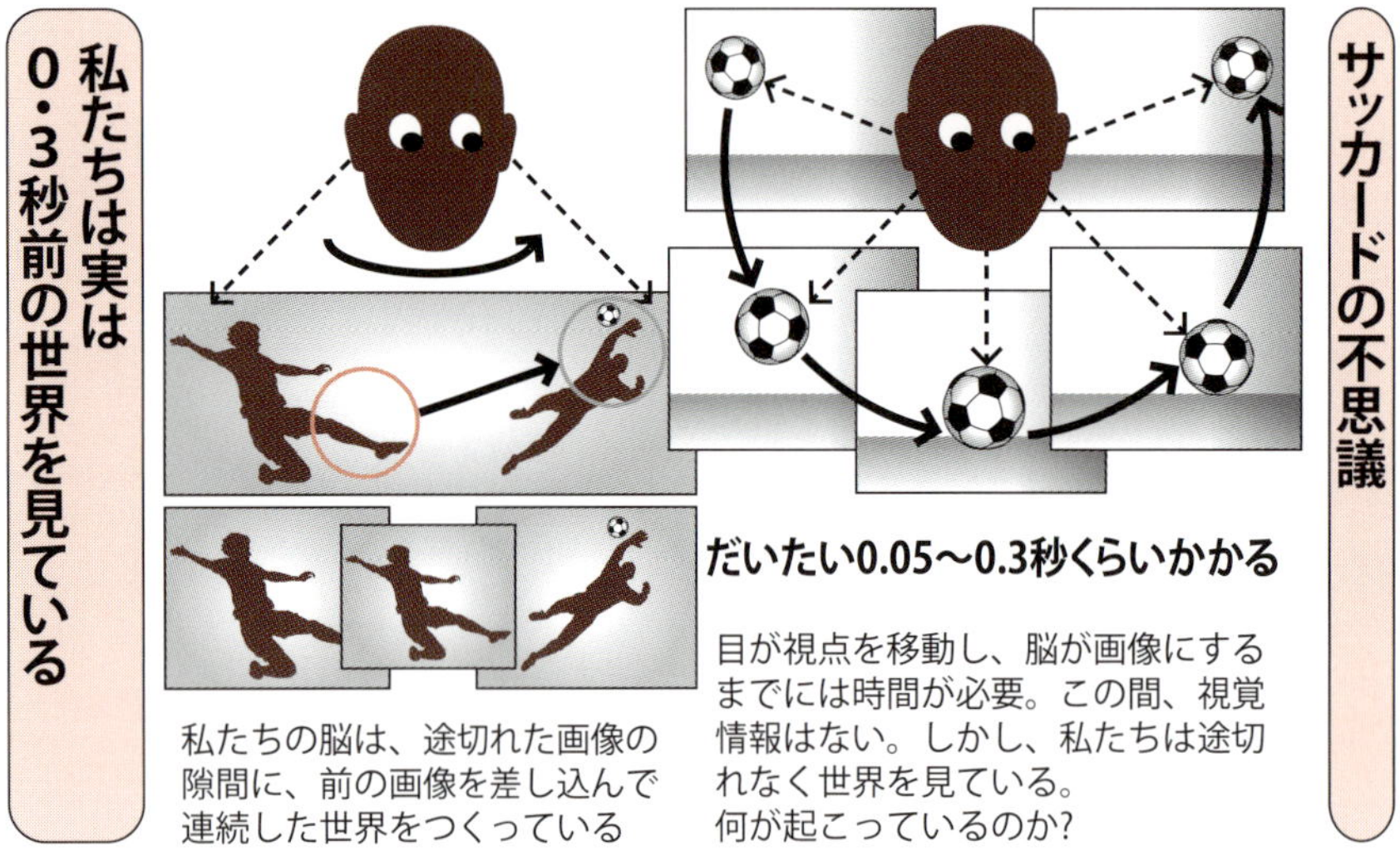
サッカードの不思議
だいたい0.05〜0.3秒くらいかかる
目が視点を移動し、脳が画像にするまでには時間が必要。この間、視覚情報はない。しかし、私たちは途切れなく世界を見ている。何が起こっているのか？
私たちの脳は、途切れた画像の隙間に、前の画像を差し込んで連続した世界をつくっている
私たちは実は0・3秒前の世界を見ている

## 眼球が常に動いているわけ

私たちが外の世界から受ける情報の約8割は視覚によるもの、といわれます。それほど膨大な情報量を処理する視覚には、様々な驚きが隠されています。

例えば、脳は高速で視覚情報を処理していますが、この処理には、0・2〜0・3秒かかるといわれています。つまり、私たちはリアルタイムではなく、わずかに遅れた映像を見ているのです。

いま本書を読んでいる皆さんの目は、文字を追って次の行に飛び、時に図解に視点が移ることでしょう。このように、眼球が急速に動くことを「サッカード」といいます。不思議なことに、急に視点を移しても、カメラの手ぶれのように視界がぶれることはありません。これは安定した視覚を得るために、サッカードの最中は脳が視覚情報を

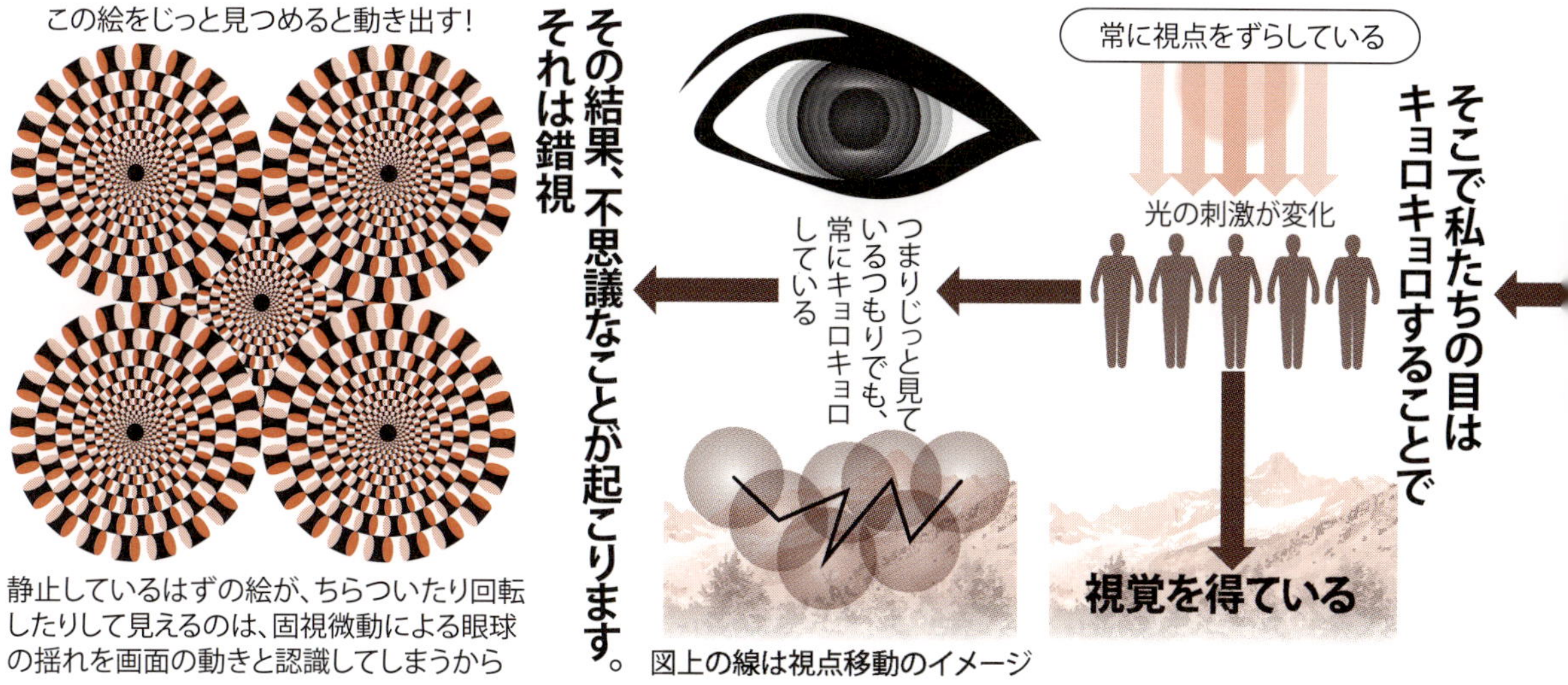
そこで私たちの目はキョロキョロすることで
常に視点をずらしている
光の刺激が変化
視覚を得ている
つまりじっと見ているつもりでも、常にキョロキョロしている
図上の線は視点移動のイメージ
その結果、不思議なことが起こります。それは錯視
この絵をじっと見つめると動き出す！
静止しているはずの絵が、ちらついたり回転したりして見えるのは、固視微動による眼球の揺れを画面の動きと認識してしまうから

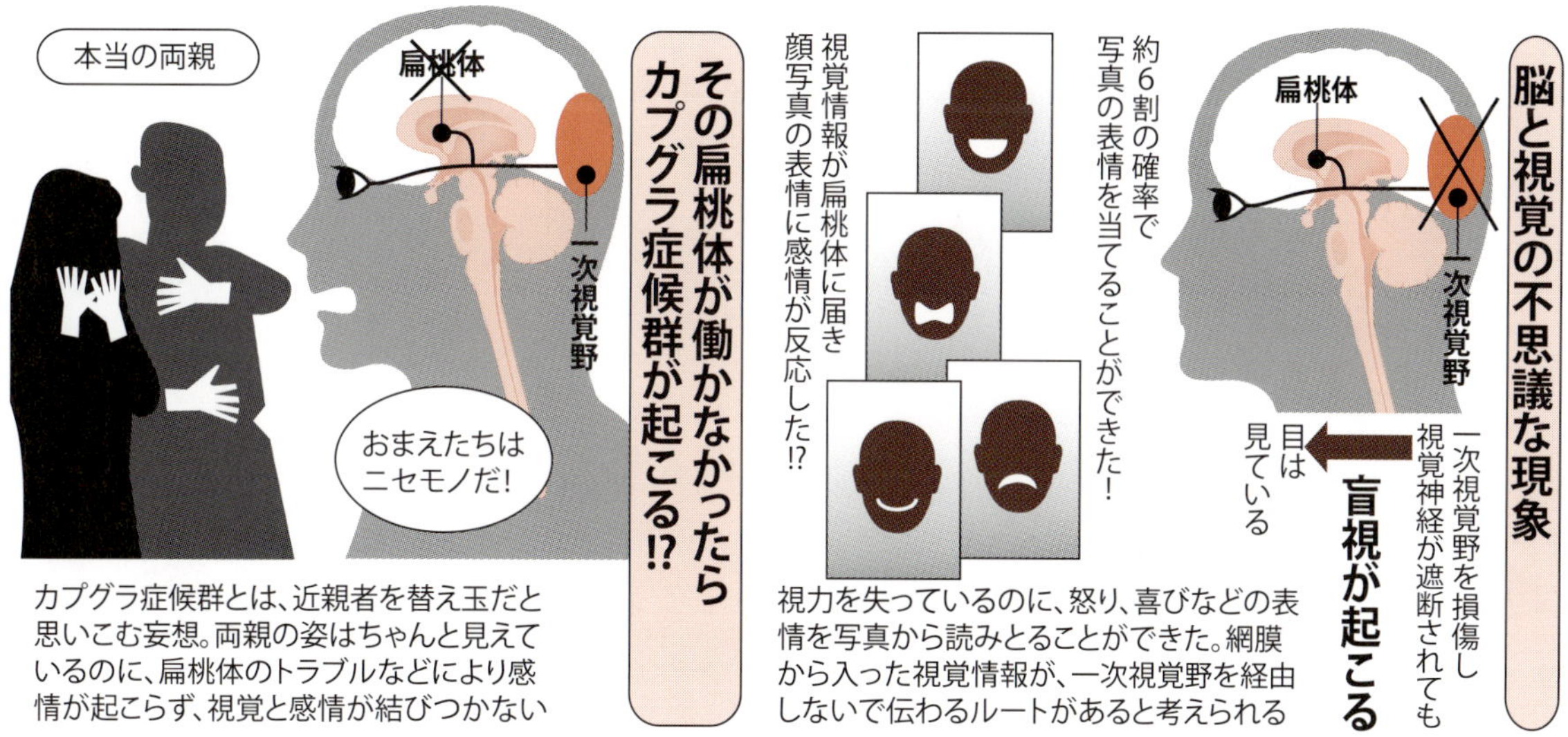
脳と視覚の不思議な現象
扁桃体
一次視覚野
一次視覚野を損傷し視覚神経が遮断されても
目は見ている
盲視が起こる
約6割の確率で写真の表情を当てることができた！
視覚情報が扁桃体に届き顔写真の表情に感情が反応した!?
視力を失っているのに、怒り、喜びなどの表情を写真から読みとることができた。網膜から入った視覚情報が、一次視覚野を経由しないで伝わるルートがあると考えられる
その扁桃体が働かなかったらカプグラ症候群が起こる!?
扁桃体
一次視覚野
本当の両親
おまえたちはニセモノだ！
カプグラ症候群とは、近親者を替え玉だと思いこむ妄想。両親の姿はちゃんと見えているのに、扁桃体のトラブルなどにより感情が起こらず、視覚と感情が結びつかない

遮断しているためだと考えられています。

また私たちの目は、一点を見つめているつもりでも、無意識のうちに常に動いています。これを固視微動といい、自分の意思で止めることはできません。前項で見たように、脳は光の刺激を受けて視覚情報を処理しています。ところが一点に視点が定まってしまうと、網膜の細胞は刺激に慣れてしまい、視覚対象が消えてしまいます。これを防ぐために、眼球は常に微動し、新しい刺激を脳に送っているのです。

この固視微動によって、錯視《さくし》（目の錯覚）が起こることがあります。左上の絵をじっと見ていると、ぐるぐる回り始めませんか？ これは絵が動いているのではなく、眼球が動いているためです。

ほかにも、同じ大きさなのに、周囲のものとの対比で違う大きさに見えたり、見えないはずのものが、記憶によって補われるために見えたり、様々な錯視が生じます。

そもそも私たちは、同じ景色を前にしても、人によって違うものに焦点を合わせて見ているものです。脳が私たちに見せているものは、ありのままの世界ではなく、脳が加工した世界なのかもしれません。

3

# 耳から伝わる聴覚情報を脳が音として認識するまで

耳の構造と音が聞こえて音楽になる仕組み

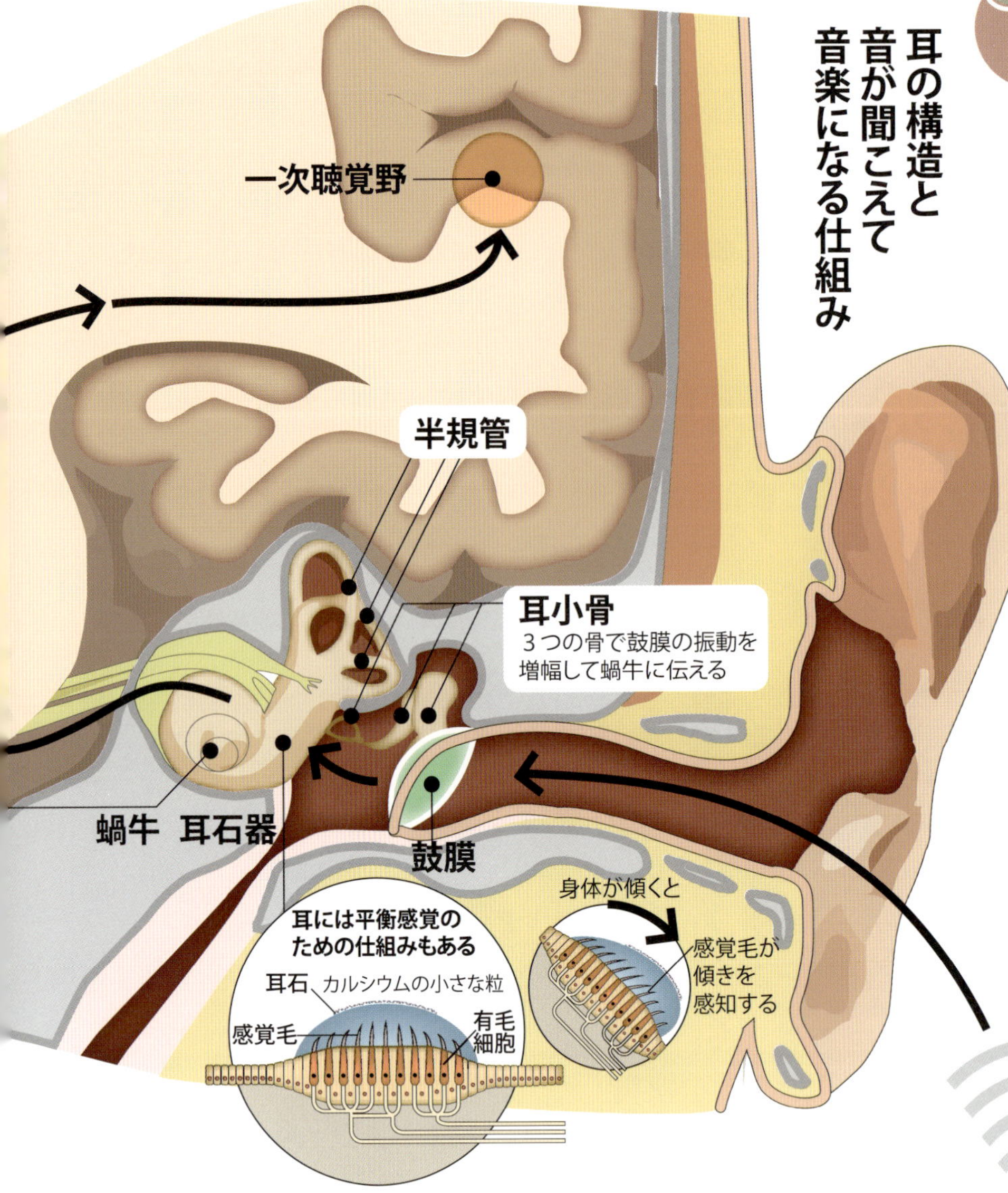
一次聴覚野
半規管
耳小骨
3つの骨で鼓膜の振動を増幅して蝸牛に伝える
蝸牛
耳石器
鼓膜
耳には平衡感覚のための仕組みもある
耳石
カルシウムの小さな粒
感覚毛
有毛細胞
身体が傾くと
感覚毛が傾きを感知する

## 周波数ごとに音情報を処理

聴覚の仕組みも、基本は視覚と同様です。音の情報は、音を直接とらえる器官である耳から脳に伝わり、視床《ししょう》の内側膝状体《ないそくしつじょうたい》を経由して、一次聴覚野で処理されます。

音のもとは、空気を伝わってくる振動の波、つまり音波です。人間の耳に聞こえるのは、およそ16ヘルツから2万ヘルツの音波。この音情報が外耳《がいじ》から入り、鼓膜《こまく》を振動させます。振動は3つの耳小骨《じしょうこつ》を順に伝わるうちに増幅され、さらに奥にある渦巻型の蝸牛《かぎゅう》へと送られます。振動を電気信号に変えるのが、この蝸牛です。

蝸牛の中はリンパ液で満たされており、伝わってきた空気の振動は、液体を振動させます。すると蝸牛の基底膜に並ぶ内有毛細胞が、刺激を受けます。面白いことに、内有毛細胞はそれぞれ反応する周波数が決

人間に聞こえる16〜2万ヘルツの音波（空気の振動）

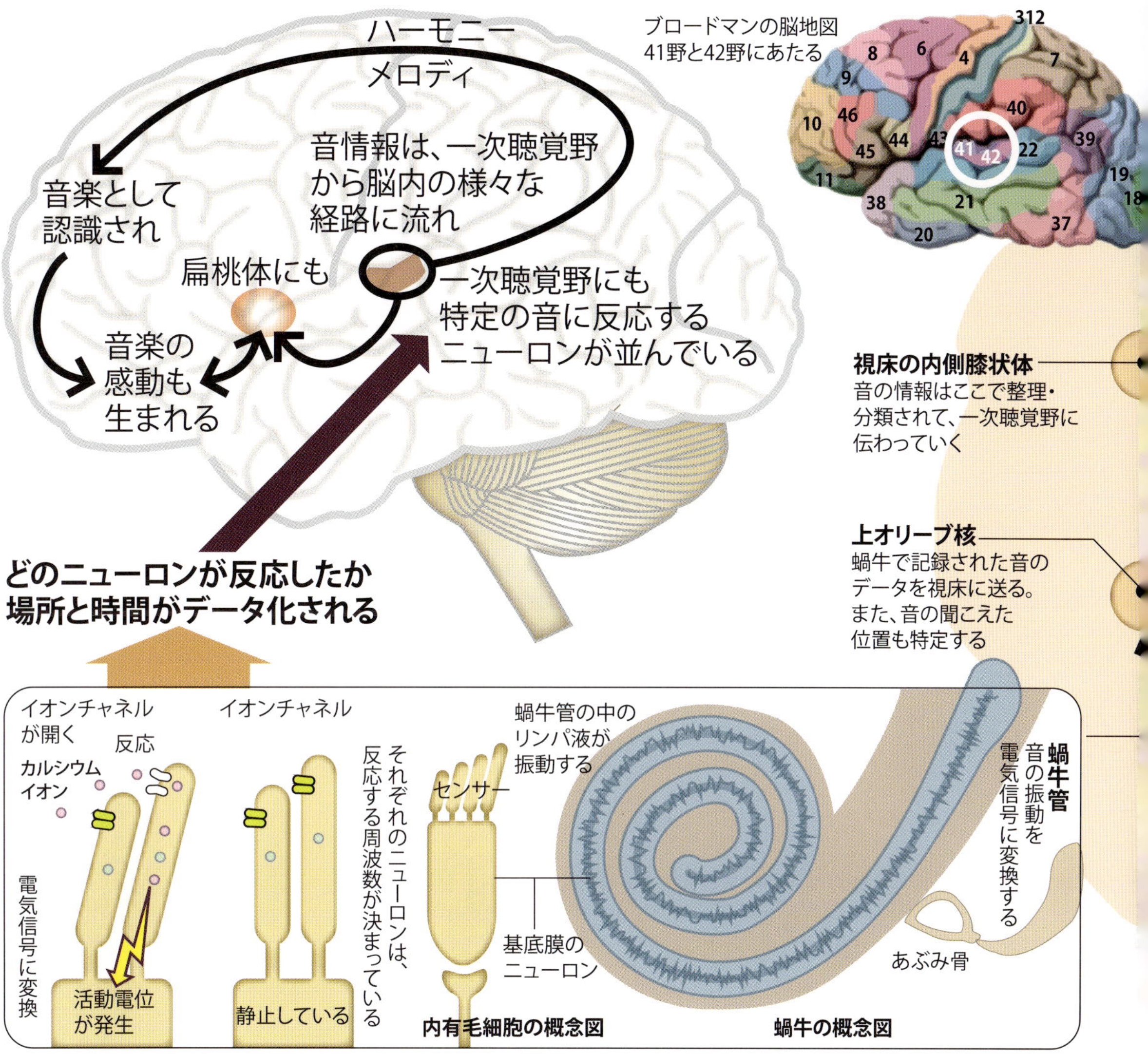
ハーモニー
メロディ
音情報は、一次聴覚野から脳内の様々な経路に流れ
音楽として認識され
扁桃体にも
音楽の感動も生まれる
一次聴覚野にも特定の音に反応するニューロンが並んでいる
ブロードマンの脳地図
41野と42野にあたる
視床の内側膝状体
音の情報はここで整理・分類されて、一次聴覚野に伝わっていく
上オリーブ核
蝸牛で記録された音のデータを視床に送る。また、音の聞こえた位置も特定する
どのニューロンが反応したか
場所と時間がデータ化される
イオンチャネルが開く
反応
カルシウムイオン
電気信号に変換
活動電位が発生
イオンチャネル
静止している
それぞれのニューロンは、反応する周波数が決まっている
蝸牛管の中のリンパ液が振動する
センサー
基底膜のニューロン
内有毛細胞の概念図
蝸牛管
音の振動を電気信号に変換する
あぶみ骨
蝸牛の概念図

まっており、蝸牛の入口から奥へ、高い周波数順にピアノの鍵盤のように列になって並んでいます。特定の周波数に反応した細胞は、音の刺激を電気信号に変換。この信号が、上オリーブ核に届くと、ここで左右の耳から入った情報が混じり合います。

音の情報は、このあと視床の内側膝状体を経て、一次聴覚野へ。ここでようやく、情報が「音」として認識されるのです。

一次聴覚野があるのは、大脳の側頭葉《そくとうよう》、ブロードマンの脳地図の41野と42野にあたります。一次聴覚野のニューロンも、蝸牛の内有毛細胞と同様、それぞれ特定の周波数に反応し、周波数順に並んでいます。ハーモニーやメロディ、リズムといった複雑な音情報は、さらに高次機能をもつ領域で処理されます。

以上が聴覚の伝達経路ですが、私たちは単に音を聞いているわけではありません。例えば、何の音なのか思い出そうとする。音楽を聞いて心を動かされる。あるいは、自分が演奏者なら、楽器を操りながら、自分の出した音を聞いて修正する。このように記憶や感情、行為を担当する脳の様々な領域が連動して、音の情報を深めているのです。

4

# 匂いが感情を揺さぶるわけは嗅覚の伝達ルートが特殊だから

## 大脳に直接届く唯一の感覚

例えば、「バラの香り」とか「カレーの匂い」という言葉を聞いただけで、私たちはまるで実際にその匂いを嗅いでいるように思い出せるものです。反対に、微《かす》かな匂いを嗅いだだけで、遠い昔の思い出が鮮明によみがえることがあります。

このように、嗅覚は五感の中で最も強く記憶に残ることが知られています。その理由は、匂いのもとが脳に伝達されるルートが、ほかの感覚とは異なるためです。

これまで見た視覚、聴覚、このあと解説する味覚、体性感覚は、いずれも脳内の感覚中継センターである視床《ししょう》を経由して、それぞれの感覚野に情報が送られます。ところが、匂いの情報だけは、視床を通らず、大脳皮質《だいのうひしつ》や、その奥にある大脳辺縁系《だいのうへんえんけい》に直接届くのです。この大脳辺縁系にあるのが、記憶を担う海馬《かいば》と感情を担う扁桃体《へんとうたい》です。この特異な伝達ルートが、匂いと記憶、そして記憶から引き起こされる感情を強く結びつけていると考えられています。

## 化学物質を読み取る嗅覚センサー

匂いのもとは、空中に溶け込んだ化学物質です。これが鼻の中に入り、嗅上皮《きゅうじょうひ》の粘膜に付着すると、嗅覚センサーが働き始めます。嗅上皮には、嗅覚センサーをもつ嗅細胞が並んでおり、それぞれ異なる化学物質に反応し、電気信号に変換します。

人間には、３９６種の嗅覚センサーがあるのですが、これは３９６種の匂いしか嗅ぎ分けられないということではありません。そもそも匂いは、化学物質の集合体であり、バラの花だけでも、何種類もの化学物質を出しています。これをセンサーがばらばらにしてとらえるのですが、このとき、ひとつの化学物質が、複数のセンサーをオンにすることがわかっています。そのため３９６種のセンサーの「オン」と「オフ」の組み合わせで、理論上は数千種の匂いを嗅ぎ分けることが可能だといわれています。

電気信号は、大脳底部の嗅球で情報処理され、嗅覚野や嗅内野などに送られて、「匂い」として認識されます。嗅覚の仕組みは複雑で、まだわかっていないことが多いのですが、嗅覚野からは扁桃体に、嗅内野からは海馬に匂いの情報が届き、情動や記憶に働きかけると考えられています。

自然界に暮らす動物は、人間の何倍もの嗅覚センサーをもっています。匂いは食べ物を探したり、敵と仲間を識別したりするために欠かせない感覚です。進化の過程で、人間や霊長類は視覚の能力を高め、その分、嗅覚センサーの数が少なくなっていったのではないかと推測されています。

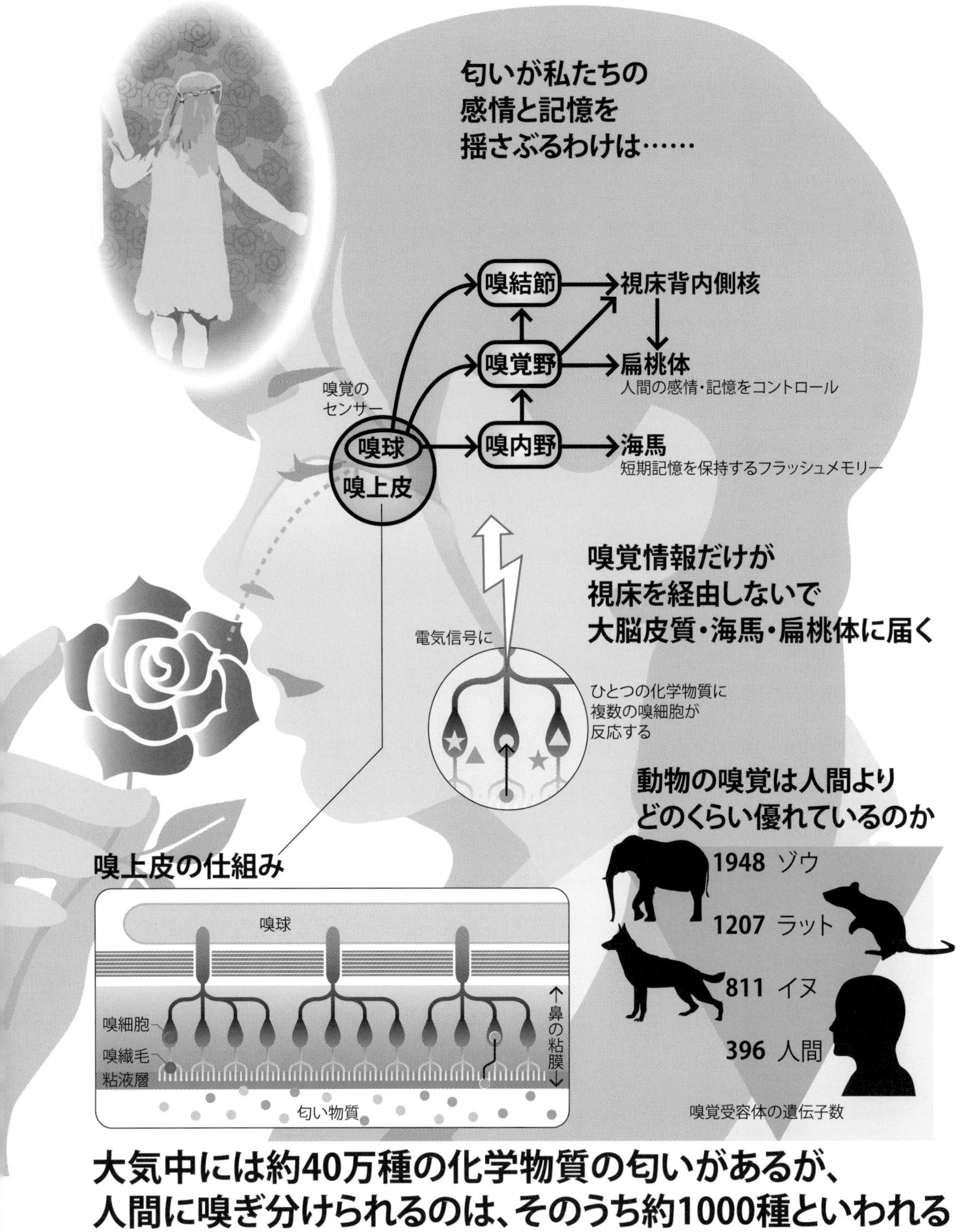


**大気中には約40万種の化学物質の匂いがあるが、**
**人間に嗅ぎ分けられるのは、そのうち約1000種といわれる**

5

# 「おいしい」と感じる脳
# 味覚はあらゆる感覚を刺激する

## 毒を見分けるために進化した味覚

私たちはなぜ食べ物を「おいしい」と感じたり、「まずい」と感じたりするのでしょう。もともと味覚は、食べてよいものか否かを判断するために進化した感覚だといわれています。例えば毒のあるものは苦く、腐ったものは酸っぱく感じることで、危険な食べ物を避けることができます。味覚は身を守るために必要な感覚なのです。

味には、甘味《あまみ》、塩味《しおみ》、苦味《にがみ》、酸味《さんみ》、うま味の5種類があります。ここに辛味《からみ》が含まれていないのは、「辛い」と感じるのは味覚ではなく、口の中の痛みの感覚だからです。

5つの基本味のうち、最後に加わったのは、20世紀初頭に日本の化学者によって発見された「うま味」です。近年は味覚の研究が進み、このほかにも脂肪やカルシウムなど、いくつかの基本味があると考えられていますが、まだ解明には至っていません。

## 味情報の複雑なネットワーク

味を検知するセンサーは「味蕾《みらい》」と呼ばれ、舌だけでなく、上あごや喉などにもあります。ここでは舌を例にとり、左図に示した味の伝達経路を追ってみましょう。

食べ物を噛むと、味の成分が唾液に溶け出し、舌にある味蕾がこれをとらえます。味蕾の中には味細胞が並び、味の刺激を電気信号に変換します。このとき、それぞれの味細胞は、5つの基本味のうち特定の味に反応することがわかっています。

味の信号は延髄《えんずい》から視床《ししょう》を経て、一次味覚野に送られ、ここで味として認識されます。しかし、「おいしさ」の要素は、味だけではありません。味の情報は二次味覚野に送られ、匂いや歯ごたえ、見た目など、様々な感覚情報と統合されます。さらに扁桃体《へんとうたい》では、過去の食事の記憶や好き嫌いと結びつき、おいしさが実感されます。すると脳内に神経伝達物質が放出され、幸福感や満足感が生じ、もっと食べたいという欲求が食事行動を促します。このように脳内の様々な領域が連携することで、私たちはおいしい料理を味わうことができるのです。

## なぜ人はおいしいものを食べると

1908年に「うま味」を発見した東京帝国大学の池田菊苗教授

池田教授は昆布だしの中からアミノ酸の一種、グルタミン酸を発見し、うま味調味料「味の素」を生み出す。「UMAMI」はいまや世界共通語に

日本人が発見した第５の味

うま味

# 味見するコックさんの味覚システムは……

幸せになるのだろう

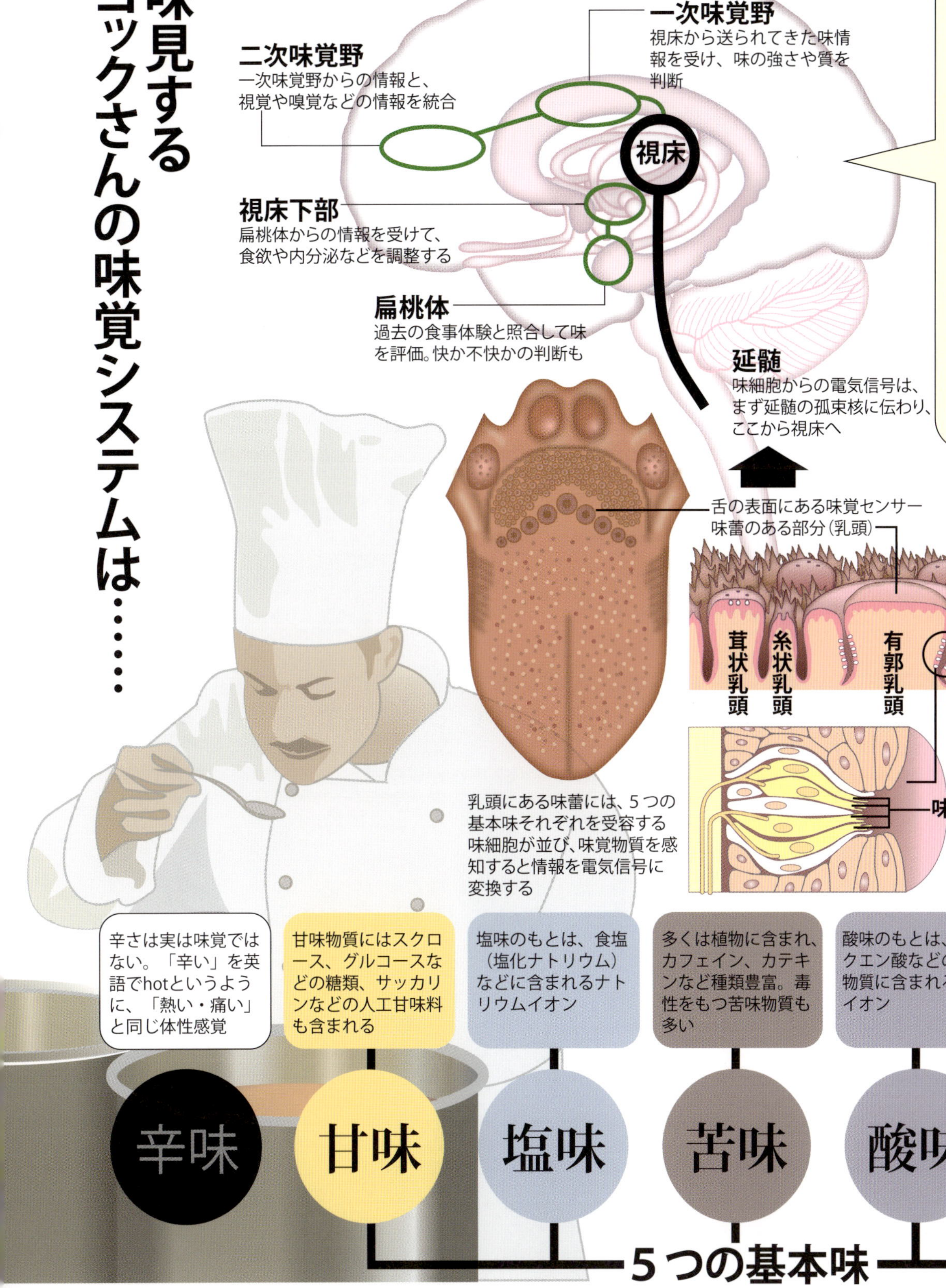

一次味覚野
視床から送られてきた味情報を受け、味の強さや質を判断
二次味覚野
一次味覚野からの情報と、視覚や嗅覚などの情報を統合
視床
視床下部
扁桃体からの情報を受けて、食欲や内分泌などを調整する
扁桃体
過去の食事体験と照合して味を評価。快か不快かの判断も
延髄
味細胞からの電気信号は、まず延髄の孤束核に伝わり、ここから視床へ
舌の表面にある味覚センサー
味蕾のある部分（乳頭）
茸状乳頭
糸状乳頭
有郭乳頭
味蕾
味細胞
乳頭にある味蕾には、5つの基本味それぞれを受容する味細胞が並び、味覚物質を感知すると情報を電気信号に変換する
辛さは実は味覚ではない。「辛い」を英語でhotというように、「熱い・痛い」と同じ体性感覚
甘味物質にはスクロース、グルコースなどの糖類、サッカリンなどの人工甘味料も含まれる
塩味のもとは、食塩（塩化ナトリウム）などに含まれるナトリウムイオン
多くは植物に含まれ、カフェイン、カテキンなど種類豊富。毒性をもつ苦味物質も多い
酸味のもとは、酢酸、クエン酸などの酸性物質に含まれる水素イオン
辛味
甘味
塩味
苦味
酸味
5つの基本味

# 6 全身から感覚情報を集め身を守るために働くホメオスタシス

## 脳に伝わる体性感覚と内臓感覚

ここまで視覚、聴覚、嗅覚、味覚について見てきましたが、これらに触覚を加えた5つの感覚が、一般には五感と呼ばれています。しかし現在では、このほかにも多くの感覚があることがわかっています。

全身の皮膚や筋肉などから受ける感覚は、「体性感覚《たいせいかんかく》」と呼ばれます。触覚もそのひとつであり、ほかに痛覚《つうかく》（痛みの感覚）、圧覚《あっかく》（圧迫感）、温度感覚、位置感覚、運動感覚などが含まれます。

体のもっと奥にも、感覚はあります。例えば、胃が痛い、お腹がすいた、吐き気がする、尿意がある、といった感覚は「内臓感覚」と呼ばれます。

これらの感覚は、全身にあるセンサーから脳へと伝わり、体の状態や変化を知らせます。体性感覚の情報は、脊髄《せきずい》から視床《ししょう》を経て、大脳皮質《だいのうひしつ》にある一次体性感覚野へと送られます。この感覚野には、ペンフィールドの脳機能分布図（p23）に示されたように、体の部位ごとに対応する場所があることがわかっています。

感覚の中でも、痛覚は身の危険を知らせる重要な信号です。ハチに刺されると、その瞬間鋭い痛みを感じ、そのあと鈍い痛みが続きます。これは、最初の痛みが、太い外側脊髄視床路《がいそくせきずいししょうろ》によって高速で脳に届くのに対し、次の痛みは、細い前脊髄視床路《ぜんせきずいししょうろ》で持続的に送られるためです。もし痛みという感覚がなければ、人は虫の存在に気づかず、さらなる危険にさらされかねません。

## 自動防衛機能ホメオスタシス

体のどこかから異常信号が届くと、脳はそれを元の状態に戻そうとして指令を出します。このように、体内の状態を正常に保とうとするフィードバック機能を「ホメオスタシス（恒常性）」といいます。

ホメオスタシスの司令部にあたるのは、間脳《かんのう》の視床下部《ししょうかぶ》です。その主な役割は、自律神経やホルモン分泌をコントロールして、体内のバランスを調整すること。例えば、運動して体温が上がれば、体温を下げるために汗をかき、毒物が体内に入れば、免疫システムを発動して追い出そうとします。人が薬を飲んだり、傷口を手当てしたりするまでもなく、脳は自動的に防御態勢に入り、生命を維持しようとするのです。

このホメオスタシスが乱れると、体調だけでなく、気分まで悪くなったり、情緒不安定になったりすることがあります。この気分や情緒のもとになるものを、「情動《じょうどう》」といいます。全身から脳に届いた身体情報が、情動を生み出す仕組みについては、p58で詳しく見ていきます。

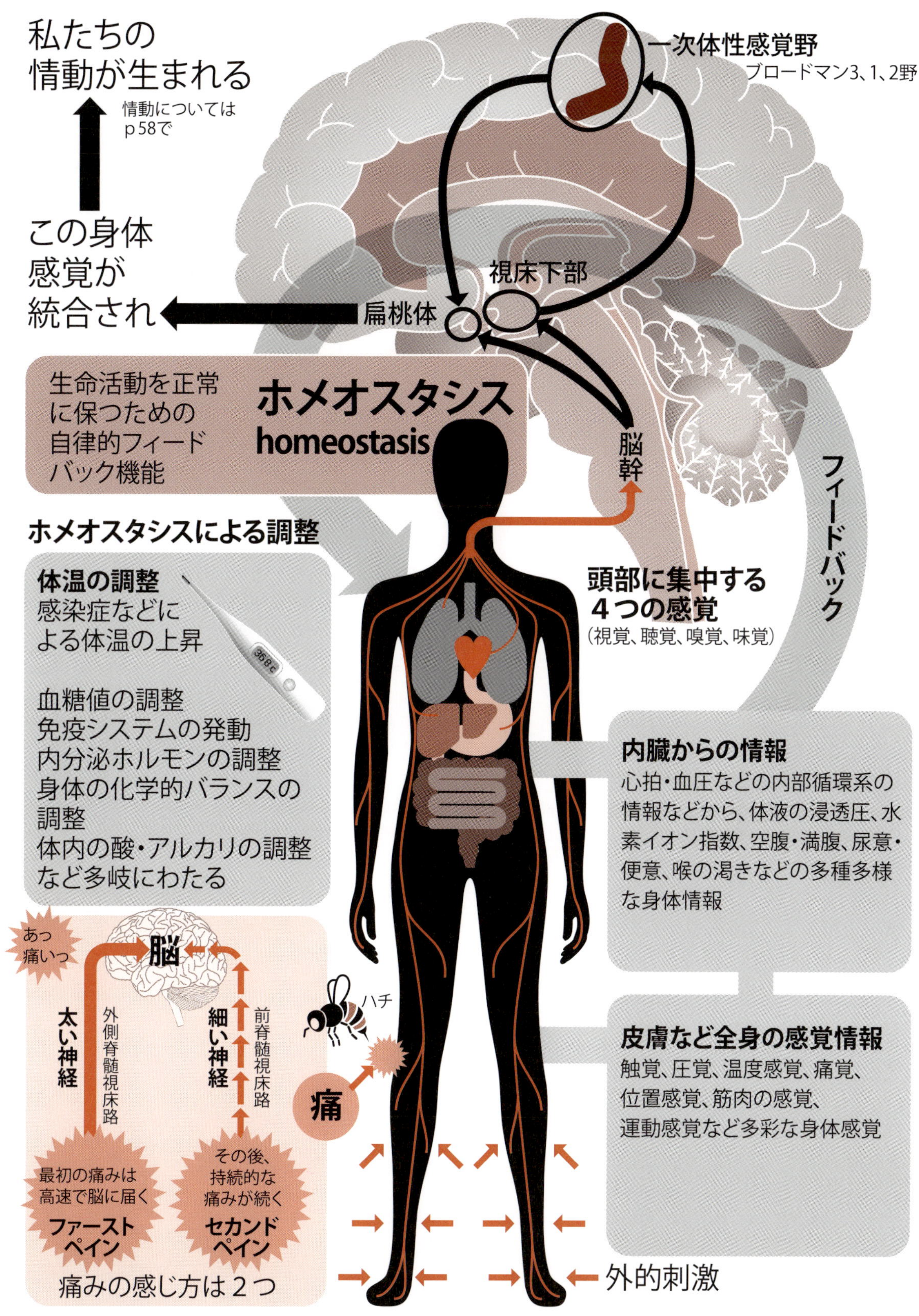

私たちの
情動が生まれる
情動については
p58で
この身体
感覚が
統合され
一次体性感覚野
ブロードマン3、1、2野
視床下部
扁桃体
生命活動を正常
に保つための
自律的フィード
バック機能
ホメオスタシス
homeostasis
脳幹
フィードバック
ホメオスタシスによる調整
体温の調整
感染症などに
よる体温の上昇
36.8℃
血糖値の調整
免疫システムの発動
内分泌ホルモンの調整
身体の化学的バランスの
調整
体内の酸・アルカリの調整
など多岐にわたる
頭部に集中する
4つの感覚
（視覚、聴覚、嗅覚、味覚）
内臓からの情報
心拍・血圧などの内部循環系の
情報などから、体液の浸透圧、水
素イオン指数、空腹・満腹、尿意・
便意、喉の渇きなどの多種多様
な身体情報
皮膚など全身の感覚情報
触覚、圧覚、温度感覚、痛覚、
位置感覚、筋肉の感覚、
運動感覚など多彩な身体感覚
あっ
痛いっ
脳
太い神経
外側脊髄視床路
細い神経
前脊髄視床路
ハチ
痛
最初の痛みは
高速で脳に届く
ファースト
ペイン
その後、
持続的な
痛みが続く
セカンド
ペイン
痛みの感じ方は２つ
外的刺激

7

# 複雑な運動をつかさどる運動野と脳が筋肉をコントロールする仕組み

## 脳が筋肉をコントロールするための3つのステップ

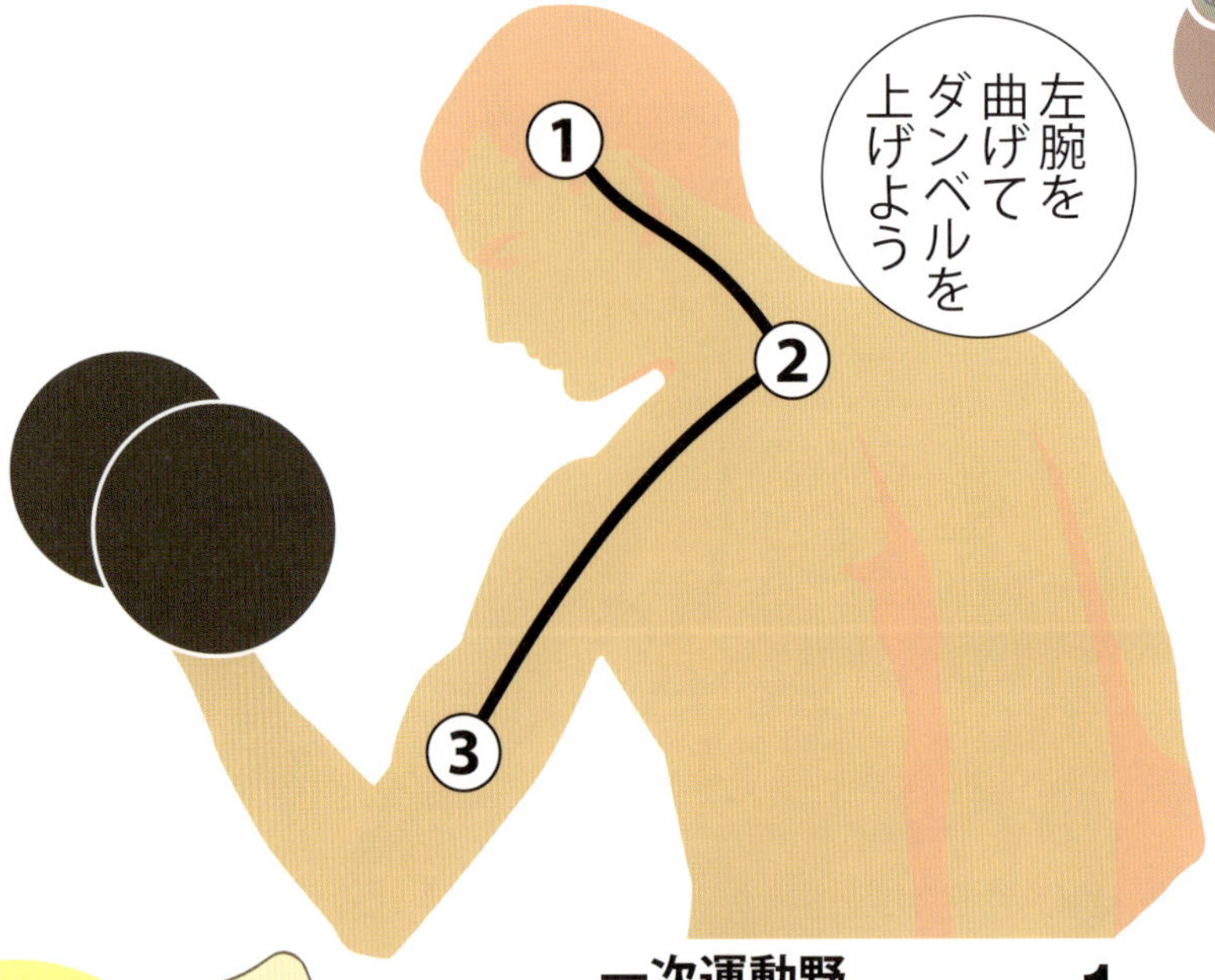
左腕を曲げてダンベルを上げよう
1
2
3

### 1 運動の指令を出す

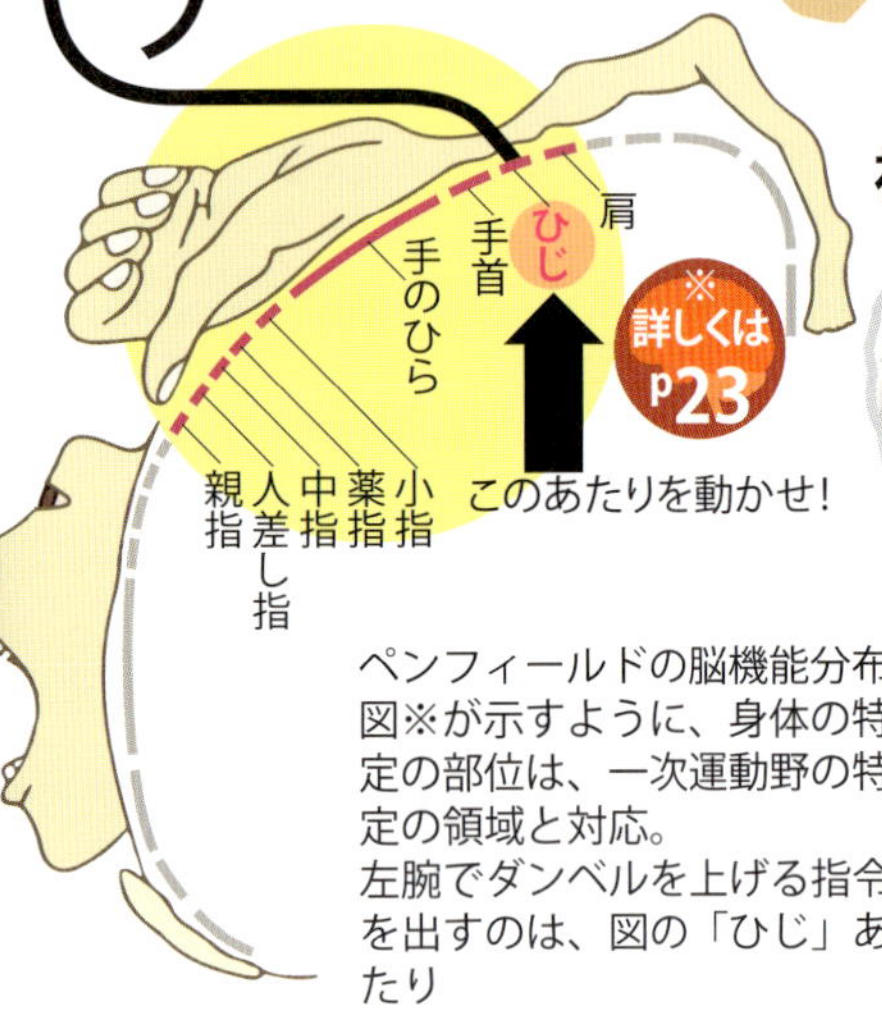
肩
ひじ
手首
手のひら
小指
薬指
中指
人差し指
親指
このあたりを動かせ!
※詳しくはp23

ペンフィールドの脳機能分布図※が示すように、身体の特定の部位は、一次運動野の特定の領域と対応。
左腕でダンベルを上げる指令を出すのは、図の「ひじ」あたり

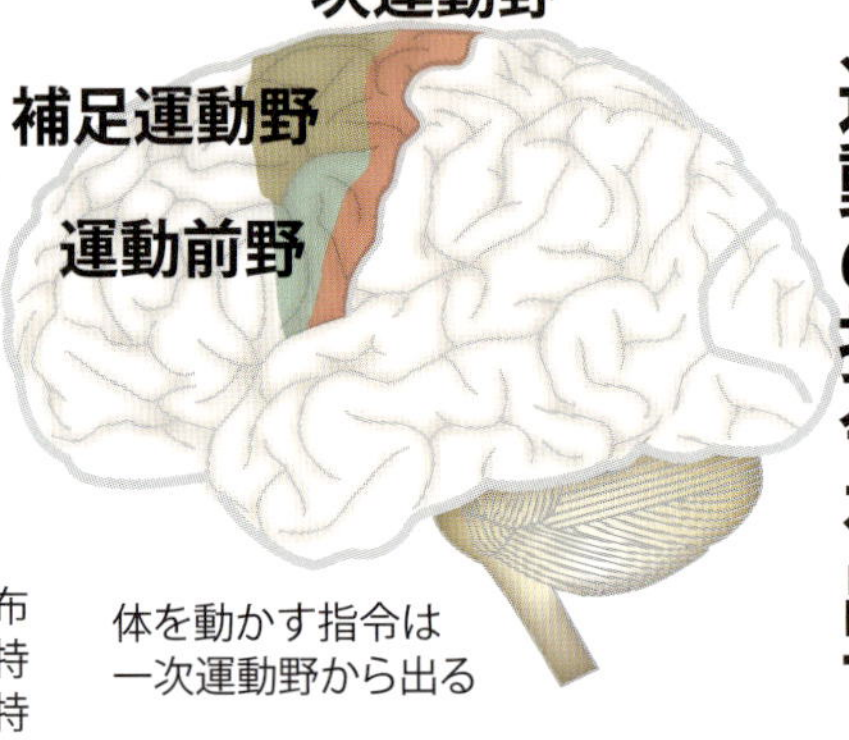
一次運動野
補足運動野
運動前野

体を動かす指令は一次運動野から出る

一次運動野はブロードマンの脳地図４野に位置。運動に関わる様々な情報を脳内各所から集めて統合し、運動の指令を出す

### 脳から全身に伝わる運動ニューロン

私たちはスポーツをするときはもちろん、日常生活のほとんどの場面で、体のあちこちを動かしています。体が動くということは、その部分の筋肉が動くということです。では、私たちの脳は、どのようにして筋肉を動かしているのでしょう？

前項で見た体性感覚を担うのは、大脳の中心溝《ちゅうしんこう》の後ろにある一次体性感覚野です。一方、中心溝の前にあるのが、体の動きを担う一次運動野です。一次運動野は、運動に関わる様々な情報を集めて統合し、動作を引き起こすための指令を出します。

ここで、p23で紹介したペンフィールドの脳機能分布図をおさらいしてみましょう。上図に示したように、一次運動野には、体の特定の部位を担当する領域が、順番に並んでいます。複雑な動きを要する手や口の

## 2 脳の指令を筋肉に伝える

## 3 脳の指令で筋肉が動く！

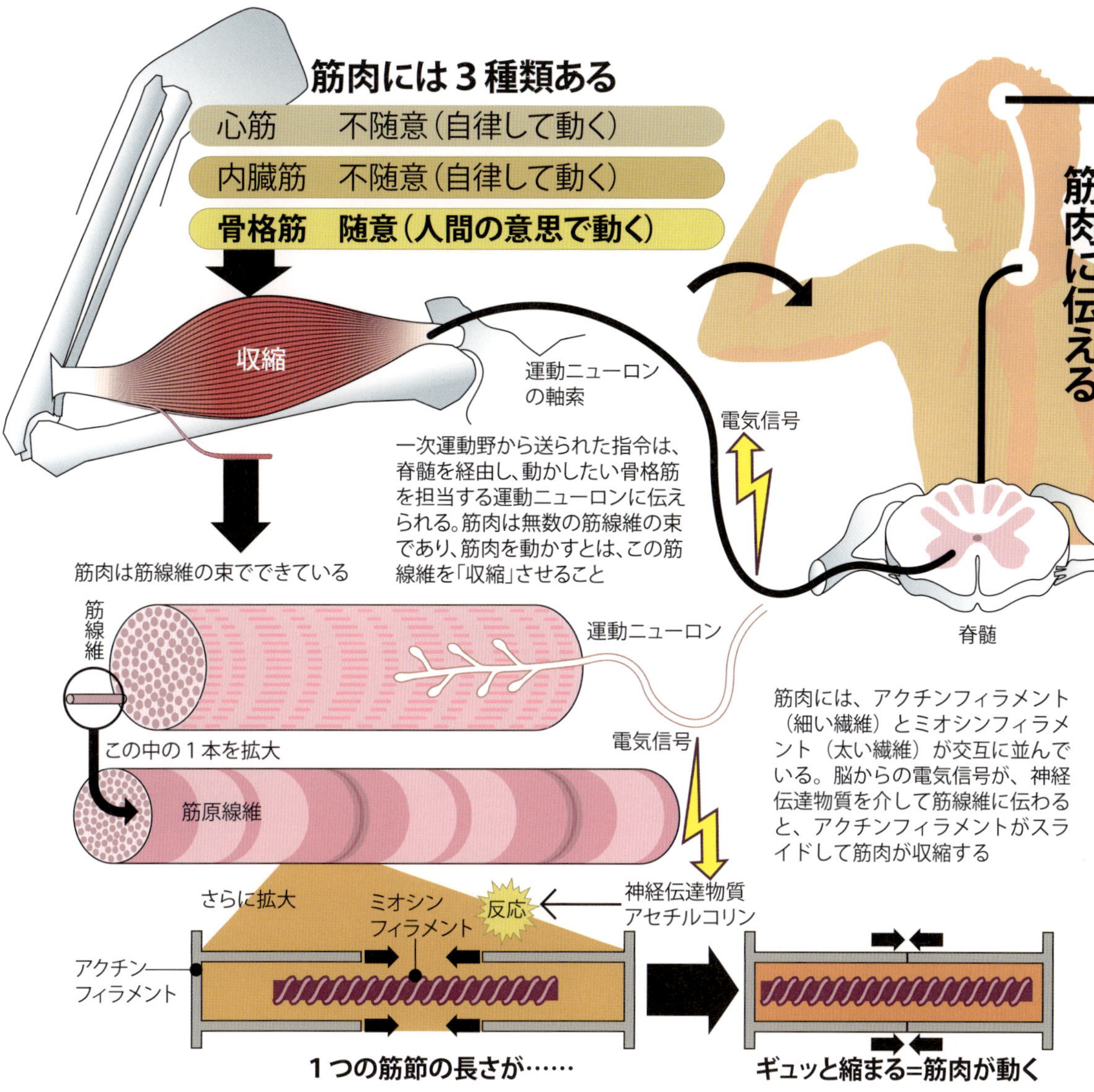

筋肉には３種類ある
心筋　不随意（自律して動く）
内臓筋　不随意（自律して動く）
骨格筋　随意（人間の意思で動く）
収縮
運動ニューロンの軸索
電気信号
一次運動野から送られた指令は、脊髄を経由し、動かしたい骨格筋を担当する運動ニューロンに伝えられる。筋肉は無数の筋線維の束であり、筋肉を動かすとは、この筋線維を「収縮」させること
脊髄
筋肉は筋線維の束でできている
筋線維
運動ニューロン
この中の１本を拡大
筋原線維
電気信号
筋肉には、アクチンフィラメント（細い繊維）とミオシンフィラメント（太い繊維）が交互に並んでいる。脳からの電気信号が、神経伝達物質を介して筋線維に伝わると、アクチンフィラメントがスライドして筋肉が収縮する
さらに拡大
ミオシンフィラメント
反応
神経伝達物質アセチルコリン
アクチンフィラメント
１つの筋節の長さが……
ギュッと縮まる=筋肉が動く

領域は、ほかよりも大きくなっているのがわかるでしょう。

感覚情報は、全身から脳へと伝えられますが、運動情報は、別のルートをたどって、脳から全身へと送られます。

例えば「左腕を動かせ」という指令が一次運動野から出されると、その情報は脊髄《せきずい》を経て運動ニューロンに伝わり、左腕の骨格筋に働きかけます。骨格筋は筋線維の束でできており、刺激を受けるとギュッと収縮します。これが、筋肉が動く仕組みです。

もっとも、実際の脳内では、もっと複雑なことが起こっています。何かの動作をするには必ずきっかけがあり、その情報を受けて、何をすべきか判断し、どんな動作をどんな順序で行うかを計画する必要があります。こうした複雑なプロセスを可能にするために、人間やサルなどには、高次機能をもつ運動野があることがわかっています。

例えば、両手で同時に別々の動作をする機能を担うのは補足運動野、視覚情報に基づく運動を誘発するのは運動前野だと考えられています。一次運動野は、これらの高次運動野からの情報も受けて、様々な筋肉を的確に動かす指令を出すのです。

8

# 人間だけがもつ言語を脳は連携プレイで使いこなす

## 言語を操る脳内ネットワーク

脳の基本的な仕組みは、多くの動物に共通するものであり、古くから様々な動物が、脳の解剖や実験に使われてきました。しかし、人間だけがもつ言語に関しては、人間の脳を調べるほかありません。言語を操る脳の機能を解明する最初の手がかりとなったのは、言語障害をもつ人々の症例でした。それが、p21でも紹介したブローカ野とウェルニッケ野の発見です。これにより、脳には言語に関わる特定の領域があり、これらの領域を損傷すると、言語障害を引き起こすことがわかってきました。

最初に発見されたブローカ野は、左半球の前頭葉《ぜんとうよう》に位置し、言葉の組み立てや、話すための唇や舌の運動に関わっています。「運動性言語中枢」とも呼ばれ、隣にある一次運動野とも連携しています。

一方、ウェルニッケ野は、左半球の側頭《そくとう》葉《よう》に位置し、主に言葉の意味を理解する機能を担っています。こちらは「感覚性言語中枢」とも呼ばれ、声を聞きとる一次聴覚野の隣にあります。

いずれも左半球にあるため、言語機能は左半球が優位にたつと考えられてきましたが、最近の研究では、言語を理解するためには、左右の脳の様々な領域が関わり合っていることがわかってきました。

## 脳は生まれつき言語能力をもつ？

言語を使いこなすために、脳内では様々な情報処理が行われます。言葉を聞いたり見たりして知覚する。その言葉の意味を、記憶と照合して認識する。自分から言葉を発するためには、文法に則って言葉を組み立て、口を使って声に出したり、指を動かして文字に書いたりする必要があります。

なかでも複雑なのが、文法を使った言葉の組み立てです。外国語を勉強していて、文法でつまずいた経験のある人も多いことでしょう。ところが赤ちゃんは、自然に言葉を覚え、3歳くらいになると、文法も教わっていないのに、正しい文章が話せるようになります。

従来は、文法は学習によって後天的に獲得されるものと考えられてきました。それに対し、アメリカの言語学者チョムスキーは、あらゆる言語には共通する規則性があり、人間の脳には、生まれつき言語の普遍的な規則が備わっていると説いています。

こうした言語学の議論をよそに、ＡＩ（人工知能）は、確率論や統計学手法を使って言語を処理する能力を高め、すでに自動翻訳機能は実用レベルに達しています。ＡＩの進化は、人間の言語獲得能力を改めて問う契機となるかもしれません。

**私たちが言葉を話すための言語モジュールは、左半球にあると考えられている**

**最近の研究では、言語の理解には右半球、小脳も関わり、脳全体がダイナミックに活動していると理解されている**

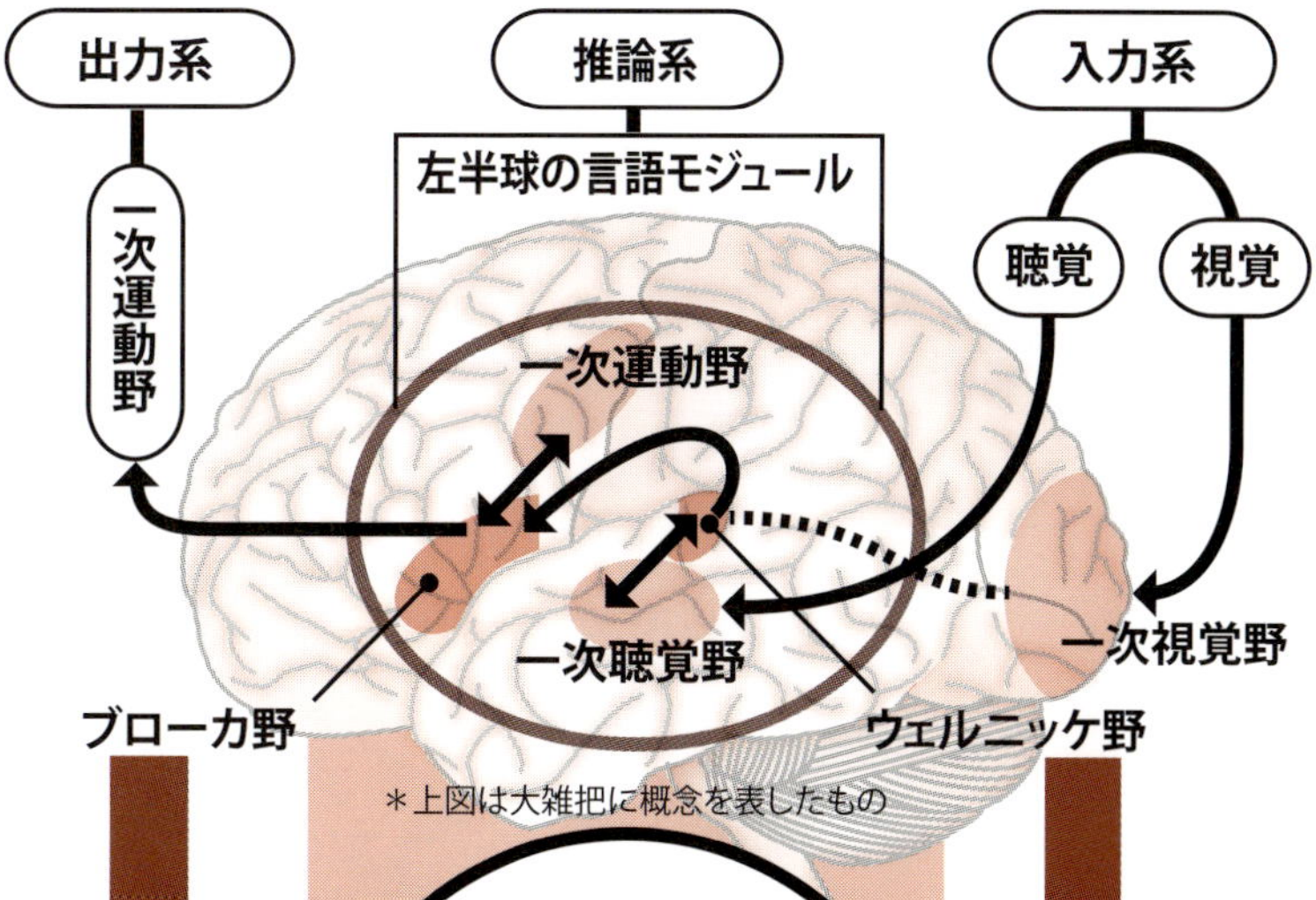


＊上図は大雑把に概念を表したもの

## ウェルニッケ野の機能

言葉はなめらかに話せるが、内容がメチャクチャで意味が通じない

**ウェルニッケ失語症**

**ウェルニッケ野は、言葉の意味を理解するのに必要な領域**

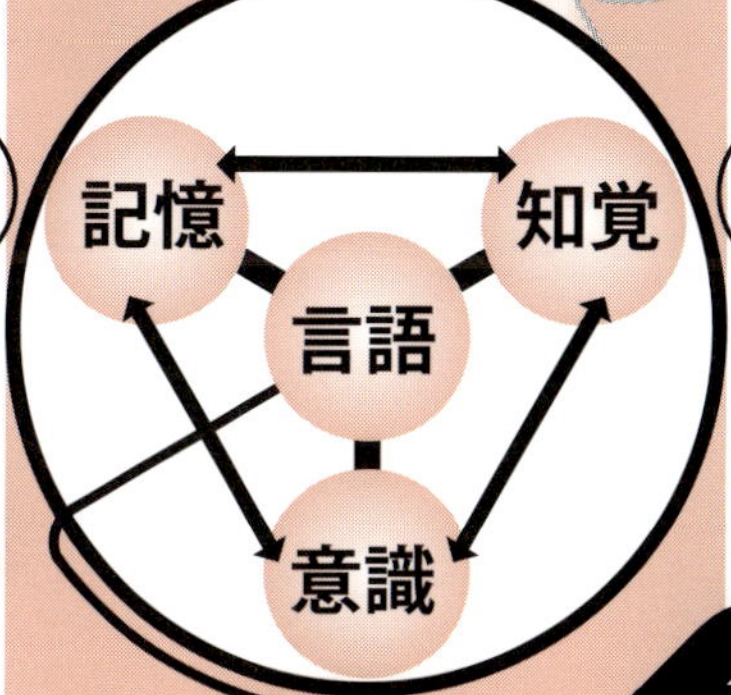


言語と心の関係
参考：『言語の脳科学』（酒井邦嘉著・中公新書）

記号を操作する文法

抽象的な記号

この文法について、言語学者の見解は対立

文法

生まれつきもっている説

**VS**

学習によって獲得する説

両者で長い論争が続いている

**しかし**

最新AIの自動翻訳は、言語学と離れて、確率論に基づいて飛躍的に精度を上げている

## ブローカ野の機能

言葉を聞くことも読むこともできるが、文法を組み立てて話すことができない

**ブローカ失語症**

**ブローカ野は、言葉を選択的に組み立てて話すことに必要な領域**

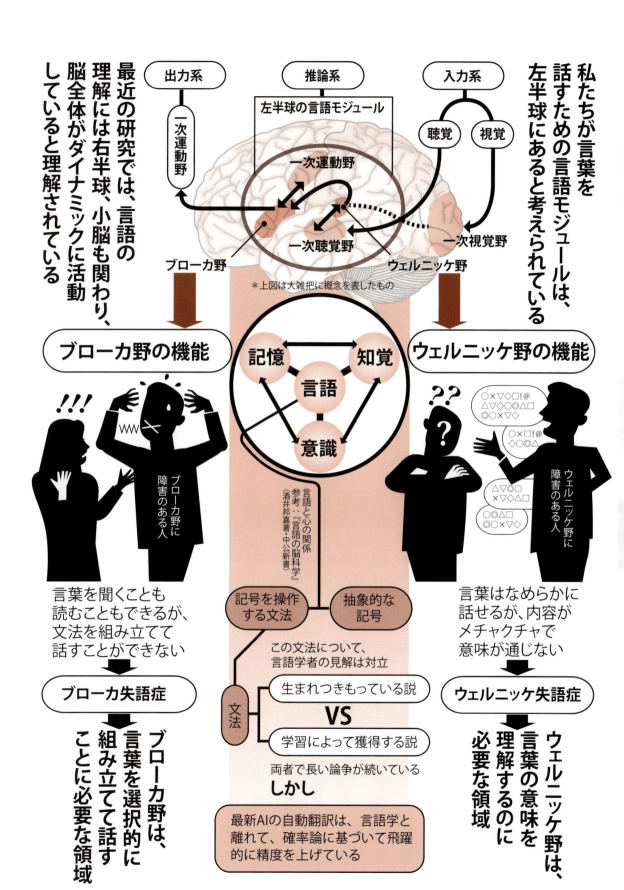

9

# 脳内には膨大な情報をしまう記憶専用のハードディスクはない？

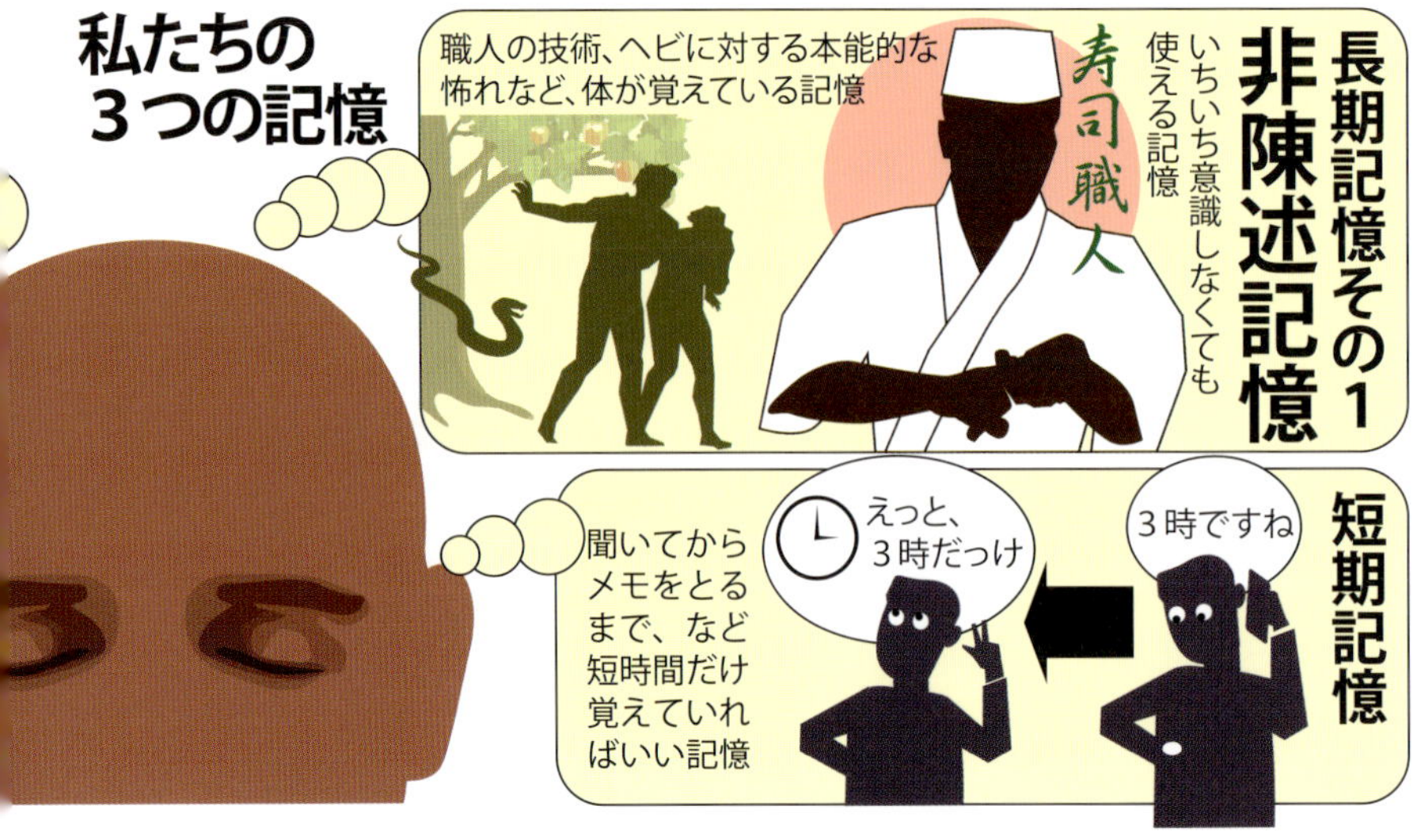
私たちの3つの記憶
長期記憶その1
非陳述記憶
いちいち意識しなくても使える記憶
職人の技術、ヘビに対する本能的な怖れなど、体が覚えている記憶
寿司職人
短期記憶
聞いてからメモをとるまで、など短時間だけ覚えていればいい記憶
3時ですね
えっと、3時だっけ

## 短期記憶と長期記憶

私たちは何かを覚えようとするとき、「脳に詰め込む」とか「脳みそがいっぱいで、もう入らない」という言い方をします。コンピュータには、膨大なデータを保存するハードディスクという記憶装置がありますが、同じように私たちの脳にも、記憶をためておく場所があるのでしょうか？

人間の記憶は、コンピュータが扱うデジタルデータのように均一に処理できるものではなく、記憶の仕方も様々です。例えば、友人と3時に会う約束をしたとします。「3時、3時」とまず記憶しますが、手帳にメモしたら、もう覚えておく必要はありません。このように、短時間だけ覚えている記憶は、「短期記憶」と呼ばれます。

一方、長い間覚えているのが「長期記憶」です。長期記憶は、さらに「非陳述《ひちんじゅつ》記憶」と「陳述《ちんじゅつ》記憶」とに分類されます。

非陳述記憶とは、無意識のうちに覚えている、言葉で言い表せない記憶です。自転車の乗り方や職人の技術など、反復することによって自然に体で覚えていく「手続き記憶」や、恐怖のように条件反射的に呼び起される記憶が含まれます。

一方、陳述記憶とは、言葉やイメージによって、意識的に思い出せる記憶を指し、「エピソード記憶」と「意味記憶」に分けられます。エピソード記憶は、個人が経験した出来事の記憶で、そのときどんな服を着ていて、どんな気持ちだったかなど、出来事にまつわる細かいことまで覚えているのが特徴です。また、意味記憶は、物の意味や人名、年号など、知識として蓄えられた記憶を指します。一般に記憶といえば、こうした陳述記憶を意味することが多いでしょう。

## 長期記憶その2 陳述記憶

意味記憶
言葉の意味など、経験や学習によって得た記憶。知識に相当する
エピソード記憶
経験した出来事の記憶。出来事にまつわる細かい情報も覚えている

## この記憶は脳のどこに蓄積されるのか?

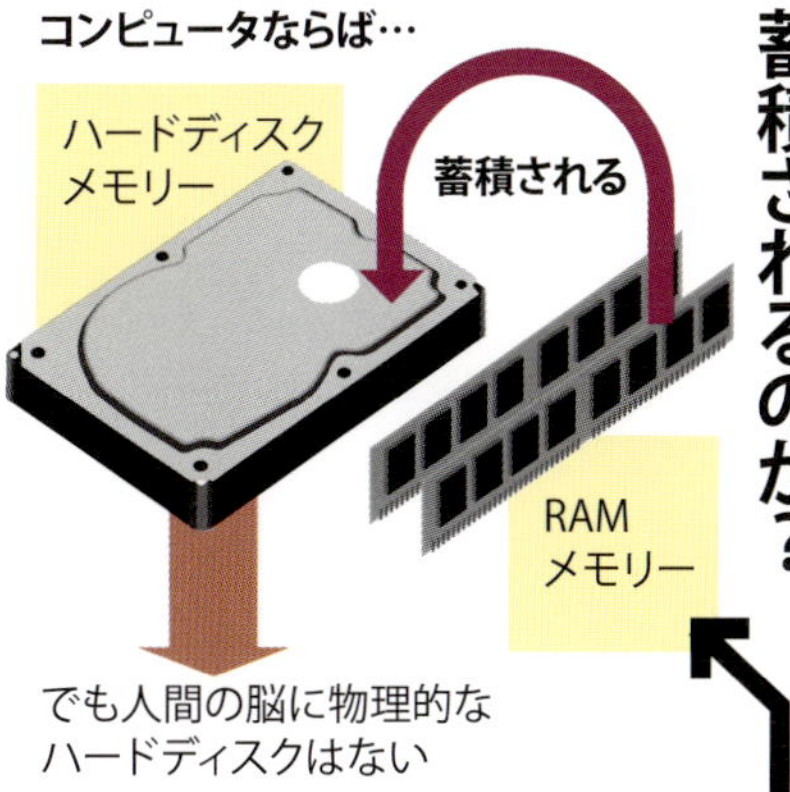
コンピュータならば…
ハードディスクメモリー
蓄積される
RAMメモリー
でも人間の脳に物理的なハードディスクはない

## 脳全体が記憶媒体だと考えられている

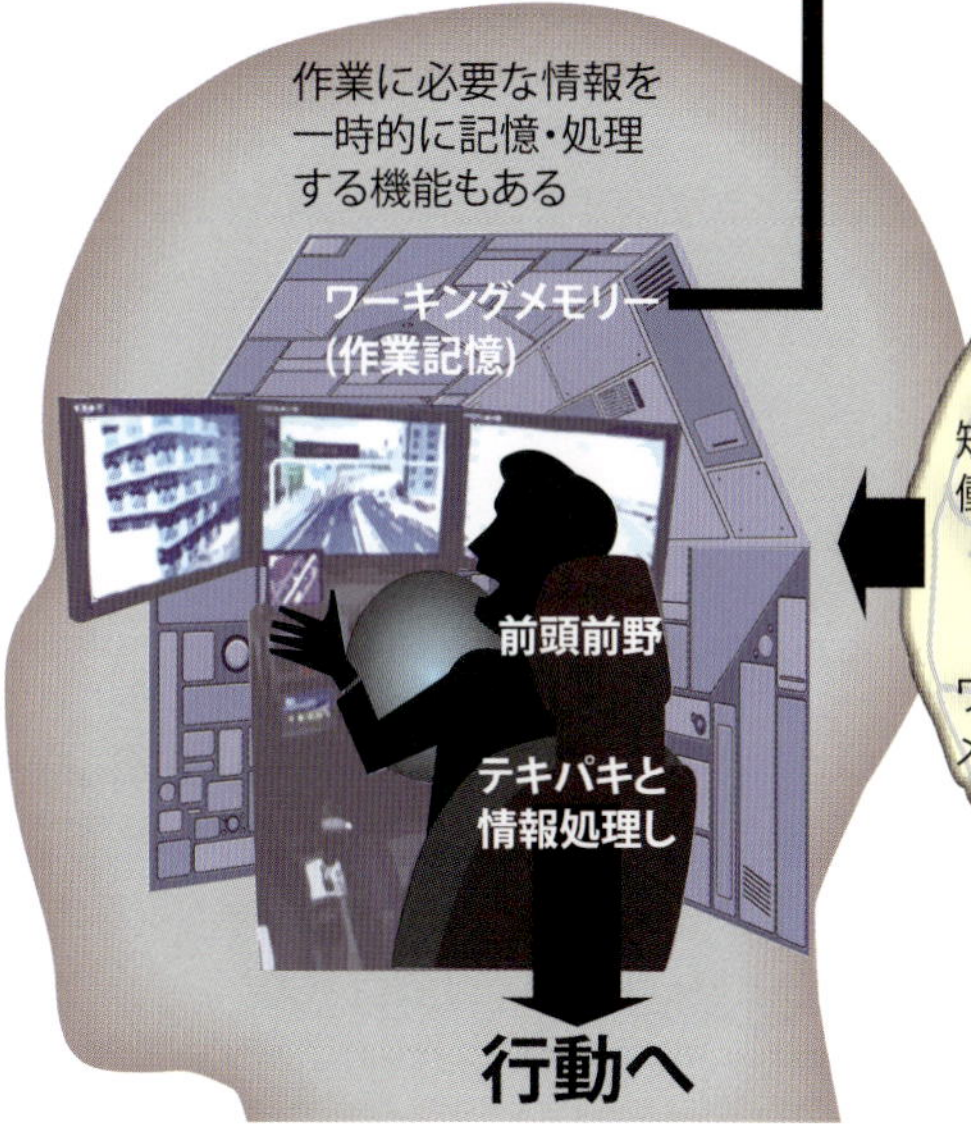
作業に必要な情報を一時的に記憶・処理する機能もある
ワーキングメモリー（作業記憶）
前頭前野
テキパキと情報処理し
行動へ

## 海馬が記憶のゲートウェイ

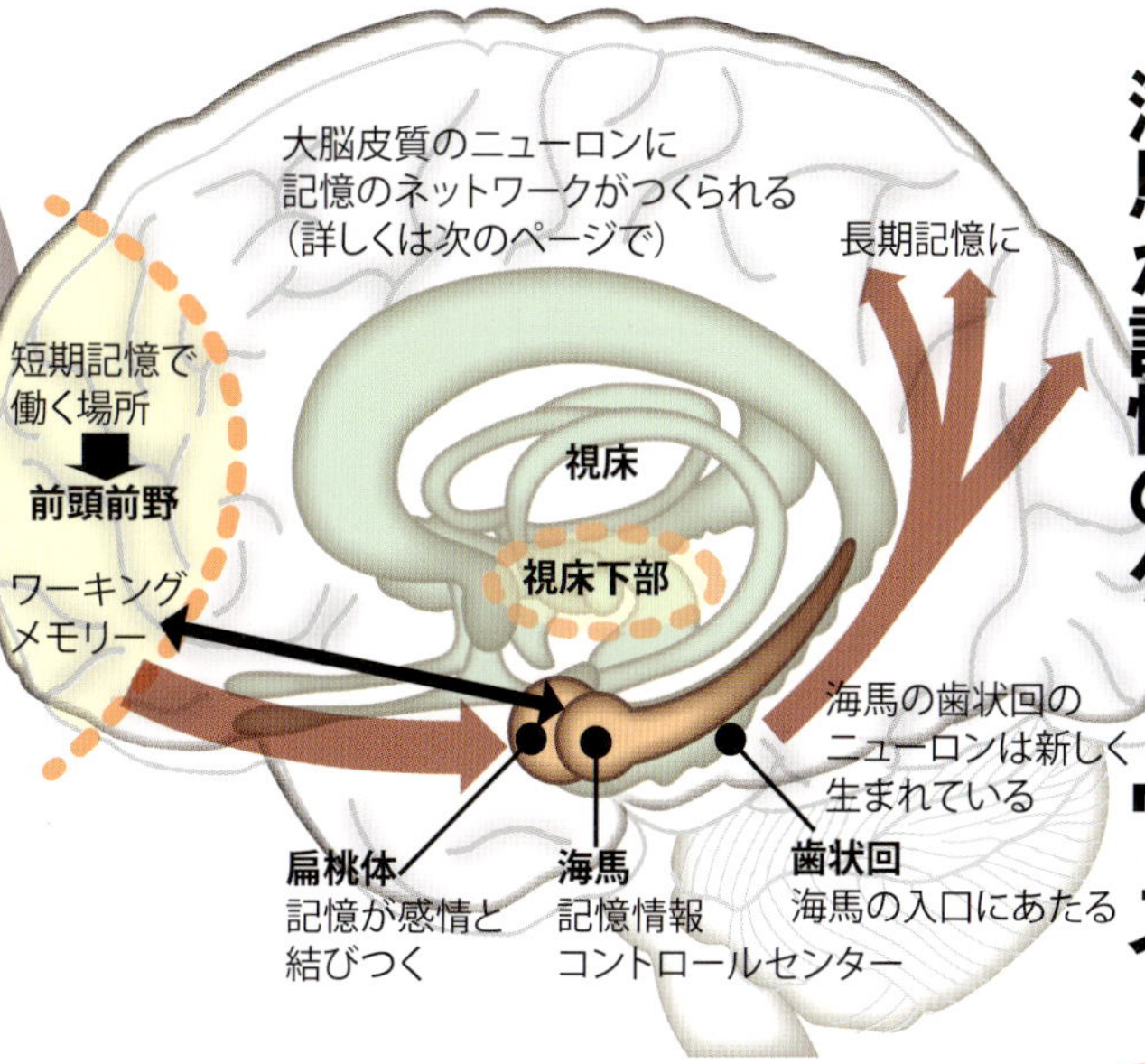
大脳皮質のニューロンに記憶のネットワークがつくられる（詳しくは次のページで）
長期記憶に
短期記憶で働く場所
前頭前野
ワーキングメモリー
視床
視床下部
海馬の歯状回のニューロンは新しく生まれている
扁桃体
記憶が感情と結びつく
海馬
記憶情報コントロールセンター
歯状回
海馬の入口にあたる

### 海馬を中心とした記憶ネットワーク

これらの記憶の中枢となるのは海馬《かいば》です。海馬には、出生後も神経細胞が生まれ変わっている部位があります。それが歯状回《しじょうかい》と呼ばれる部位で、新たな記憶の形成に重要な役割を果たしていると考えられています。海馬は、入ってきた情報を整理して選別します。作業をする間だけ覚えておけばいい記憶（ワーキングメモリー）は、前頭前野で処理されます。一方、長い間、覚えておくべき記憶は、海馬から大脳《だいのう》皮質《ひしつ》へと転送されます。これが長期記憶となるわけですが、かといって、大脳皮質は記憶をそのまま貯蔵しているわけではありません。人間の脳には、コンピュータのハードディスクのような特定の記憶装置はなく、脳全体が記憶媒体として機能していると考えられています。

そこで次の項では、記憶がつくられるメカニズムを詳しく見ていきましょう。

脳の中で記憶がどうつくられるか、次のページで詳しく見てみよう

# ニューロンがつくる記憶のネットワーク 記憶は反復刺激で固定化される

シナプスが脳の記憶素子

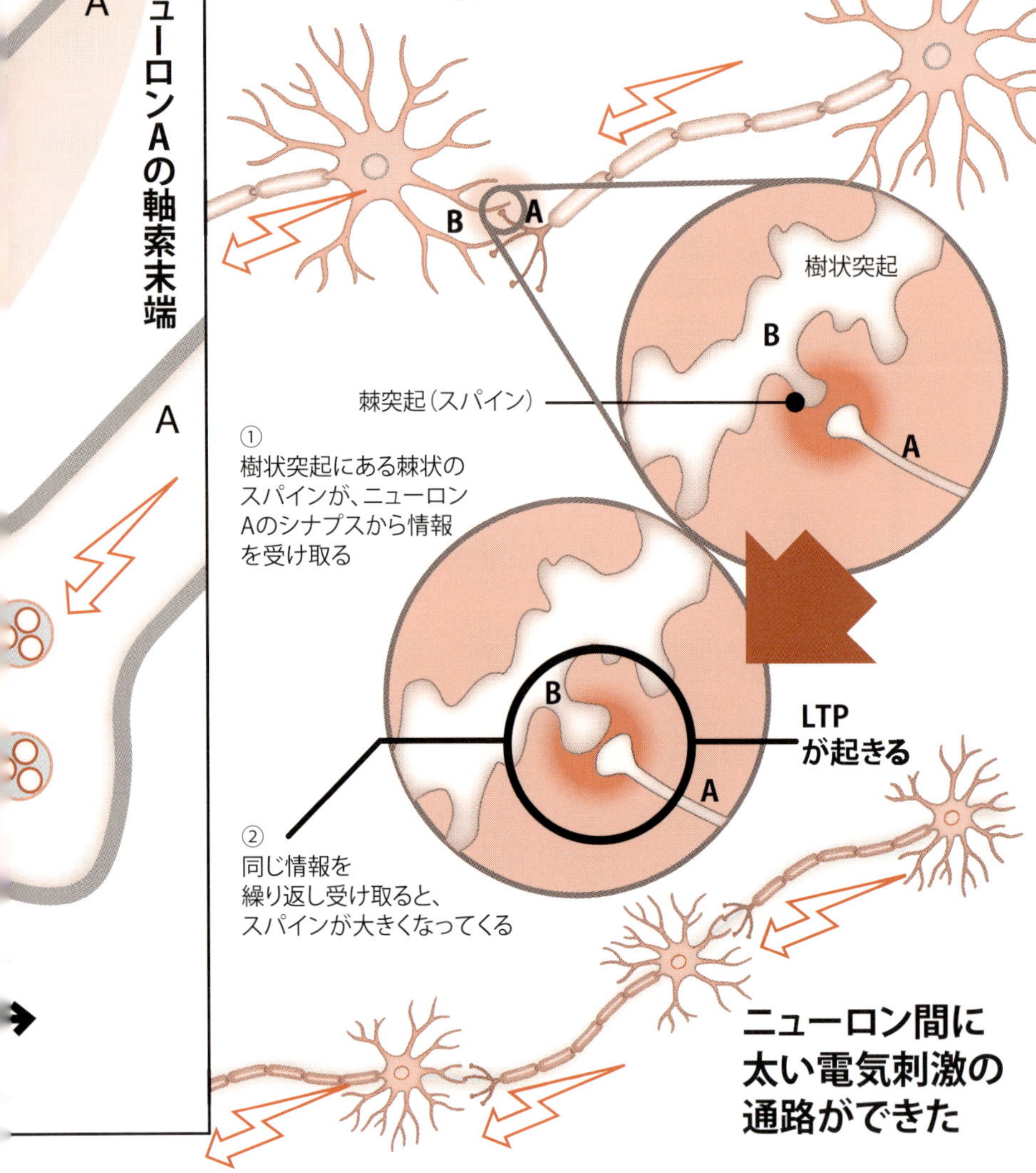
ニューロンAの軸索末端
A
A
B
A
樹状突起
B
棘突起（スパイン）
A
①
樹状突起にある棘状のスパインが、ニューロンAのシナプスから情報を受け取る
B
A
LTP
が起きる
②
同じ情報を繰り返し受け取ると、スパインが大きくなってくる
ニューロン間に太い電気刺激の通路ができた

## シナプスが記憶の通路をつくる

記憶とは、どのようにしてつくられるのでしょう？　私たちが全身の感覚から得た情報は、記憶を担う海馬《かいば》に伝わってきます。このときのシナプス（ニューロン同士の接合部）を示したのが、上の図です。ここで注目してほしいのが、ニューロンの樹状《じゅじょう》突起《とっき》にある「スパイン（棘突起《きょくとっき》）」です。

右から伸びるニューロンAの軸索《じくさく》から信号が送られると、左のニューロンBのスパインがそれを受け取ります。このとき信号の刺激が弱いと、スパインは小さいままですが、強い刺激を受けると、スパインが大きくなり、信号が伝わりやすくなることがわかっています。小さいスパインは消滅してしまうこともありますが、大きいスパインは残りやすくなります。すぐ忘れてもいい記憶は残らず、大切なことだけが長期記

光遺伝学の実験によって、記憶の痕跡が実証された
青色に反応するタンパク質ChR2の遺伝子を利用
① 遺伝子改変マウスを作成
海馬歯状回にChR2遺伝子を組み込む
海馬歯状回に導入
ゲージA
② 恐怖の条件づけをする
③ 活発に活動した海馬歯状回の神経細胞群(これがエングラムの実体)にChR2光受容タンパクが発現
ゲージB
光ファイバー
④ 別のゲージに移し、海馬に青色光を照射
青色光
⑤ エングラムが活性化し、マウスは恐怖反応に襲われる
長期記憶のLTPが支えている?
人間の脳でも同じことが起こっていると考えられる
これが「効果的」な学習につながる
次のページへ
ここでは、極めて簡略化して図示しています

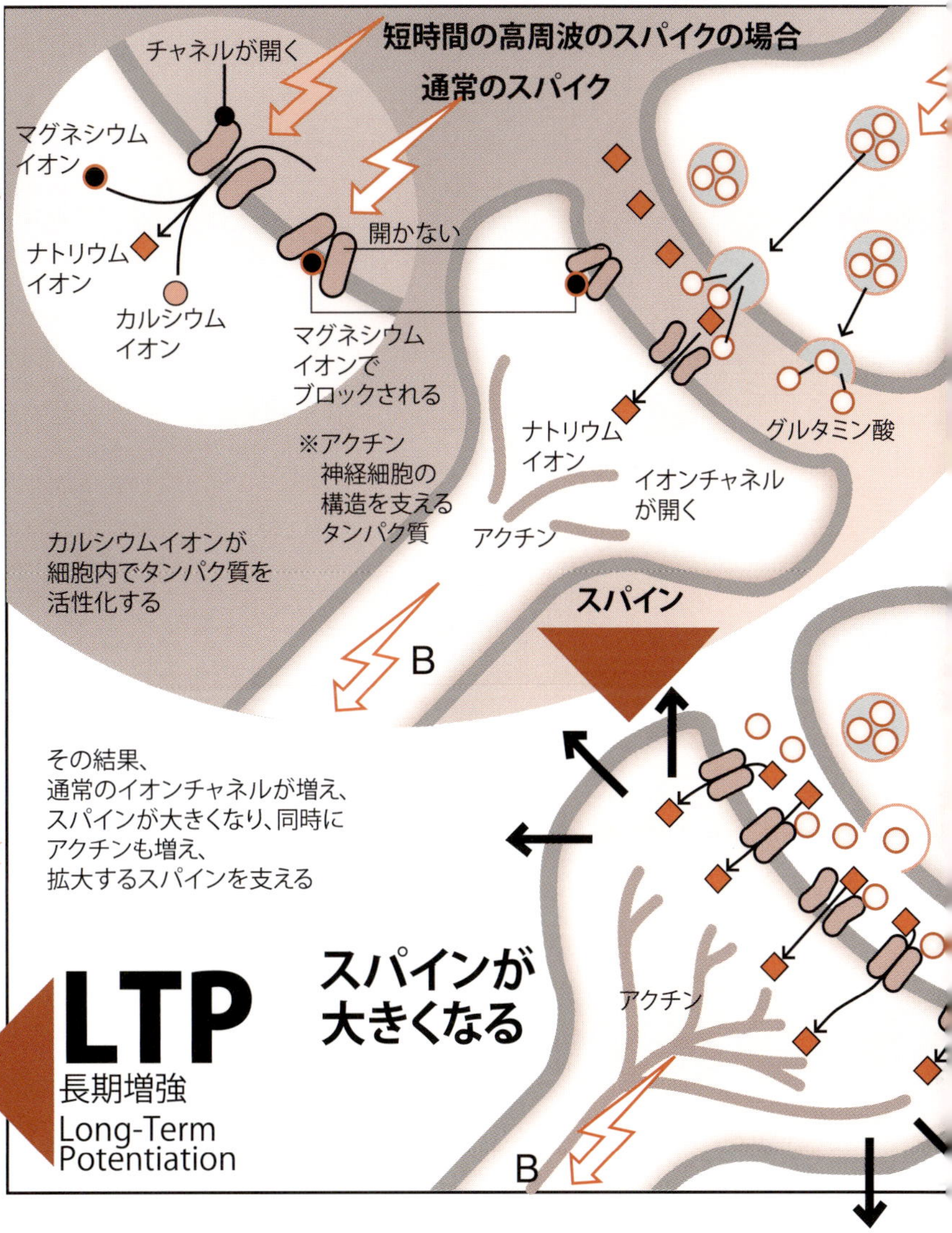

短時間の高周波のスパイクの場合
通常のスパイク
チャネルが開く
マグネシウムイオン
ナトリウムイオン
カルシウムイオン
開かない
マグネシウムイオンでブロックされる
※アクチン
神経細胞の構造を支えるタンパク質
ナトリウムイオン
イオンチャネルが開く
グルタミン酸
アクチン
カルシウムイオンが細胞内でタンパク質を活性化する
スパイン
B
その結果、
通常のイオンチャネルが増え、
スパインが大きくなり、同時に
アクチンも増え、
拡大するスパインを支える
スパインが大きくなる
アクチン
LTP
長期増強
Long-Term Potentiation
B

憶として脳に刻まれるのは、このためです。

さらに、特定のシナプスが、繰り返し強い刺激を受けると、長期にわたってシナプスの伝達効率がよくなる現象が見られます。これを長期増強（LTP）といい、このLTPも、長期記憶をつくるのにとても重要と考えられています。事実、繰り返し覚えたことは、いつまでも忘れないものです。

また、私たちはふとした瞬間に、ある出来事を鮮明に思い出すことがあります。こうした記憶の痕跡のことを「エングラム」と呼び、単なる概念ではなく、実際に脳の中に存在するのではないかと考えられてきました。近年の研究では、特定の経験に対応する特定の記憶ネットワークがあることがわかっています。ある経験の記憶がつくられるときに同期活性化した特定のニューロン集団は、結びつきを強め、セットになって蓄えられます。何かのきっかけで、その一部のニューロンが刺激されると、ニューロン集団全体が活性化し、記憶全体がよみがえる、というわけです。

とらえどころのない人間の記憶には、まだ謎が多く、物理的な実体として解明すべく、現在、様々な研究が進められています。

11

# 学習に必要なのは繰り返し リプレイするほど長期記憶になる

## 運動は小脳、勉強は扁桃体も関与

新しいことを学ぶとき、私たちの脳内では何が起こっているのでしょう。学習には記憶がつきものですが、記憶には、①記憶の形成、②保存、③再生（思い出す）という3つのプロセスがあります。覚えたはずでも、必要なときに思い出せなければ、学習が身についたことにはなりません。

比較的身につきやすいのは、スポーツのように体で覚える「手続き記憶」です。手続き記憶では、海馬《かいば》ではなく、大脳基底核《だいのうきていかく》と小脳《しょうのう》が中心になって活躍します。大脳基底核は、筋肉の大雑把な動きを調整すると共に、ドーパミンを放出して学習を活性化します。一方、小脳は、大脳がイメージする動きを細かく調整し、最適な動きを記憶します。同じ動きを繰り返すうちに、大脳基底核と小脳が連携し、考えなくても自然に体が動くようになるのです。

それに比べて、学校の勉強のような「意味記憶」は、単に教科書を読んだだけでは身につきません。前項で見たように、長期記憶はシナプスに繰り返し刺激を与えることで固定化されるため、「繰り返し学習」が効果的です。よく「予習より復習が大切」と言われますが、復習するということは、脳内に保存された記憶を取り出し、再びしまうことでもあります。情報の保存、再生、再保存を繰り返すことで、シナプスが増強され、記憶が安定して保たれるのです。

また、海馬の近くには、好き嫌いや感情を担う扁桃体《へんとうたい》があり、記憶を担う海馬に影響を与えます。苦手意識があって、いやいや勉強しても、なかなか覚えられないのは、そのためです。反対に、好きな学科や楽しいと思える趣味は、扁桃体からの情報を受けて、記憶が定着しやすくなります。

## 夢は学習記憶を整理する？

私たちが眠っている間も、海馬や扁桃体は覚醒しています。睡眠時に夢を見るのは、そのためです。夢を見る理由は、まだよくわかっていませんが、興味深い仮説があります。日中、学習や経験によって得た記憶をリプレイして情報を整理し、長期記憶として固定化するため。あるいは、寝ている間に不要な記憶を消去して、神経回路を整理するためだというのです。もしそうであれば、睡眠をうまく利用して、学習効果を高めることができるかもしれません。

これが効果的学習法か？
体を使った楽しい繰り返し学習
すぐにベッドに
睡眠と楽しい夢
朝の復習
おっ、覚えてる
こんな学習法ってあるのかな

# 脳が学習する仕組み　現在わかっていることと、効果的な学習法とは

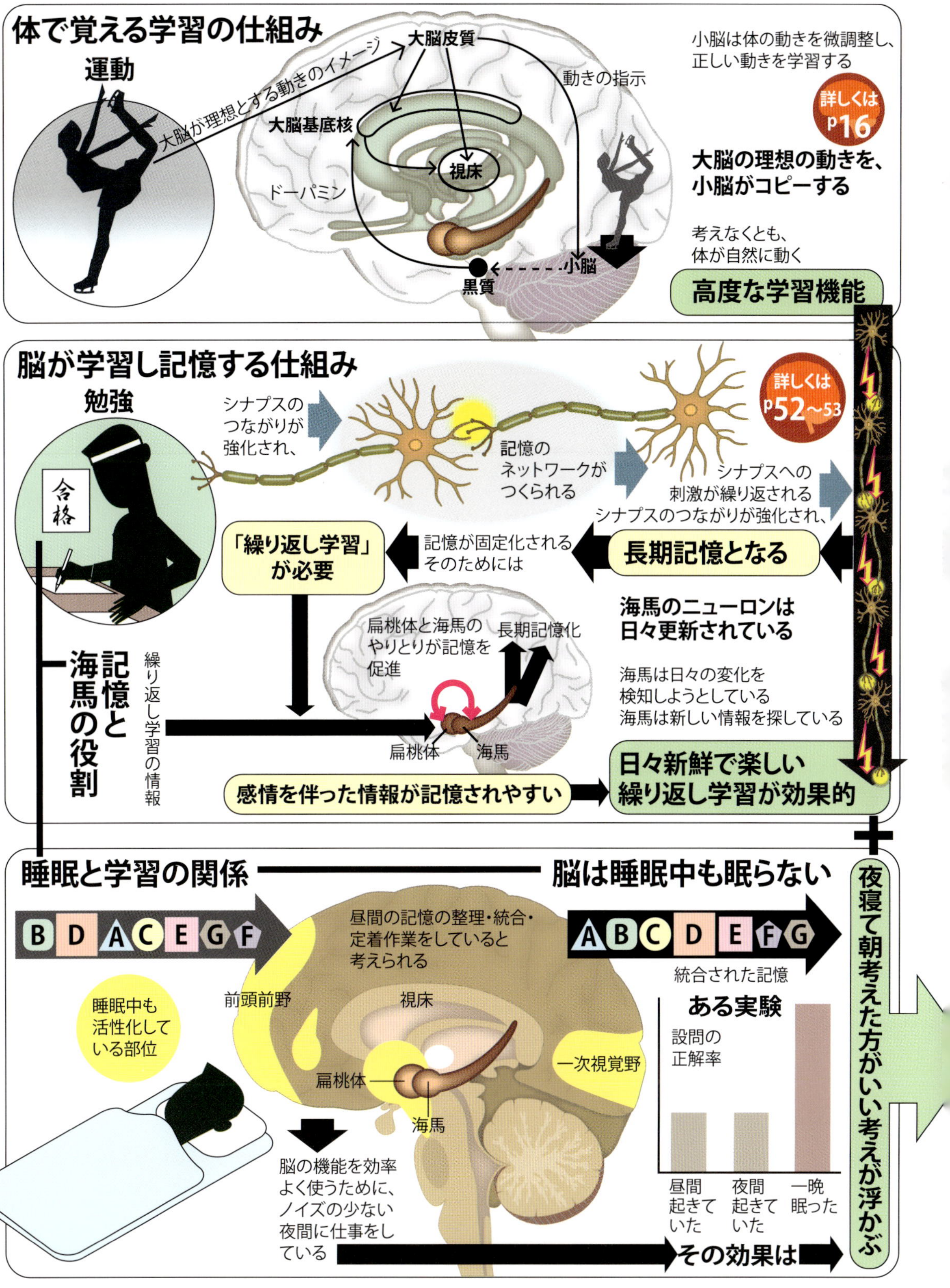
体で覚える学習の仕組み
運動
大脳が理想とする動きのイメージ
大脳皮質
動きの指示
大脳基底核
視床
ドーパミン
小脳
黒質
小脳は体の動きを微調整し、正しい動きを学習する
詳しくは P16
大脳の理想の動きを、小脳がコピーする
考えなくとも、体が自然に動く
高度な学習機能
脳が学習し記憶する仕組み
勉強
合格
シナプスのつながりが強化され、
記憶のネットワークがつくられる
シナプスへの刺激が繰り返される
シナプスのつながりが強化され、
詳しくは P52～53
長期記憶となる
記憶が固定化される そのためには
「繰り返し学習」が必要
扁桃体と海馬のやりとりが記憶を促進
長期記憶化
扁桃体
海馬
記憶と海馬の役割
繰り返し学習の情報
海馬のニューロンは日々更新されている
海馬は日々の変化を検知しようとしている
海馬は新しい情報を探している
感情を伴った情報が記憶されやすい
日々新鮮で楽しい繰り返し学習が効果的
睡眠と学習の関係
脳は睡眠中も眠らない
B D A C E G F
昼間の記憶の整理・統合・定着作業をしていると考えられる
A B C D E F G
統合された記憶
睡眠中も活性化している部位
前頭前野
視床
扁桃体
海馬
一次視覚野
脳の機能を効率よく使うために、ノイズの少ない夜間に仕事をしている
その効果は
ある実験
設問の正解率
昼間起きていた
夜間起きていた
一晩眠った
夜寝て朝考えた方がいい考えが浮かぶ

12

# 記憶障害を引き起こす認知症 その脳内で何が起こっているのか？

誰も
訪ねて
来ないの
STOP
STOP

認知症の原因となる病気

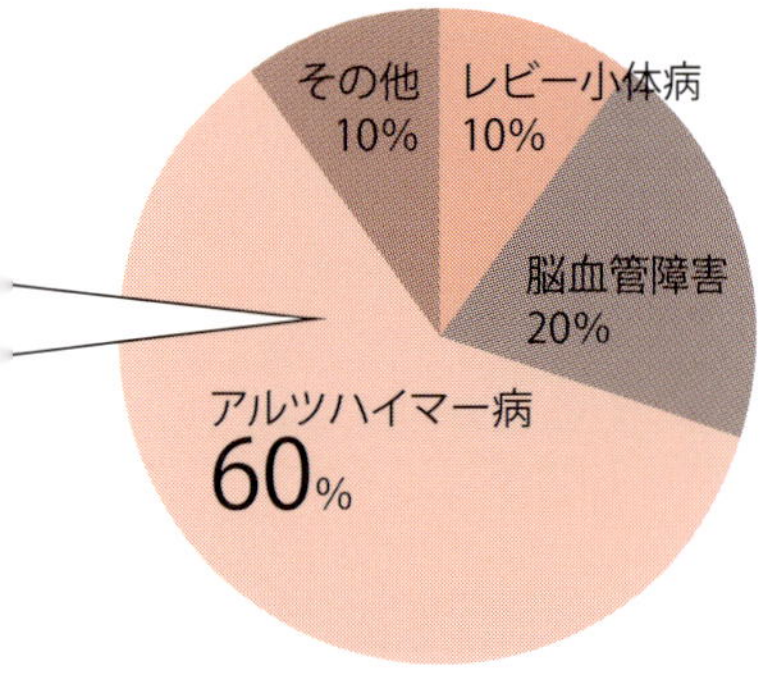
レビー小体病 10%
脳血管障害 20%
アルツハイマー病 60%
その他 10%

『知って安心認知症』
（東京都福祉保健局高齢社会対策部発行）より

脳内交通システムトラブルの影響
もの忘れがひどくなっています
いつも探し物をしています
怒りっぽくなり暴力をふるいます
外出先から一人で戻れません
同じ質問を何度も繰り返します
片づけやゴミ分別がうまくできません
鍋を焦がすなど火の不始末が増えます
財布を盗まれたと人を疑います
可燃

## 分断された記憶ネットワーク

脳の障害の中で、現在、世界的な問題となっているのが認知症《にんちしょう》です。全世界の認知症患者は、２０１８年に約５０００万人に達し、２０５０年にはその3倍に膨れ上がると予想されています。超高齢化が進む日本は、先進国の中で最も認知症発症率が高く、約５００万人の患者を抱えています。

認知症は、物事を認知する能力が低下し、日常生活に支障をきたす病気です。年をとると物忘れが増え、奇妙な行動をとるようになることは、紀元前のギリシア時代から知られていました。その原因が、脳の障害にあることがわかってきたのは、脳研究が進んだ19世紀以降のことでした。

認知機能の低下を引き起こす病気には、レビー小体型《しょうたいがた》認知症、脳血管性認知症、前《ぜん》頭側頭型《とうそくとうがた》認知症などがありますが、最も患

## 認知症の60％はアルツハイマー病

ドイツの医師アロイス・アルツハイマーは、記憶障害や被害妄想をもつ女性患者の死後、その脳を解剖。大脳皮質にアミロイドβによる老人斑と神経原線維変化があることを発見し、1906年に発表した。女性患者が若かったことから、当時は老人性認知症とは別の病気と考えられ、アルツハイマー病と命名された

▶アルツハイマー病発見のきっかけとなった最初の患者アウグステ・データー。46歳で発症し、55歳で死亡

◀アルツハイマー病の発見者、アロイス・アルツハイマー（1864～1915年）

## 脳のどこにトラブルがあるとどんな認知症になるのか？

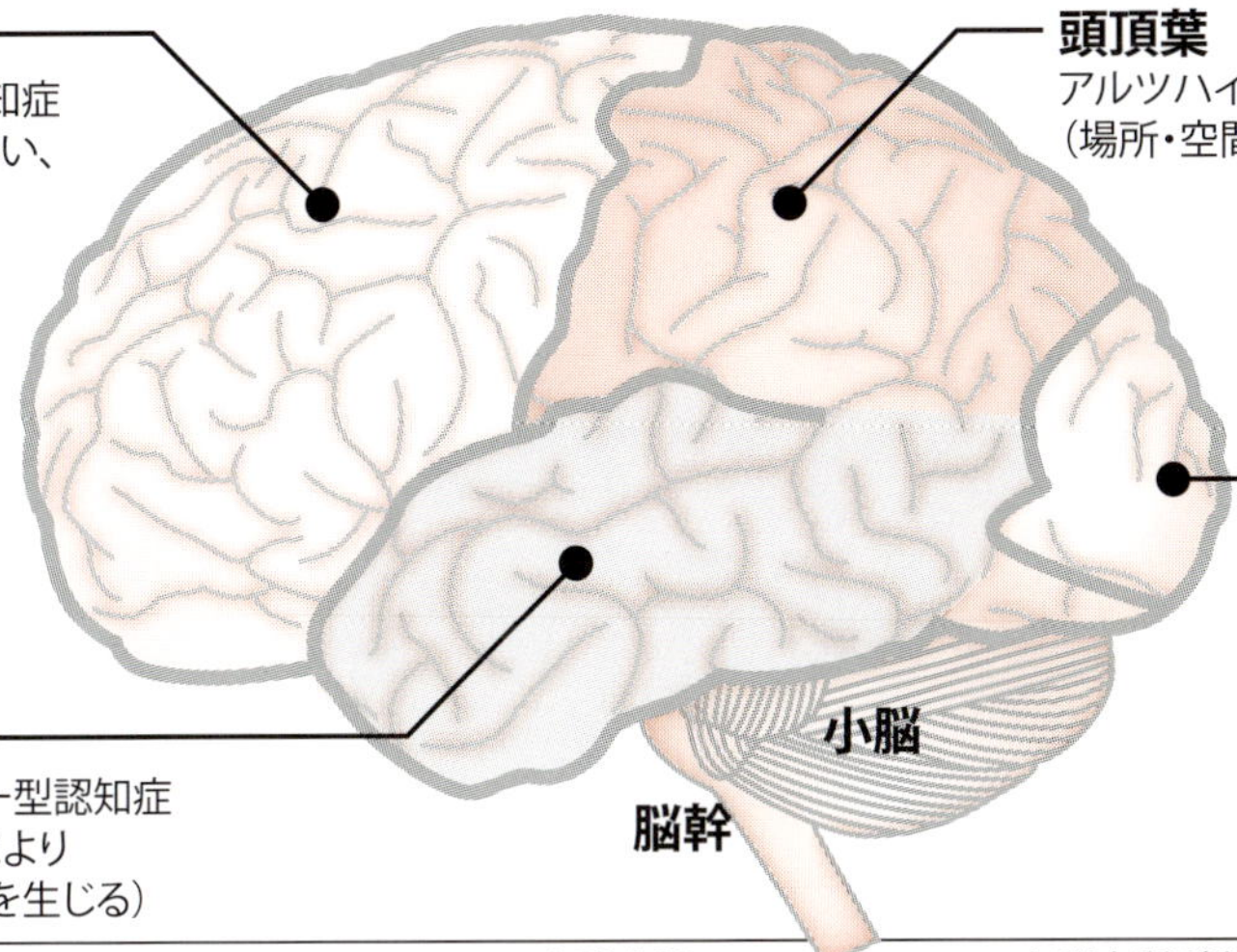


**前頭葉**
前頭側頭型認知症
（発語障害を伴い、様々な抑制がきかなくなる）

**頭頂葉**
アルツハイマー型認知症
（場所・空間が認識できなくなる）
脳血管性認知症
（動作の失敗が増え、うつ状態になる）

**後頭葉**
レビー小体型認知症
（手足の震えなどのパーキンソン症状、幻視を伴う）

**側頭葉**
アルツハイマー型認知症
（海馬の萎縮により高度記憶障害を生じる）

### 認知症の脳では神経細胞が死滅していく

アルツハイマー病では、アミロイドβとタウタンパクの蓄積、レビー小体型認知症では、レビー小体と呼ばれるタンパクの蓄積、脳血管性認知症では、血行が阻害されることによって、神経細胞が死滅する

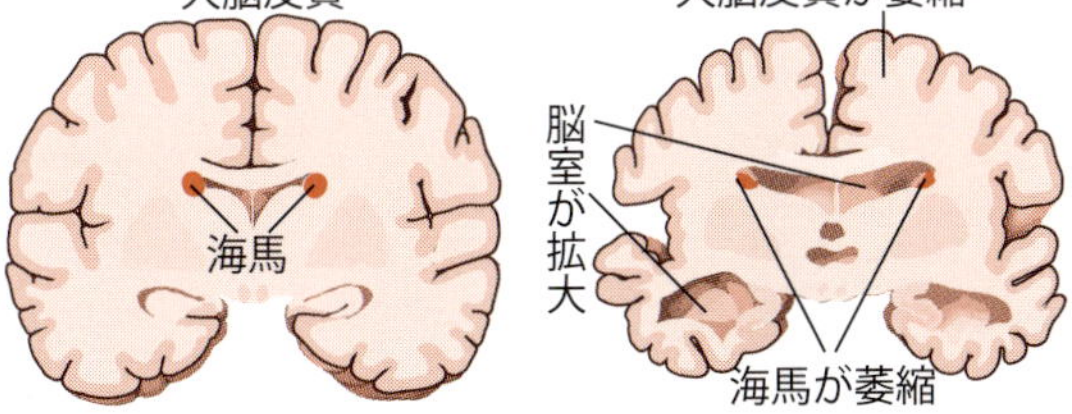


左は正常な脳。　右はアルツハイマー病患者の脳。
大脳皮質と海馬が萎縮し、脳室が拡大しているのがわかる

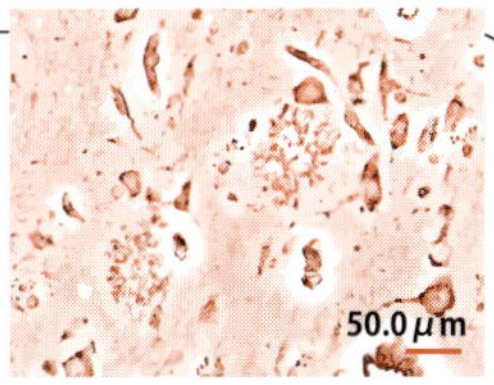


アルツハイマー病では、アミロイドβによる老人斑、糸くずのような神経原線維変化が出現

者数が多いのが、アルツハイマー病です。高齢者だけではなく、若い人もかかり、65歳未満で発症した場合、若年性《じゃくねんせい》アルツハイマー病と呼ばれます。

アルツハイマー病は、アミロイドβ《ベータ》というタンパク質のゴミが海馬《かいば》や大脳皮質《だいのうひしつ》にたまり、続いてタウタンパクが神経細胞内に蓄積し、細胞が少しずつ死滅していく病気です。正常な脳は、海馬が情報を選別して大脳皮質に送り、記憶としてとどめますが、海馬が損なわれると情報を処理できず、新しいことが覚えられなくなります。さらに進行すると、これまで覚えていたこと、特にエピソード記憶が思い出せなくなります。

このように記憶のネットワークが阻害されると、いままで普通にできていたことができなくなり、「見当識障害《けんとうしき》」といって時間・場所・人間関係がわからなくなる症状も現れます。その結果、患者は一人取り残されたような孤独に陥ってしまいます。

現在、各国で治療薬開発が進められていますが、著しい成果は得られていません。アルツハイマー病は発症までに約20年かかり、発症してから投薬しても遅すぎるため、早期発見の手立てが模索されています。

# 脳は「心」をどうつくるのか？
# 心と体を結びつける「情動」

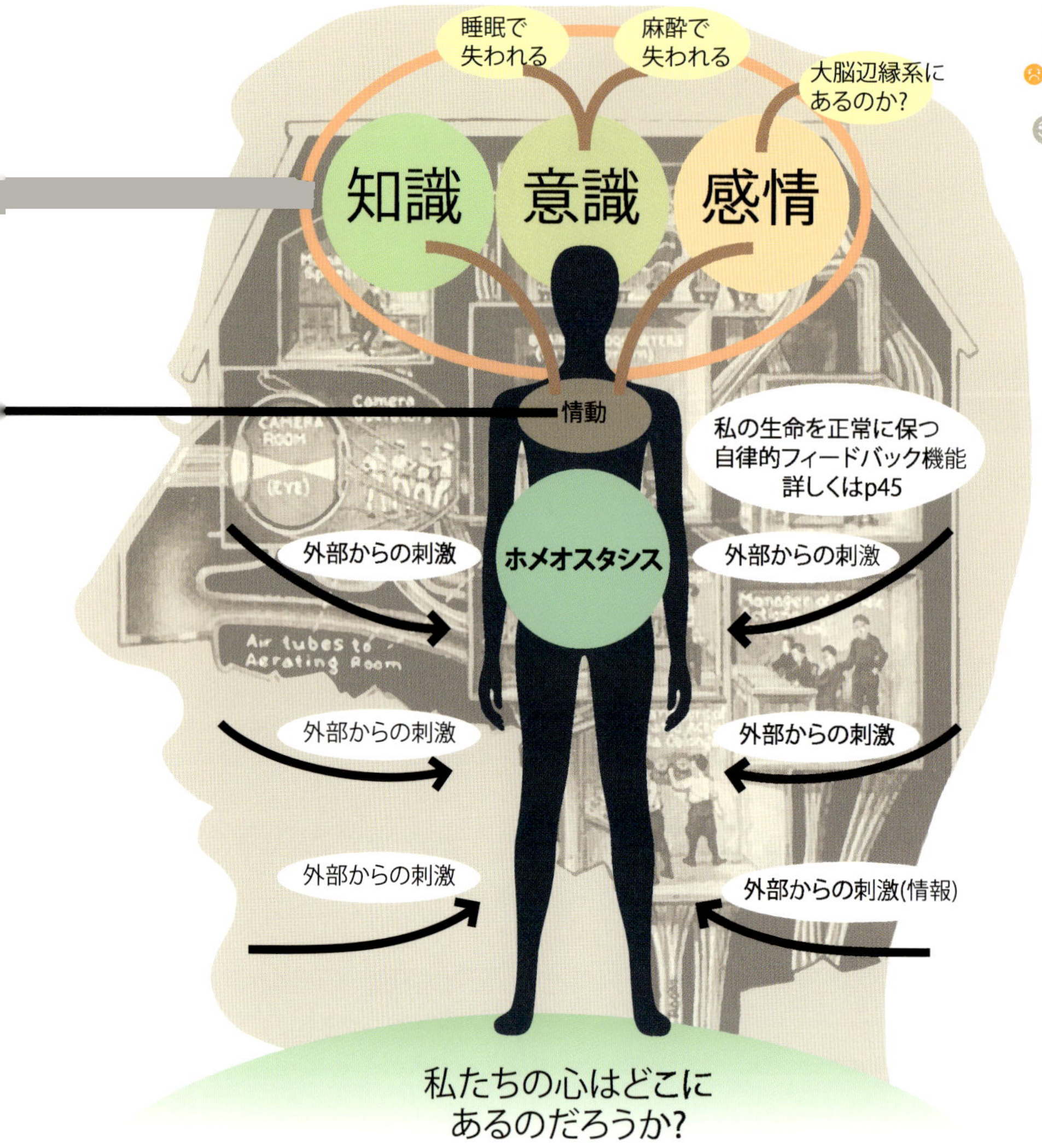
睡眠で失われる
麻酔で失われる
大脳辺縁系にあるのか?
知識
意識
感情
情動
私の生命を正常に保つ自律的フィードバック機能
詳しくはp45
ホメオスタシス
外部からの刺激
外部からの刺激
外部からの刺激
外部からの刺激
外部からの刺激
外部からの刺激(情報)
私たちの心はどこにあるのだろうか?

## 情動は体の反応を伴う

心はどこにあるのでしょう？　人類はその謎を古くから探り続けてきました。心とは、人間の知識、意識、感情のもとになるものです。このうち最もとらえどころがないのが感情です。

感情は主観的なもので、科学的に調べるのは困難とされています。しかし、感情のなかには、怖い思いをして心臓がドキドキしたり、怒りで顔が真っ赤になったりするように、体の反応となって現れるものがあります。このように、体の反応を伴う衝動的な感情のことを「情動《じょうどう》」といいます。

情動は、人間にも動物にも共通するものです。そのため、MRIなどの画像技術が登場する以前の脳研究では、情動が起こる仕組みを、動物実験によって解明しようとする試みがなされてきました。

## この総体が「心」なのだろうか？

### それでは「意識」とは？

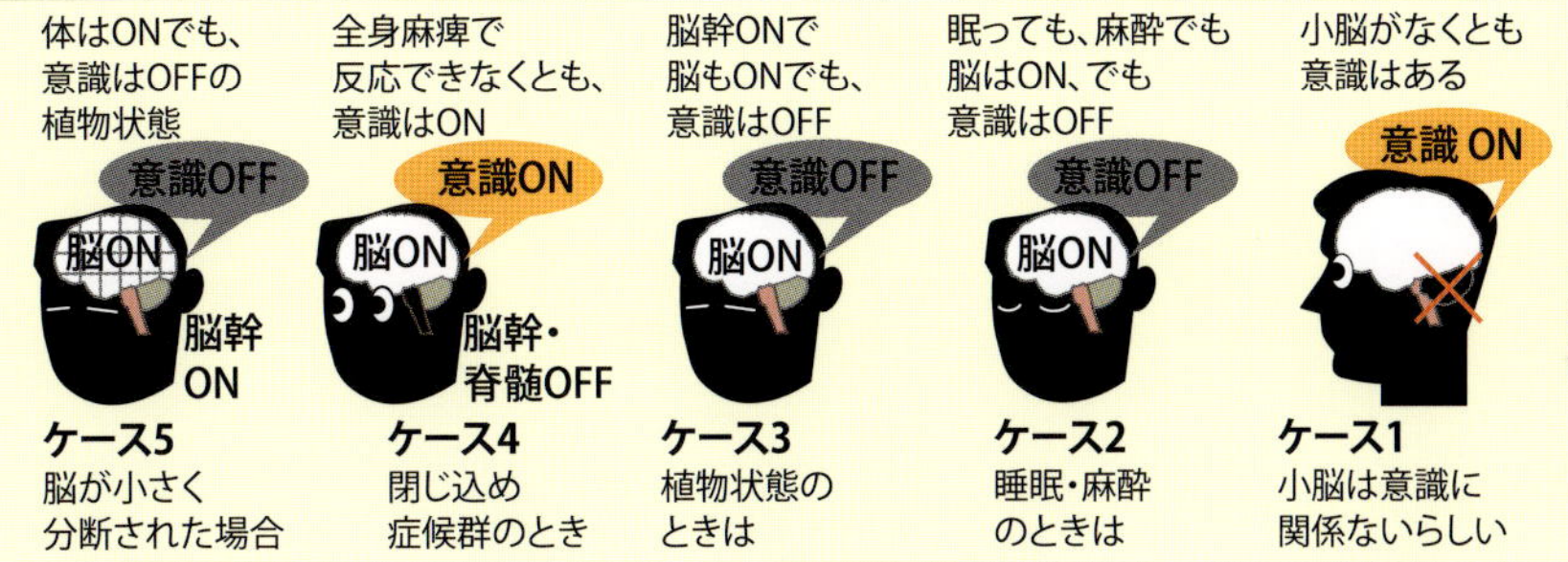

小脳がなくとも
意識はある
意識 ON
ケース1
小脳は意識に
関係ないらしい
眠っても、麻酔でも
脳はON、でも
意識はOFF
意識OFF
脳ON
ケース2
睡眠・麻酔
のときは
脳幹ONで
脳もONでも、
意識はOFF
意識OFF
脳ON
ケース3
植物状態の
ときは
全身麻痺で
反応できなくとも、
意識はON
意識ON
脳ON
脳幹・
脊髄OFF
ケース4
閉じ込め
症候群のとき
体はONでも、
意識はOFFの
植物状態
意識OFF
脳ON
脳幹
ON
ケース5
脳が小さく
分断された場合


### 意識がONとは、どんな状態なのか？

p89に続く

参考:マルチェッロ・マッスィミーニ/ジュリオ・トノーニ著『意識はいつ生まれるのか』(亜紀書房刊)

## まず感情と情動の仕組みから

### ある実験で、感情の前に情動があることがわかった

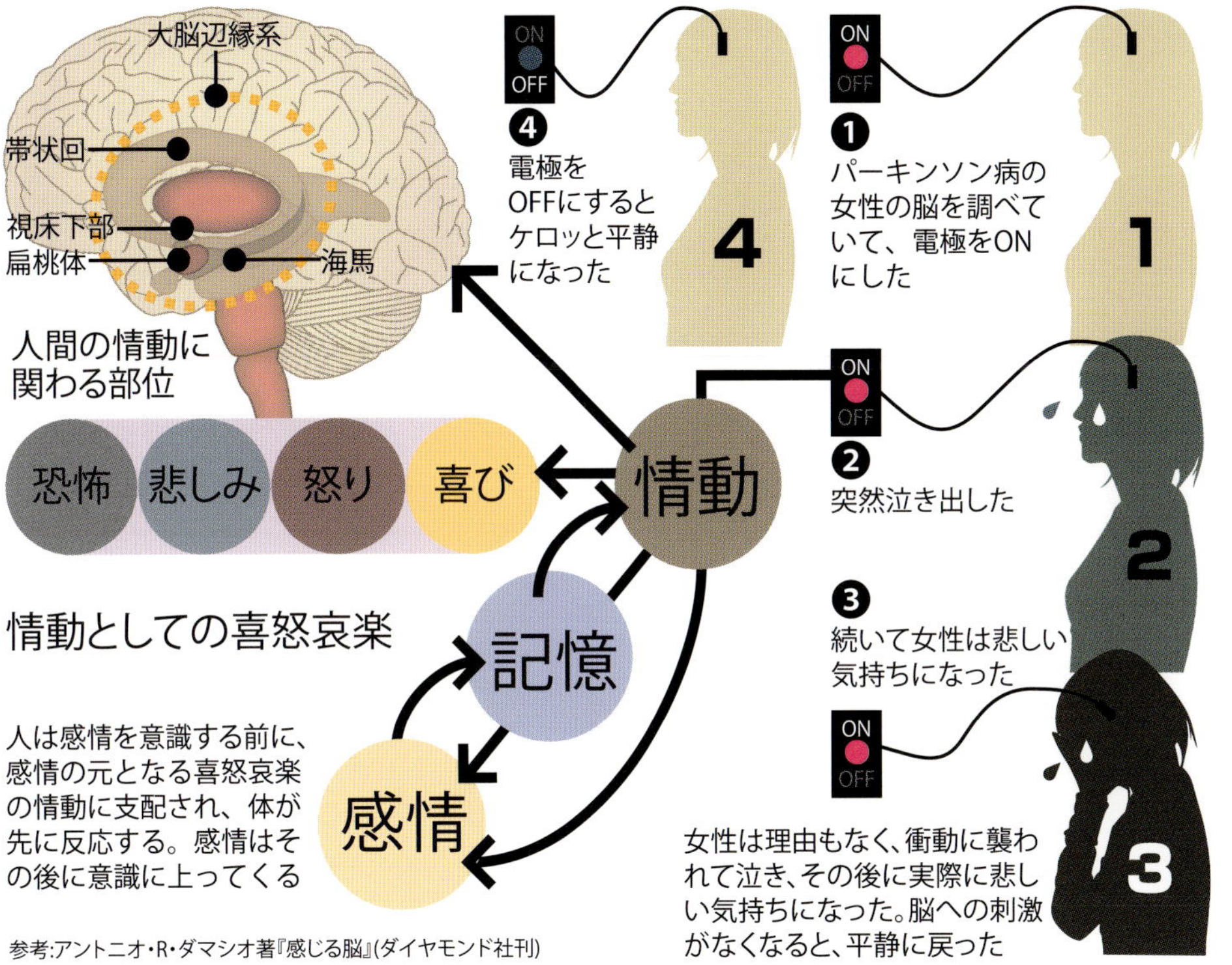

ON
OFF
1
❶
パーキンソン病の
女性の脳を調べて
いて、電極をON
にした
2
❷
突然泣き出した
3
❸
続いて女性は悲しい
気持ちになった
女性は理由もなく、衝動に襲われて泣き、その後に実際に悲しい気持ちになった。脳への刺激がなくなると、平静に戻った
4
❹
電極を
OFFにすると
ケロッと平静
になった
大脳辺縁系
帯状回
視床下部
扁桃体
海馬
人間の情動に
関わる部位
恐怖
悲しみ
怒り
喜び
情動
情動としての喜怒哀楽
記憶
感情
人は感情を意識する前に、感情の元となる喜怒哀楽の情動に支配され、体が先に反応する。感情はその後に意識に上ってくる


参考:アントニオ・R・ダマシオ著『感じる脳』(ダイヤモンド社刊)

### 情動は感情の先に立つ？

「人は悲しいから泣くのではなく、泣くから悲しい」と考えたのは、19世紀末の心理学者ジェームズとランゲ。外からの刺激に対し、体がまず反応し、それが脳に伝わって、情動はあとから生まれる、と唱えました。それに対し、20世紀の生理学者キャノンとバードは、刺激はまず脳に伝わり、大《だい》脳皮質《のうひしつ》で情動が起こり、視床下部《ししょうかぶ》を介して体の反応を引き起こす。つまり「悲しいから泣く」と主張しました。

その後も様々な説が唱えられ、その間に脳を調べる技術も進んできました。現代の脳神経学者アントニオ・ダマシオは、上の図に示した実験により、感情は情動のあとに生ずる、という仮説を得ています。結果だけ見ると、「泣くから悲しい」とするジェームズ・ランゲ説とも重なりますが、ダマシオは、刺激によって無意識に引き起こされる身体反応を「情動」と呼び、感情は情動を認識することで生まれるとしています。

心と体が結びつき、感情が生まれるとき、脳内では何が起こっているのでしょう？　次の項では情動のメカニズムを探ります。

# 感情を生み出す脳内ネットワークとそれを促すホルモンや神経伝達物質

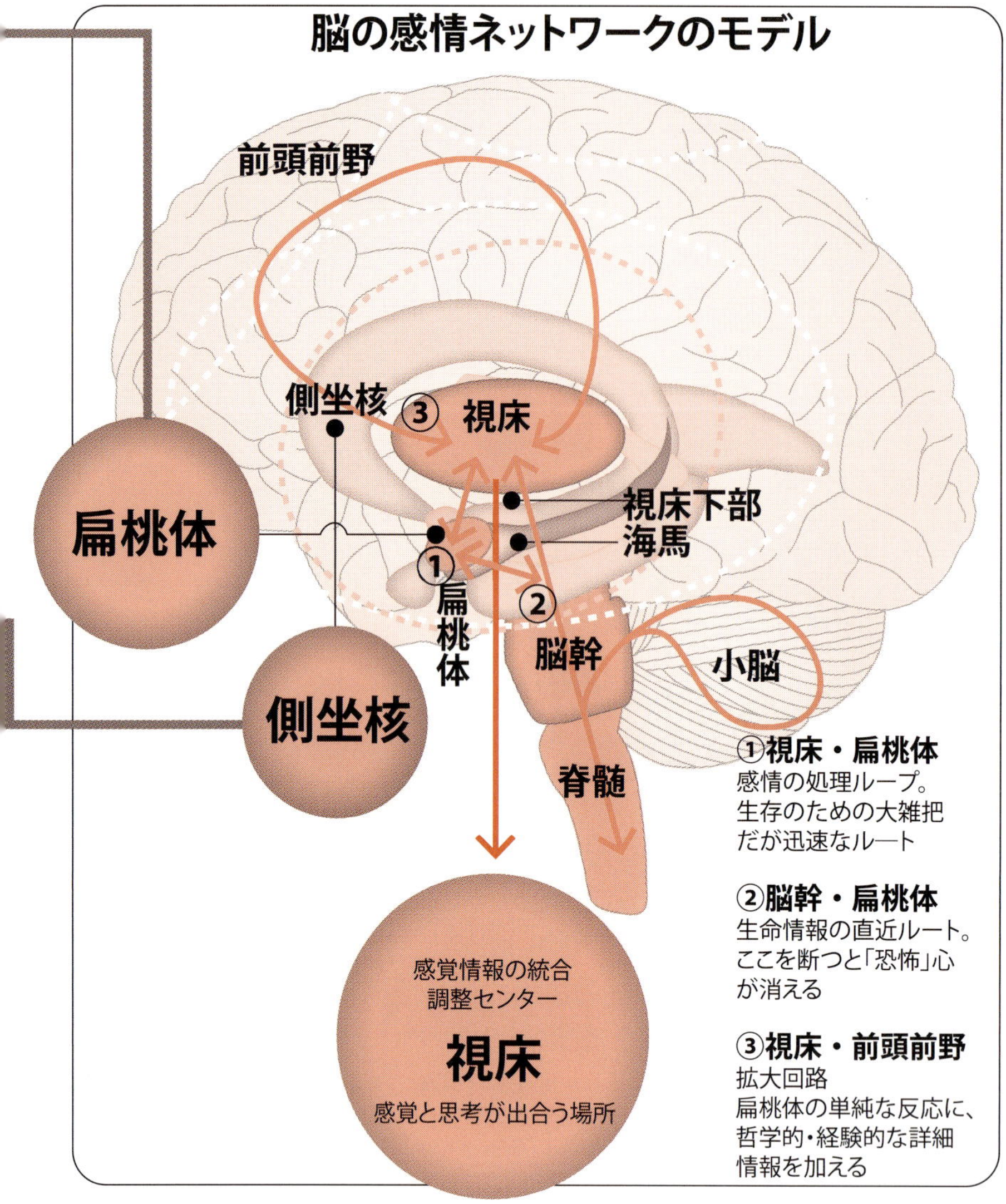
脳の感情ネットワークのモデル
前頭前野
側坐核
③
視床
視床下部
海馬
①
扁桃体
②
脳幹
小脳
脊髄
扁桃体
側坐核
感覚情報の統合
調整センター
視床
感覚と思考が出合う場所
①視床・扁桃体
感情の処理ループ。
生存のための大雑把
だが迅速なルート
②脳幹・扁桃体
生命情報の直近ルート。
ここを断つと「恐怖」心
が消える
③視床・前頭前野
拡大回路
扁桃体の単純な反応に、
哲学的・経験的な詳細
情報を加える

## 扁桃体は情動システムの中枢

例えば、草むらにヘビがいるのを見たら、驚いて心臓の鼓動が早くなり、反射的に飛びのいたり、叫んだりするものです。このとき脳内では何が起こっているのでしょう。

見たものの情報は、感覚情報を中継する視床《ししょう》を経て、大脳皮質《だいのうひしつ》で「ヘビ」として認識されます。しかし、体はそれよりも早く反応し、人は異常事態に気づきます。これは、視床から扁桃体《へんとうたい》へ、高速で情報が伝わるルートがあるためです。

脳内で情動《じょうどう》と深く関わるのが、この扁桃体です。扁桃体は、大脳の奥、大脳辺縁系《だいのうへんえんけい》にあり、海馬《かいば》や大脳皮質の記憶情報とも照合し、快か不快か、危険か安全かをいち早く判断。不快・危険であれば、即座に緊急事態モードに入り、視床下部《ししょうかぶ》に指令を出します。視床下部は、ストレスホルモンの分

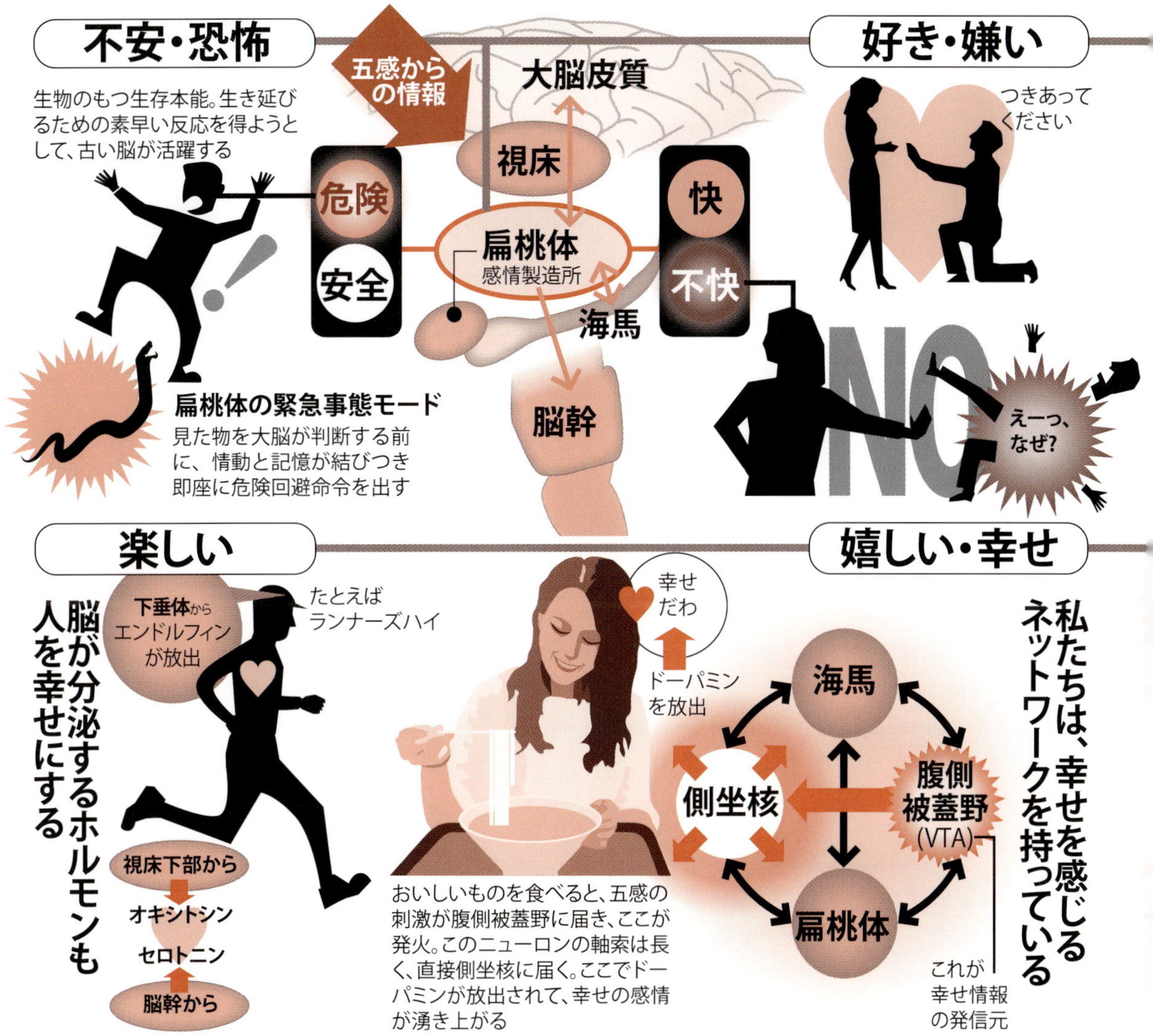
不安・恐怖
生物のもつ生存本能。生き延びるための素早い反応を得ようとして、古い脳が活躍する
五感からの情報
大脳皮質
視床
危険
安全
扁桃体
感情製造所
海馬
脳幹
扁桃体の緊急事態モード
見た物を大脳が判断する前に、情動と記憶が結びつき即座に危険回避命令を出す
好き・嫌い
つきあってください
快
不快
NO
えーっ、なぜ?
楽しい
脳が分泌するホルモンも人を幸せにする
下垂体からエンドルフィンが放出
たとえばランナーズハイ
視床下部から
オキシトシン
セロトニン
脳幹から
嬉しい・幸せ
幸せだわ
ドーパミンを放出
おいしいものを食べると、五感の刺激が腹側被蓋野に届き、ここが発火。このニューロンの軸索は長く、直接側坐核に届く。ここでドーパミンが放出されて、幸せの感情が湧き上がる
私たちは、幸せを感じるネットワークを持っている
海馬
側坐核
腹側被蓋野(VTA)
扁桃体
これが幸せ情報の発信元

泌や自律神経の反応を促し、その結果、心臓がドキドキしたり、血圧が上がったりします。この体の異常を大脳皮質が感知することで、人は反射的に逃げるという行動を起こします。このように、恐怖の情動は、生き延びるために必要な行動を早急に引き起こし、「怖い」という意識的な感情は、あとからじわじわと襲ってくるものです。

一方、快の情報を処理するのは、脳幹にある腹側被蓋野《ふくそくひがいや》と大脳の奥にある側坐核《そくざかく》です。おいしいものを食べる、好きな人に会う、といった快の情報を受けると、腹側被蓋野が反応し、側坐核に作用してドーパミンを放出させます。ドーパミンは、快感を生む神経伝達物質のひとつで、適度に増えると幸せな気持ちが生じます。快の情報は、情動中枢の扁桃体や記憶に関わる海馬も活性化させ、連携して幸福感を高めます。

また、長距離を走るうちに恍惚《こうこつ》感が高まる現象をランナーズハイといいますが、これはエンドルフィンによるものと考えられています。このほか、「幸せホルモン」と呼ばれるセロトニン、愛情を深めてくれるオキシトシンなども、快の感情を生み出す神経伝達物質です。

# 怒りと暴力を生み出す脳内回路に男性のほうがスイッチが入りやすいわけ

## 暴力を生むホルモンと抑えるホルモン

ある実験で、脳の特定の部位に電気刺激を与えたところ、被験者の男性は突然、抑制の効かない罵倒、攻撃行動を繰り返し、物理的な破壊行動まで始めました。刺激を中断して30秒で男性の怒りは収まり、むしろ自分の怒りの感情に驚いた様子でした。この男性の脳にある「怒りのネットワーク」が活性化された結果でした。

この脳内の回路は、左ページ上の図のように、視床下部《ししょうかぶ》、扁桃体《へんとうたい》、脳幹《のうかん》、そして前頭《ぜんとう》眼窩野《がんかや》で構成されています。前頭眼窩野とは、眼球のすぐ奥にある部位です。この回路は、p60で見た「感情」を生み出すネットワークとも重なります。この感情の回路が強く刺激されることで、被験者の男性は怒りの発作に襲われたのです。

怒りの回路は、男女ともに存在していますが、怒り・暴力行為が強く現れるのは男性です。その理由として、この回路（主として下垂体《かすいたい》と視床下部）からの指令で分泌される男性に特徴的なホルモンの働きが指摘されています。そのホルモンのひとつが、テストステロンです。このホルモンは女性でも卵巣《らんそう》で生成されますが、その量は男性の1割程度。男性の場合は睾丸《こうがん》でつくられ、男性ホルモンとも呼ばれるように、男らしさの身体特徴、精神作用を形成します。強靭《きょうじん》な筋肉と旺盛な闘争心は、いつの時代も理想の男性像の象徴でもありました。

しかし、男性ホルモンの過剰は犯罪につながるとする報告があります。アメリカで刑務所の受刑者の唾液に含まれるテストステロンの量を計測したところ、その量が多い人ほど暴力的な罪を犯していました。テストステロンは暴力だけではなく、支配欲にも関わっています。この刑務所の受刑者序列のトップのグループもまた、テストステロンのレベルが高かったのです。

怒りや暴力性に関与する、もうひとつのホルモンがあります。それは「幸せホルモン」とも呼ばれるセロトニンです。体内のセロトニンの90％以上は腸にあり、脳内にあるのは2％にすぎませんが、ノルアドレナリンやドーパミンの暴走を抑える重要な役割を担っています。

セロトニンと暴力の関係は、マウスの実験で確認されました。単独飼育されて孤独な雄のマウスは、通常よりもセロトニン量が減少します。このマウスはビクビク緊張し、わずかな刺激にも攻撃行動を示しました。しかし、脳内のセロトニン量を増加させると、攻撃行動が消えたのです。左ページ下に示したフィンランドでの調査のように、人間も同様に、セロトニンが少ないと暴力性が増すことが示唆されています。

# なぜ男性は女性より怒りっぽくて暴力的なのか

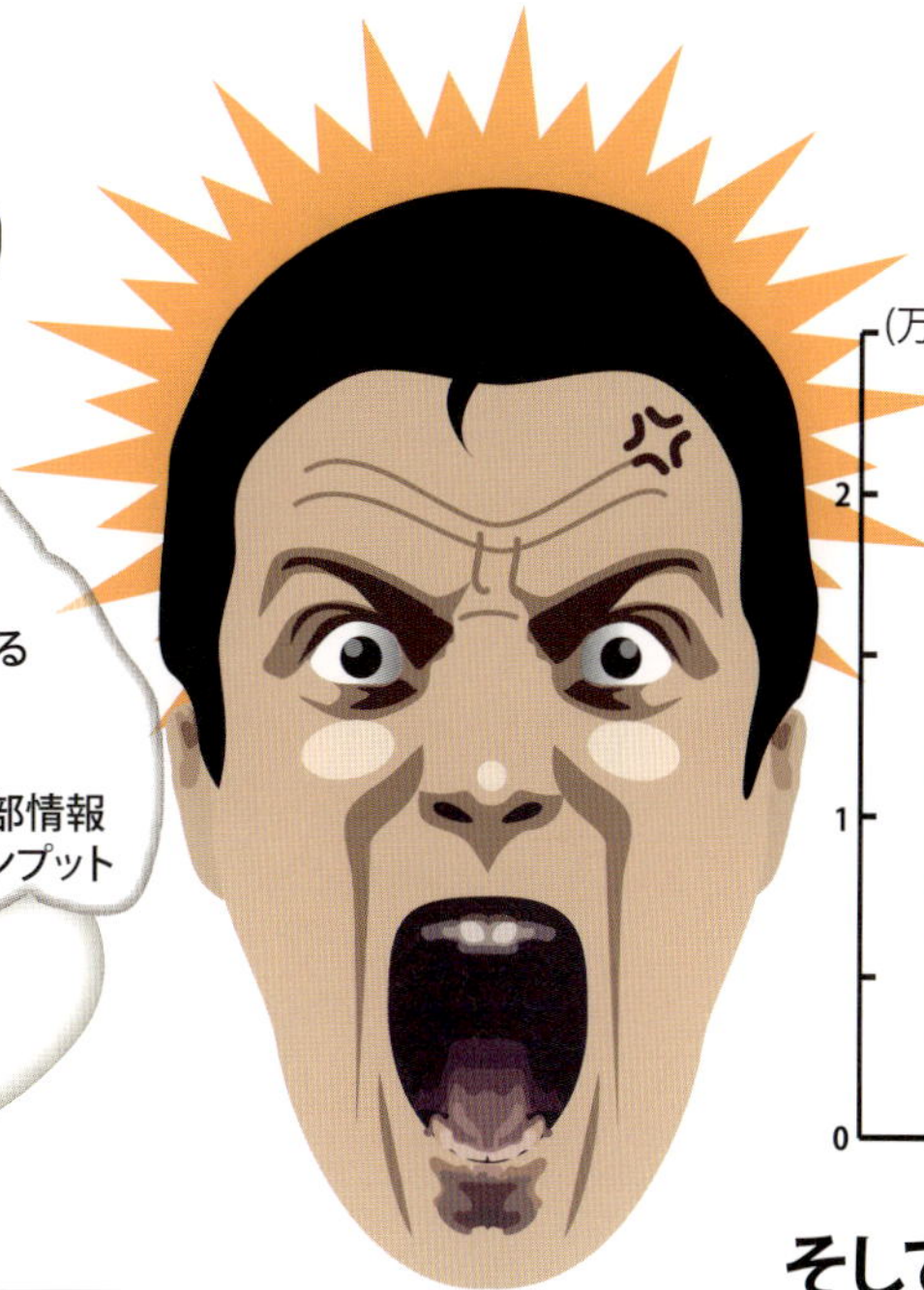

## 怒りのネットワーク

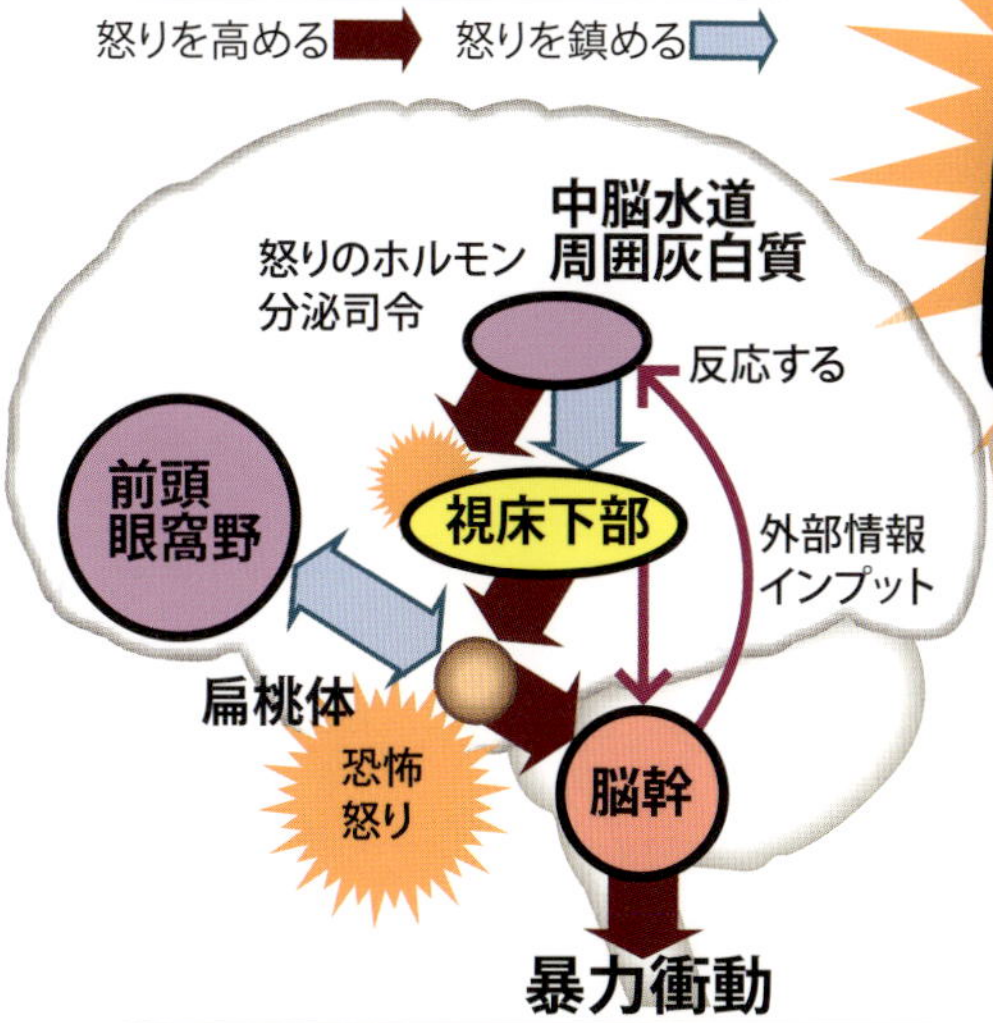

怒りを高める
怒りを鎮める
中脳水道周囲灰白質
怒りのホルモン分泌司令
反応する
前頭眼窩野
視床下部
外部情報インプット
扁桃体
恐怖 怒り
脳幹
暴力衝動


## 日本の刑務所の受刑者の10人に9人は男性だ

(万人)
2
1
0
男性20,643人
女性 2,112人


平成26年度犯罪白書より

## そして、こんなデータも

## 暴力事件で検挙された人の92%は男性だ

女性 8%
92%男性
検挙総数56,484 人


**男性検挙者の犯罪内訳**

| | |
|---|---|
| 殺人 | 889 |
| 強盗 | 2,773 |
| 傷害 | 23,417 |
| 暴行 | 20,324 |
| 恐喝 | 4,665 |
| 計 | 52,068人 |

平成19年犯罪白書より算出

## 男性が暴力的なのは男性ホルモン「テストステロン」のせい?

男らしさのホルモン
闘争と勝利のホルモン


テストステロンは男性らしさをつくるホルモン。これが、男性のもつ怒りと暴力につながることを示唆する実験結果が多数ある。男子のテストステロンは10歳から増え、14歳でピークを迎える

**男性受刑者の暴力行為は前頭前野と側頭葉の機能低下が原因**

**男性受刑者の暴力行為はセロトニンの代謝低下が原因**

## 怒りと暴力を抑制するセロトニン

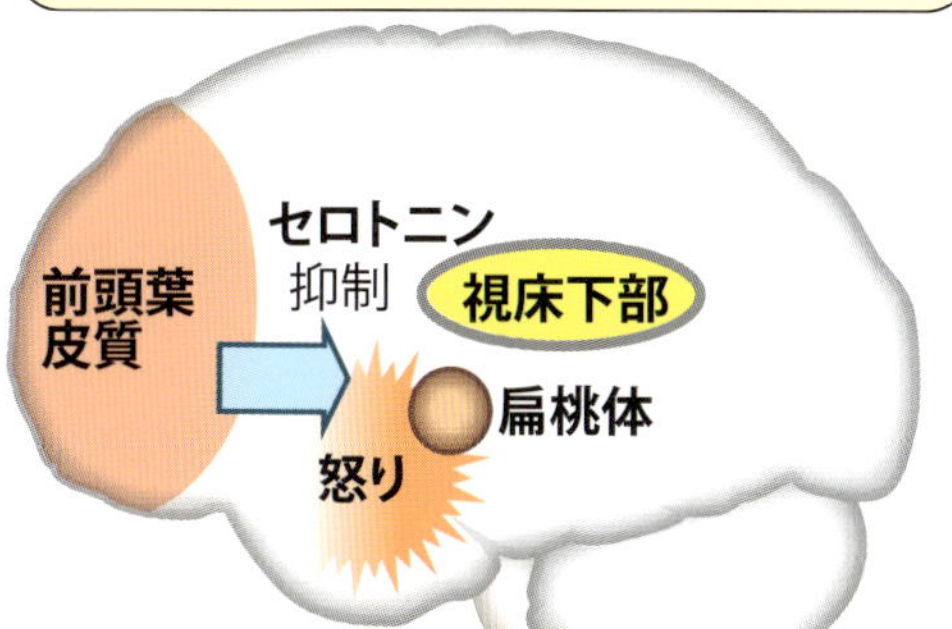

前頭葉皮質
セロトニン抑制
視床下部
扁桃体
怒り


フィンランドでの調査

殺人、殺人未遂による服役者35 人を調査。その多くにセロトニン代謝物の減少が認められ、セロトニンの減少と暴力との関係が示唆された

## アメリカでの調査では

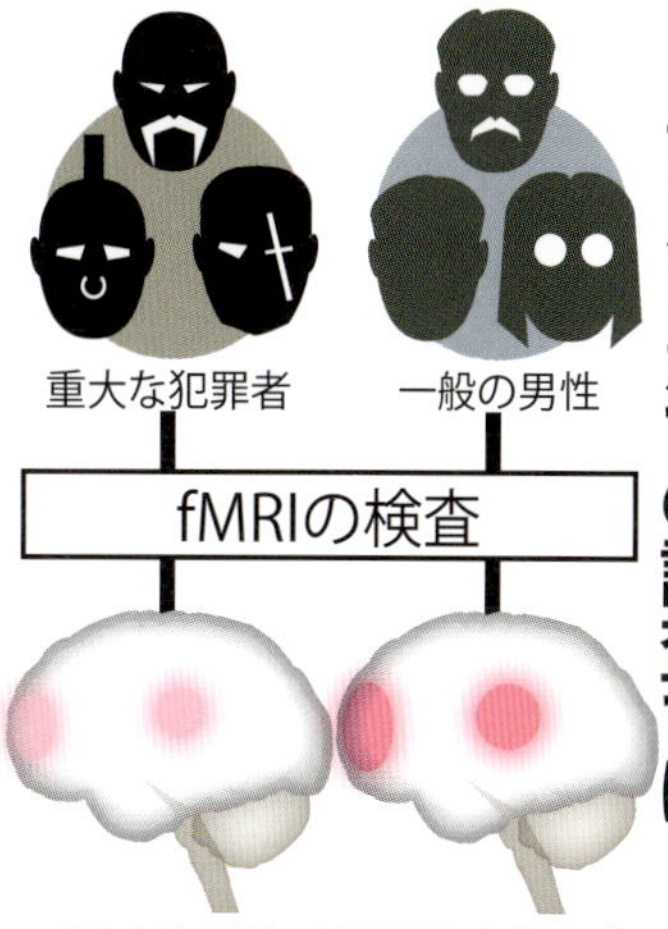

重大な犯罪者
一般の男性
fMRIの検査


犯罪者の脳の前頭前野と側頭葉で、明らかに血流量が少なく、グルコース代謝も低かった

# 人が体験した恐怖は、時を経ても PTSDとして人を苦しめ続ける

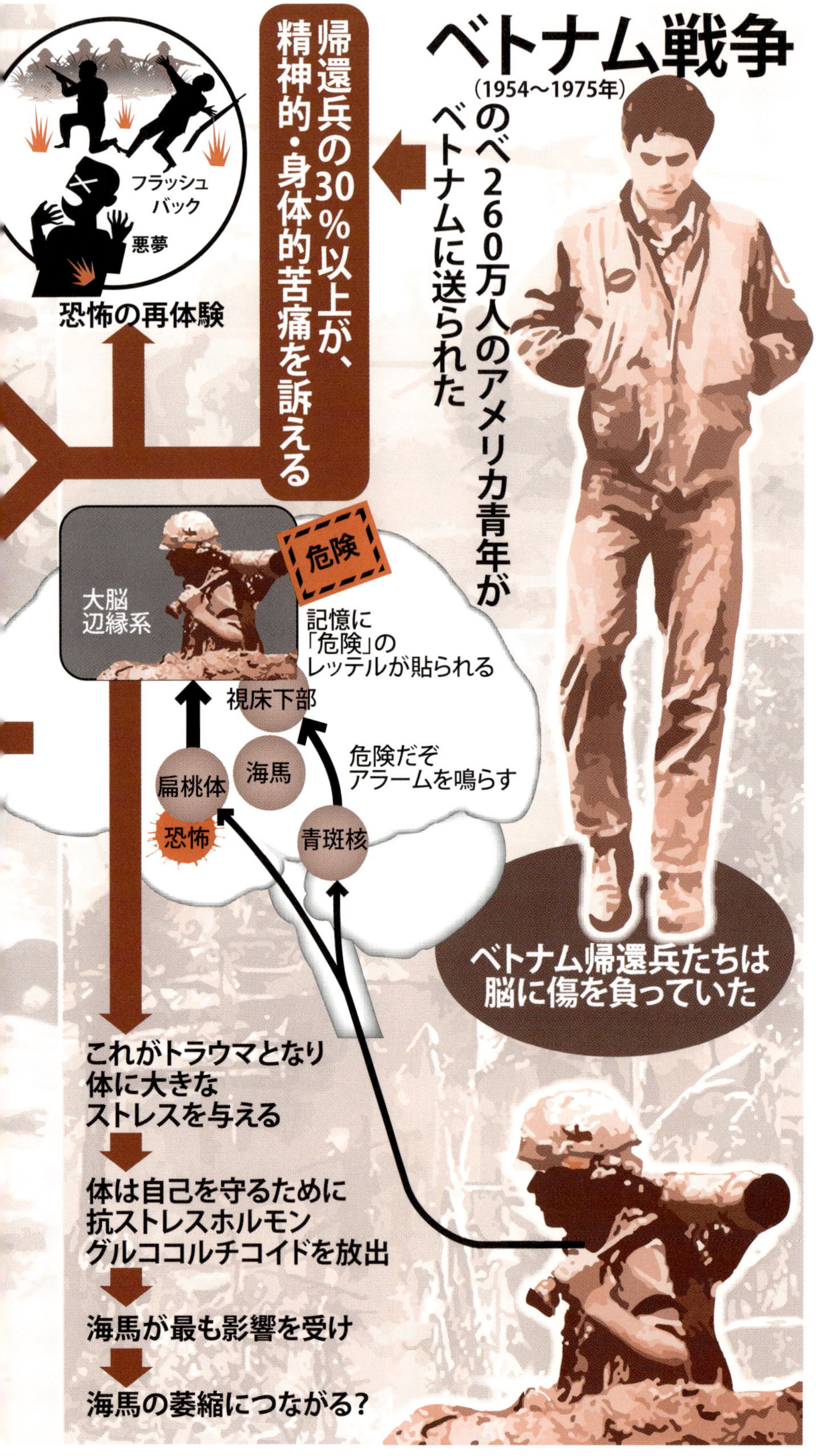

# １９８０年になりアメリカ精神医学会が初めてＰＴＳＤ（心的外傷後ストレス障害）を認定

## ベトナム戦争で発見されたＰＴＳＤ

阪神・淡路大震災や東日本大震災は、甚大な被害をもたらしたあと、多くの人に深い傷跡を残しました。心的外傷後《しんてきがいしょうご》ストレス障害、ＰＴＳＤと呼ばれる心の傷です。

ＰＴＳＤ（Post Traumatic Stress Disorder）とは、強烈な体験がトラウマ（心的外傷）になって生じる心身の障害を指します。ＰＴＳＤが「発見」されるきっかけとなったのは、１９５０年代に始まったベトナム戦争でした。約20年に及んだ戦争に、アメリカ軍はのべ２６０万の兵士を動員し、北ベトナムとの戦いにまさかの敗北を喫します。このあと社会問題となったのが、多くの帰還兵が訴えたストレス障害でした。

戦争によるストレス障害は、それ以前から知られていましたが、これを機にストレス研究が進み、１９８０年にアメリカ精神医学会の診断マニュアルに、初めてＰＴＳＤが診断名として記されるに至りました。

## ストレスは海馬を萎縮させる

ＰＴＳＤは、戦争のみならず、災害、事故、暴力など、つらい体験をしたあとに発症します。体験を突然鮮明に思い出す再体験症状。体験に関係する人や場所、状況から逃れようとする回避症状。再び同じことがあるのではないかと、常に緊張し、不眠などに陥る過覚醒症状。こうした症状が１カ月以上続くのが、ＰＴＳＤの特徴です。

恐怖の情動《じょうどう》は、通常は一時的なもので、恐怖の対象がなくなれば、情動が引き起こす心身の異常反応も収まります。ところが、ベトナム戦争終結から40年以上経っているにもかかわらず、帰還兵の約１割がいまだに症状を訴えているように、ＰＴＳＤ患者のストレス障害は長期化します。

その理由のひとつとして考えられているのが、海馬《かいば》の萎縮《いしゅく》です。患者の脳をＭＲＩで調べた複数の研究によると、海馬が小さくなっている傾向が見られたのです。ストレスがかかると、ホメオスタシスを維持するために、グルココルチコイドという副腎皮質ホルモンの分泌が増えます。ところが、ストレスが長期にわたると、ホルモン分泌が過剰となり、グルココルチコイドに最も反応する海馬が損なわれるのではないかと考えられています。

ただし、ＰＴＳＤになる以前との比較ができないため、もともと何らかの理由で海馬の体積が小さい人ほどＰＴＳＤになりやすいのではないか、との説もあります。

いずれにしても、海馬は記憶をつかさどる部位であり、ＰＴＳＤ患者に、短期記憶の機能障害が現れるのも、そのためだとされています。

# 鏡のように反応するミラーニューロン
# 他者と共感するネットワークの発見

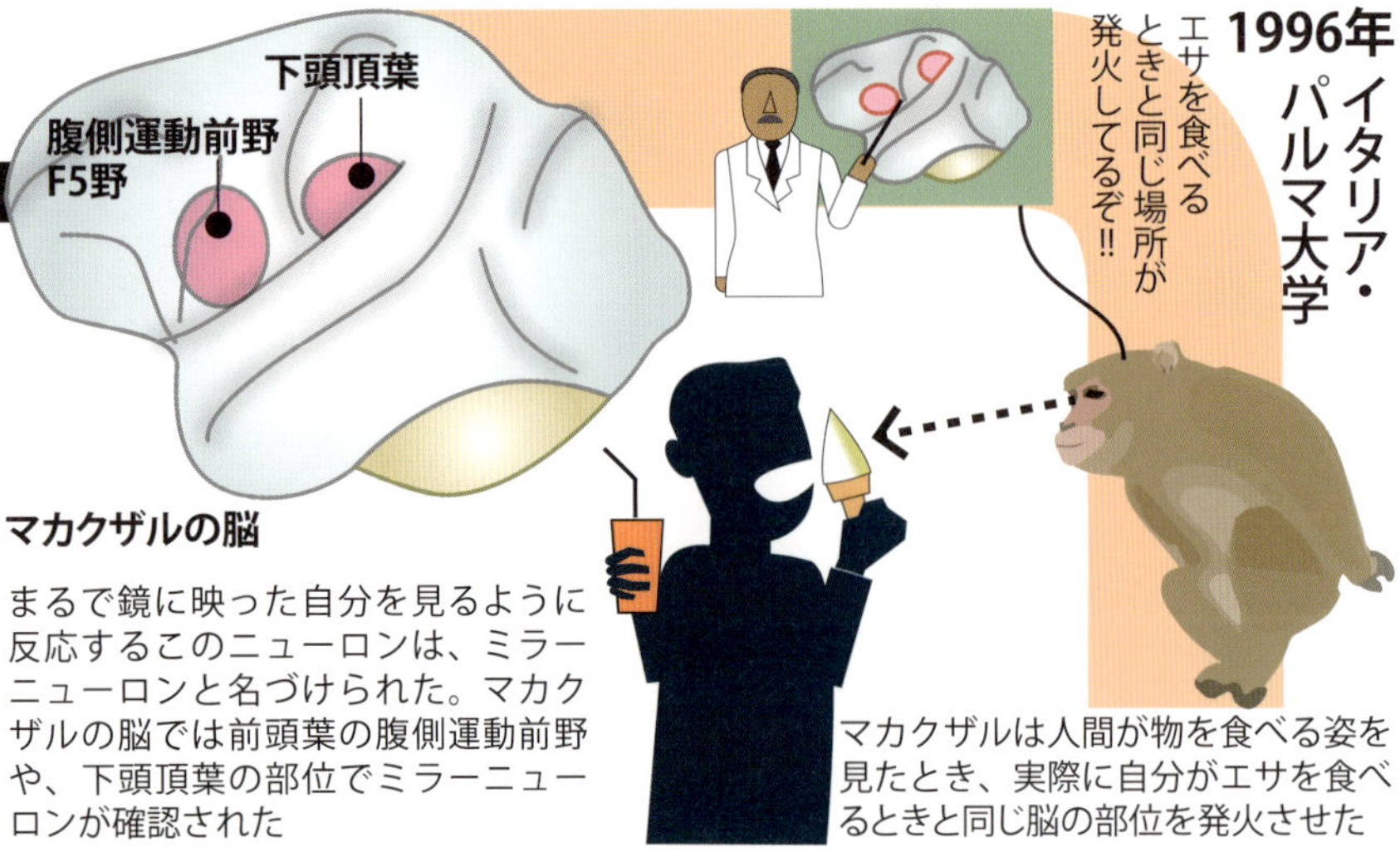
1996年 イタリア・パルマ大学
エサを食べるときと同じ場所が発火してるぞ!!
下頭頂葉
腹側運動前野
F5野
マカクザルの脳

まるで鏡に映った自分を見るように反応するこのニューロンは、ミラーニューロンと名づけられた。マカクザルの脳では前頭葉の腹側運動前野や、下頭頂葉の部位でミラーニューロンが確認された

マカクザルは人間が物を食べる姿を見たとき、実際に自分がエサを食べるときと同じ脳の部位を発火させた

## 他者の真似をする神経細胞

映画を見ていて、手に汗を握ったり、もらい泣きしてしまったりするのはなぜでしょう。自分自身はスクリーンを見ているだけなのに、登場人物と同じ体験をしているように感じ、気持ちまでわかってしまう。これは、脳が他者と自分を重ね合わせる力をもっているからかもしれません。

1996年、イタリアの神経生理学者リゾラッティらのグループが、マカクザルの動作と脳の関係を調べていたとき、偶然ある発見をしました。人が物を食べていると、それを見たサルの脳が、自分がエサを食べるときと同じ反応を示したのです。

このことから、リゾラッティは、他者の行動を見ただけで、それが何を意味するかを理解し、自分が体験しているときと同じように活性化する神経細胞《ニューロン》があるのではないかと考えます。そして、鏡のように他者の行動を脳内に再現する細胞を「ミラーニューロン」と名づけました。

サルの脳内でミラーニューロンが見つかったのは、前頭葉《ぜんとうよう》の腹側運動前野《ふくそくうんどうぜんや》にあるF5野と下頭頂葉《かとうちょうよう》（PFG野）でした。その後の研究により、人間の脳では、前頭葉の運動前野、下前頭回《かぜんとうかい》などにミラーニューロンがあることが示唆されています。

## 脳が生み出す他者への共感

ミラーニューロンは、別名「モノマネ細胞」とも呼ばれ、他者のすることを模倣する機能があると考えられています。どうやら脳内には、目で見た情報が、運動情報として変換されるネットワークがあるようです。子供が親のすることを見て真似る。スポーツ選手の動きを観察して、自分の脳内でシミュレーションする。こうした学習の

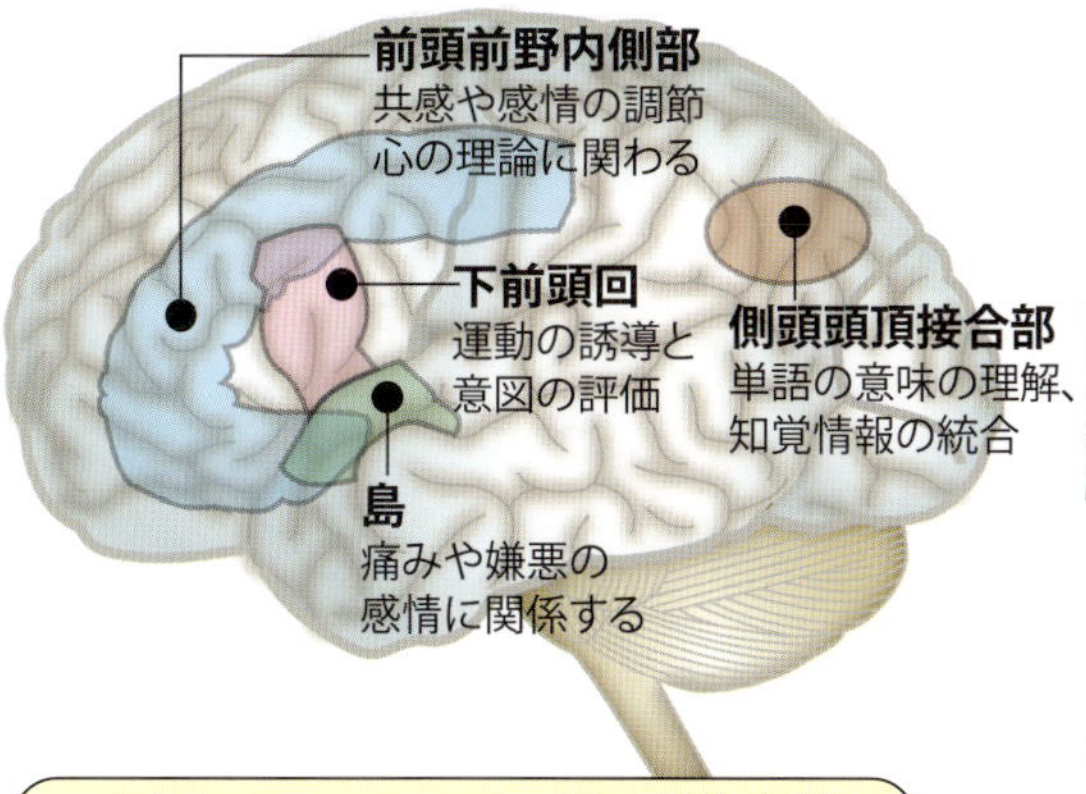

前頭前野内側部
共感や感情の調節
心の理論に関わる
下前頭回
運動の誘導と
意図の評価
側頭頭頂接合部
単語の意味の理解、
知覚情報の統合
島
痛みや嫌悪の
感情に関係する


## 1999年 人間の脳でも、ミラーニューロンのような働きがあった!!

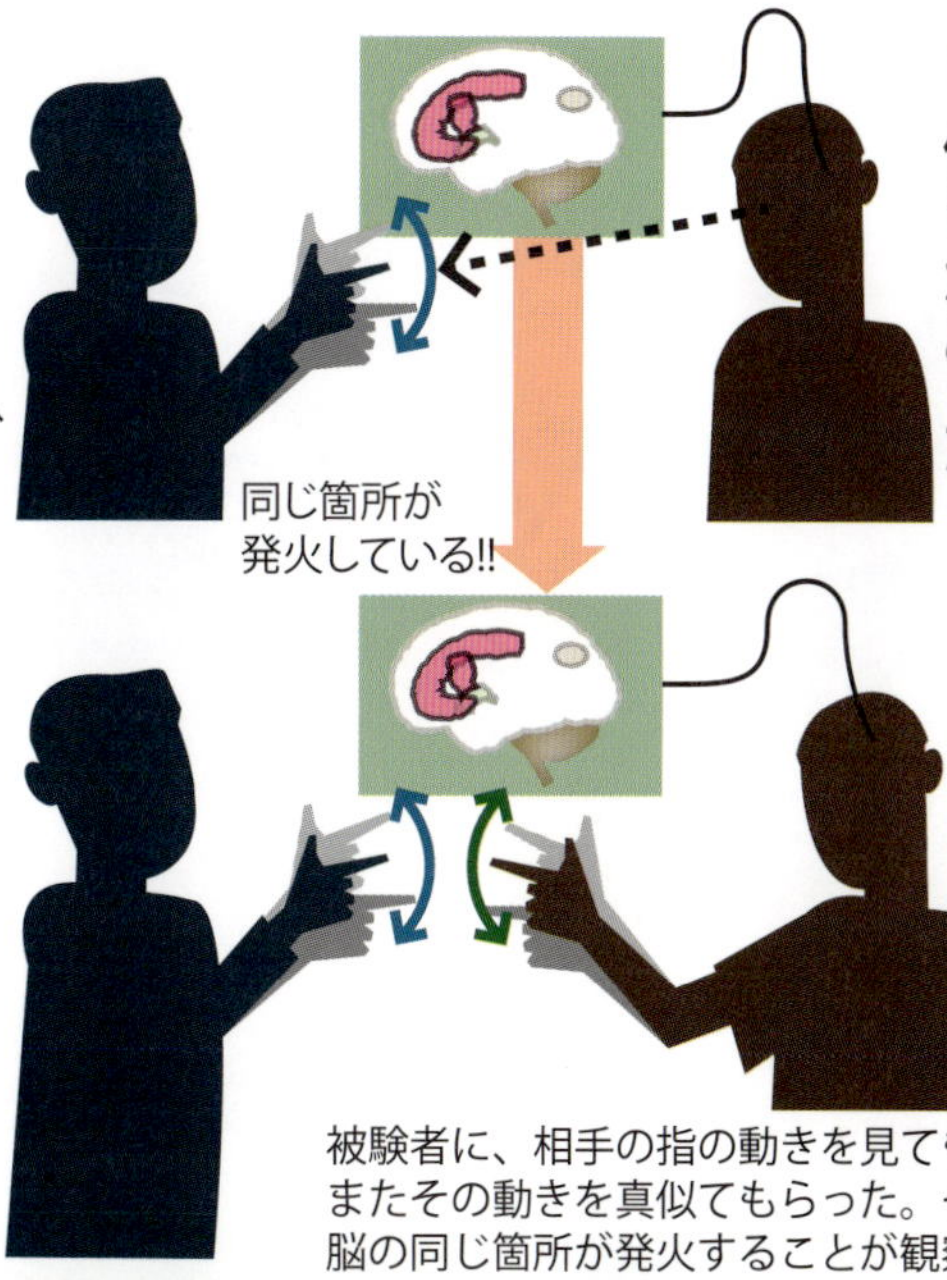

同じ箇所が
発火している!!


被験者に、相手の指の動きを見てもらい、
またその動きを真似てもらった。その両方で
脳の同じ箇所が発火することが観察された

**ミラーニューロン系の働きは**

この実験はfMRIで行われたので、ミラーニューロンそのものの発見には至っていない。しかし、マカクザルで発見された箇所とほぼ同じ領域で反応が見られたため、ミラーニューロン系と呼ばれる

**他者の行為を真似る能力**

**他者の心を推測する能力**

あっ、女性が
泣いている
僕まで悲しく
なってきた
なぐさめて
あげなくちゃ
もらい泣き


**自閉症との関係は**

自閉症の人は、このミラーニューロンの働きが弱いのではないかと考えられている。しかし、まだ不明な部分が多く、断定には至っていない

**コミュニケーションの基礎
他者への共感**

プロセスにも、ミラーニューロンが関係していると推測されています。

ミラーニューロンのもうひとつの機能は、他者の行動を理解することです。これは、相手の心を読むことでもあり、コミュニケーションに必要な他者への共感もここから生まれます。

人が泣いていると自分も悲しくなる。人が笑っていると、こちらまで嬉《うれ》しくなって笑ってしまう。こうした経験は誰しもあることでしょう。あるいは、人の怪我を見て、自分が怪我をしたかのように「痛い！」と声を上げてしまうこともあります。これも、他者の痛みが自分の痛みとして、脳内で再現されるためだと考えられます。

ミラーニューロンにはまだ解明されていないことが多いのですが、他者への共感を生み出すメカニズムに大きく関与するため、近年ではコミュニケーション障害との関連性に注目が集まっています。例えば、他者の気持ちを理解したり、共感したりする能力が弱い自閉症《じへいしょう》スペクトラムは、ミラーニューロンシステムの機能障害によるものではないかともされています。これについては、p72で解説していきます。

# 妄想と孤立に悩む統合失調症は神経伝達に異常がある？

## 統合失調症の2つの症状　現実と空想との境界が崩壊する

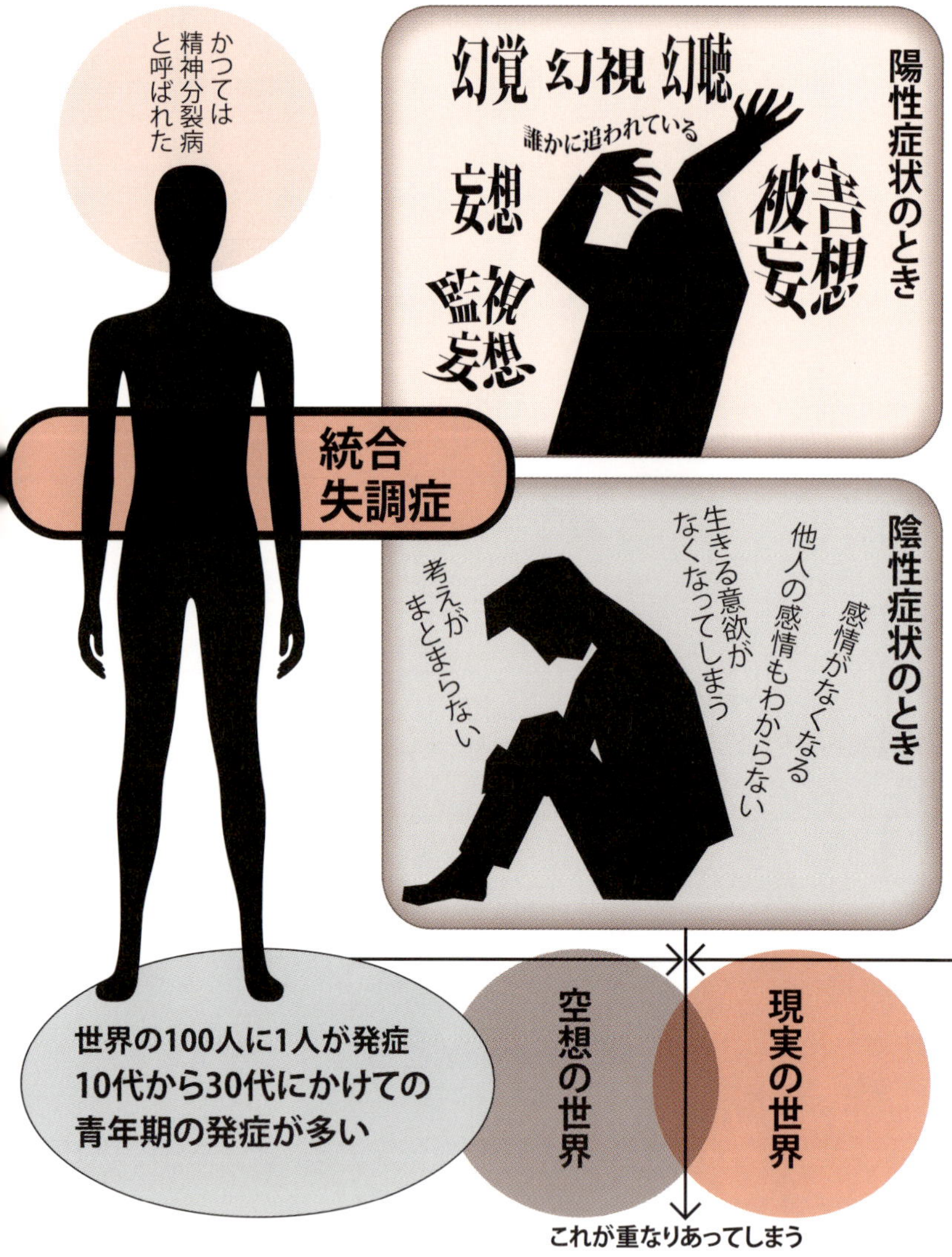
陽性症状のとき
幻覚
幻視
幻聴
誰かに追われている
妄想
被害妄想
監視妄想
陰性症状のとき
感情がなくなる
他人の感情もわからない
生きる意欲がなくなってしまう
考えがまとまらない
かつては精神分裂病と呼ばれた
統合失調症
世界の100人に1人が発症
10代から30代にかけての青年期の発症が多い
現実の世界
空想の世界
これが重なりあってしまう

### ドーパミン仮説とグルタミン酸仮説

脳科学の進歩によって、心の病も脳の病のひとつとして、とらえ直されるようになりました。代表的な精神疾患のひとつ、統《とう》合失調症《ごうしっちょうしょう》も、脳内に何らかの原因があるのではないかと考えられています。

統合失調症には、陽性症状と陰性症状という相反する症状があり、人によって症状の現れ方が異なります。陽性症状は、「誰かに見張られている」「悪口を言われている」といった妄想や幻覚、幻聴を伴います。一方の陰性症状は、感情や気力がなくなり、引きこもったり、身の回りのことに無頓着になったりします。このように二面性があるため、かつては精神分裂病と呼ばれていましたが、現在では、思考や行動を統合する能力が失われるという意味で、統合失調症と呼ばれています。

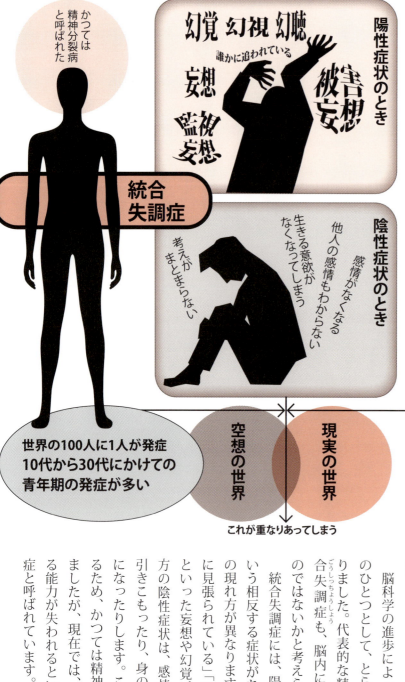

# 発症の原因と考えられる、いくつかの説と研究

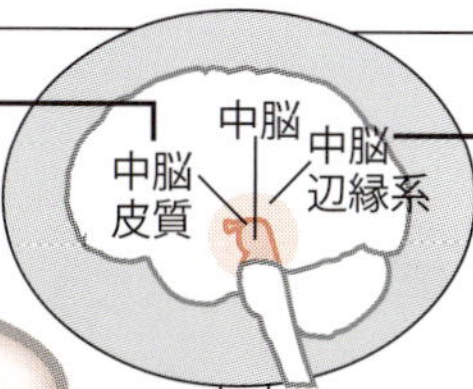

中脳
皮質
中脳
中脳
辺縁系


## ドーパミン仮説

ドーパミン過剰が原因

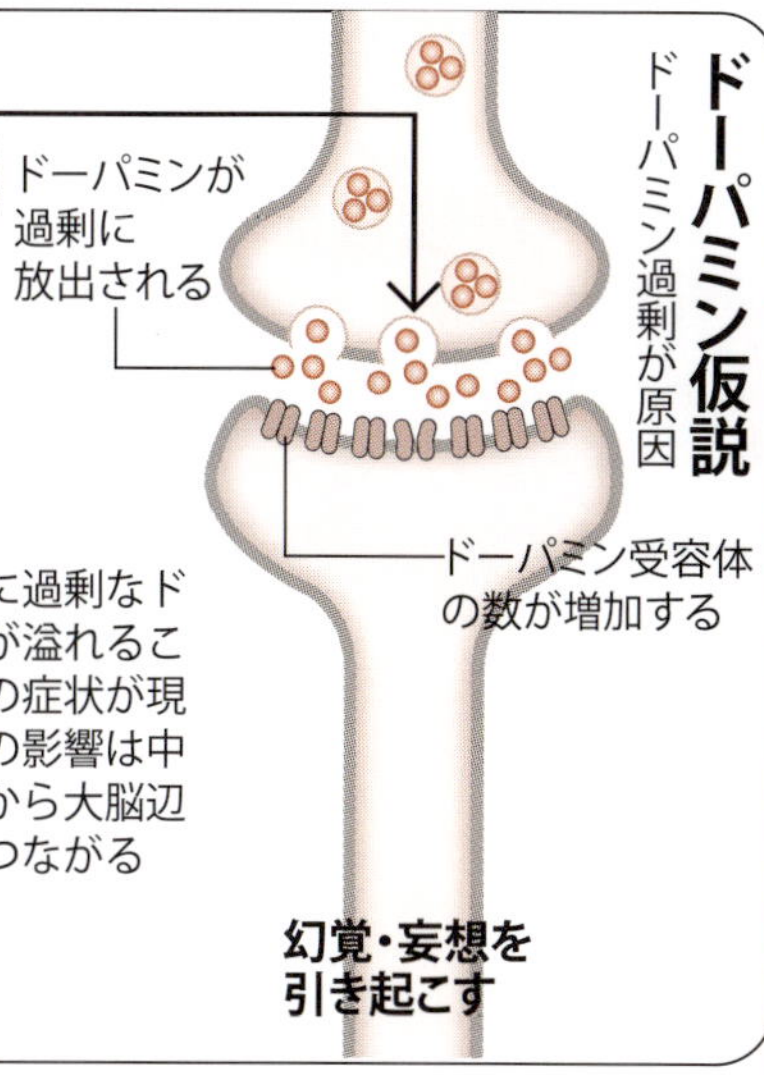

ドーパミンが
過剰に
放出される
ドーパミン受容体
の数が増加する
幻覚・妄想を
引き起こす


シナプスに過剰なドーパミンが溢れることで陽性の症状が現れる。この影響は中脳辺縁系から大脳辺縁系にもつながる

## グルタミン酸仮説

グルタミン酸の減少が原因

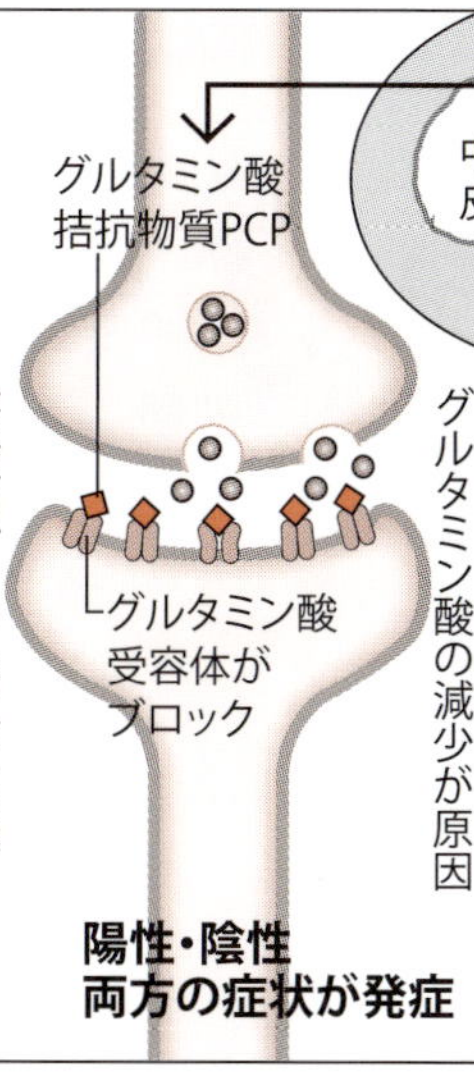

グルタミン酸
拮抗物質PCP
グルタミン酸
受容体が
ブロック
陽性・陰性
両方の症状が発症


1970年代にアメリカで、フェンサイクリジン(PCP)という薬物が、幻覚や妄想を引き起こし、この症状が統合失調症とよく似ていた。研究の結果PCPは、シナプスでのグルタミン酸の取り込みを阻害することがわかり、統合失調症の原因がグルタミン酸の不足とする説が誕生した

## 原因遺伝子の研究も行われている

### 自閉症スペクトラムと統合失調症には、生物学的な発症メカニズムが共通する？

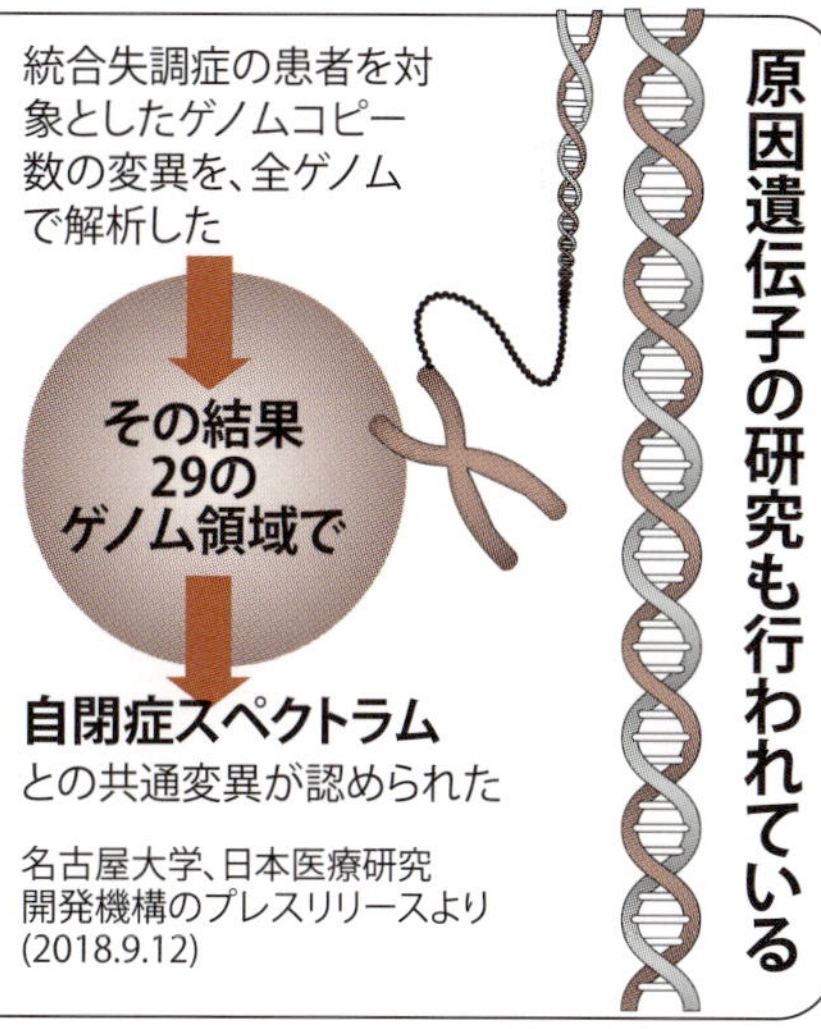

統合失調症の患者を対
象としたゲノムコピー
数の変異を、全ゲノム
で解析した
その結果
29の
ゲノム領域で
自閉症スペクトラム
との共通変異が認められた


名古屋大学、日本医療研究開発機構のプレスリリースより(2018.9.12)

## iPS細胞研究

統合失調症のニューロン異常を発見

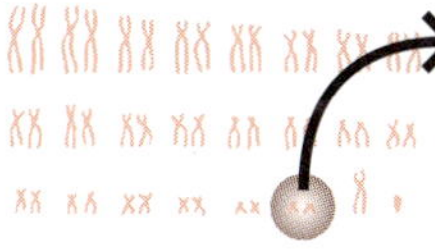

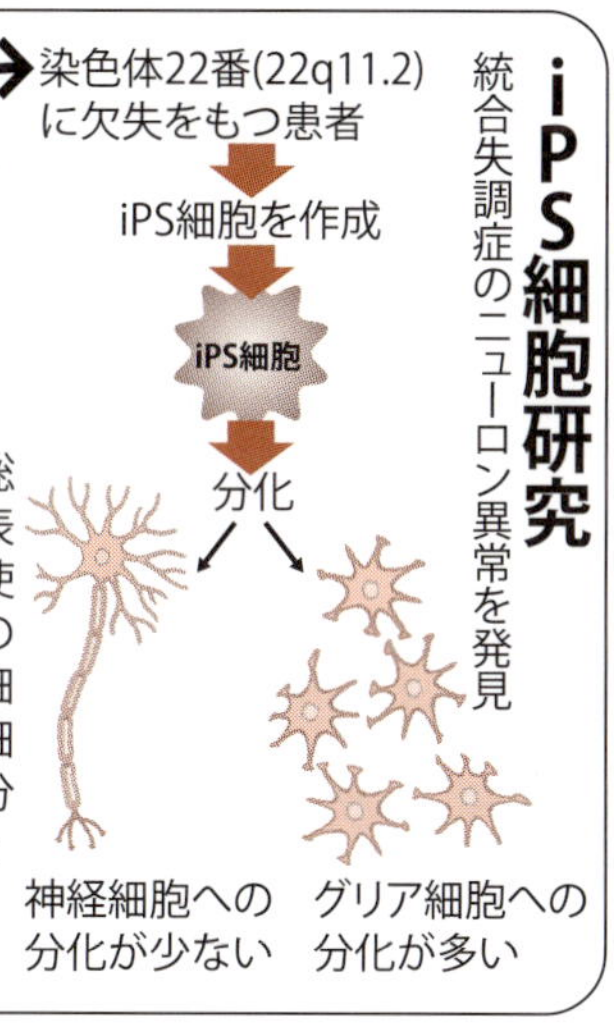

染色体22番(22q11.2)
に欠失をもつ患者
iPS細胞を作成
iPS細胞
分化
神経細胞への
分化が少ない
グリア細胞への
分化が多い


理化学研究所脳科学総合研究センターの発表によると、iPS細胞を使い、統合失調症患者の神経細胞において、細胞の分化の際、神経細胞とグリア細胞への分化に異常が認められた

発症の原因は、まだ解明されていませんが、脳内の神経伝達物質に原因を求める説が2つあります。ひとつは、ドーパミン仮説です。ドーパミンには気持ちを高揚させる働きがあり、過剰に放出されることによって統合失調症の陽性症状が現れると考えられています。ドーパミンの働きを抑える薬剤が、統合失調症の治療に効果を示すことが、それを裏付けています。

もうひとつは、グルタミン酸仮説です。1970年代のアメリカで、市中に出回ったフェンサイクリジンという薬物の乱用が、統合失調症によく似た陽性・陰性両方の症状を引き起こし、社会問題となりました。研究の結果、この薬物はグルタミン酸受容体を阻害して、グルタミン酸の機能を低下させることが判明。統合失調症も、同様にグルタミン酸の機能不全によって発症するのではないかと考えられています。

このほか遺伝子レベルでの研究も進められており、特定の遺伝子の欠失が、統合失調症と関係する可能性も示されています。しかし、原因は、ひとつではなく、環境、ストレスなど複数の要因が重なって発症するという考え方が有力です。

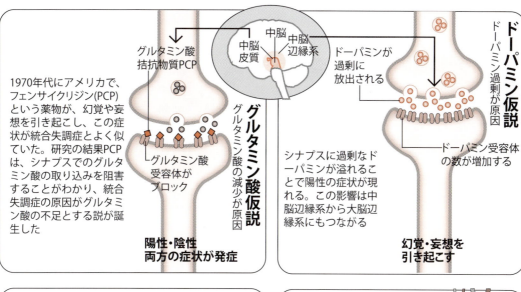

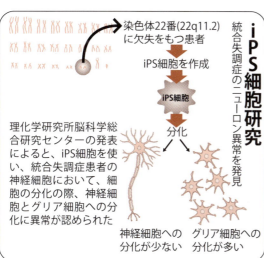

# うつ病と双極性障害を引き起こす モノアミン系神経伝達物質の調整不良

## 気分の浮き沈みを生み出す脳

現在、世界で最も深刻な精神疾患《せいしんしっかん》とされているのが、うつ病です。全世界の患者数は3億人以上。年間約80万人が、うつ病が原因で自殺を遂げており、深刻な事態として各国で対策が講じられています。

うつ病は、気分や感情が著しく変化する気分障害のひとつです。気分が落ち込んで、何もしたくない、何にも興味がもてない、といった症状が長く続き、しばしば不眠や食欲不振を伴います。このうつ状態と、それとは反対にテンションが高すぎる躁《そう》状態が交互に現れる気分障害を、双極性《そうきょくせい》障害といいます。

気分障害が生じる原因として唱えられているのが、モノアミン仮説です。モノアミンとは、セロトニン、ノルアドレナリン、ドーパミンなど、気分や感情に関係する神

双極性障害
気分障害の、うつ状態と、逆の高揚感を伴う躁症状が繰り返し現れる

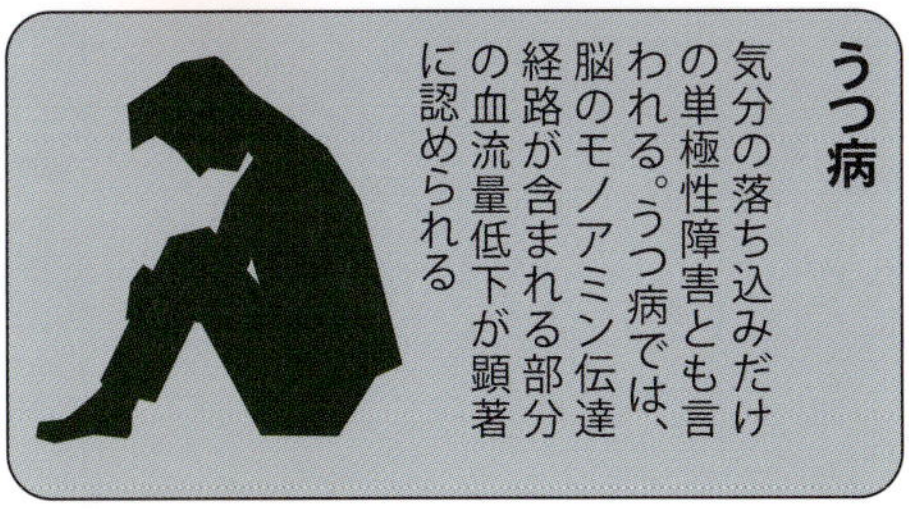
うつ病
気分の落ち込みだけの単極性障害とも言われる。うつ病では、脳のモノアミン伝達経路が含まれる部分の血流量低下が顕著に認められる

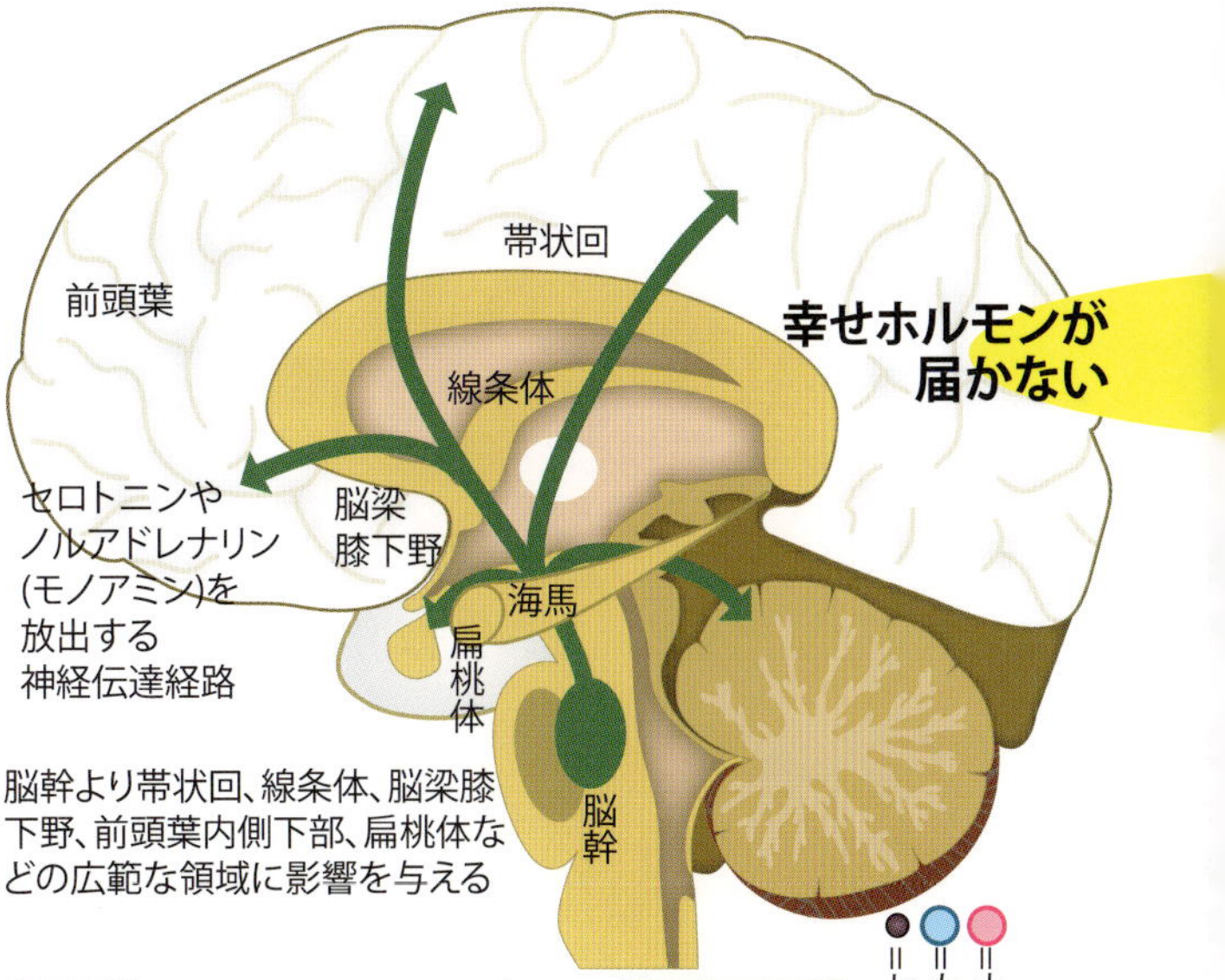
幸せホルモンが届かない
前頭葉
帯状回
線条体
脳梁膝下野
海馬
扁桃体
脳幹
セロトニンやノルアドレナリン(モノアミン)を放出する神経伝達経路
脳幹より帯状回、線条体、脳梁膝下野、前頭葉内側下部、扁桃体などの広範な領域に影響を与える

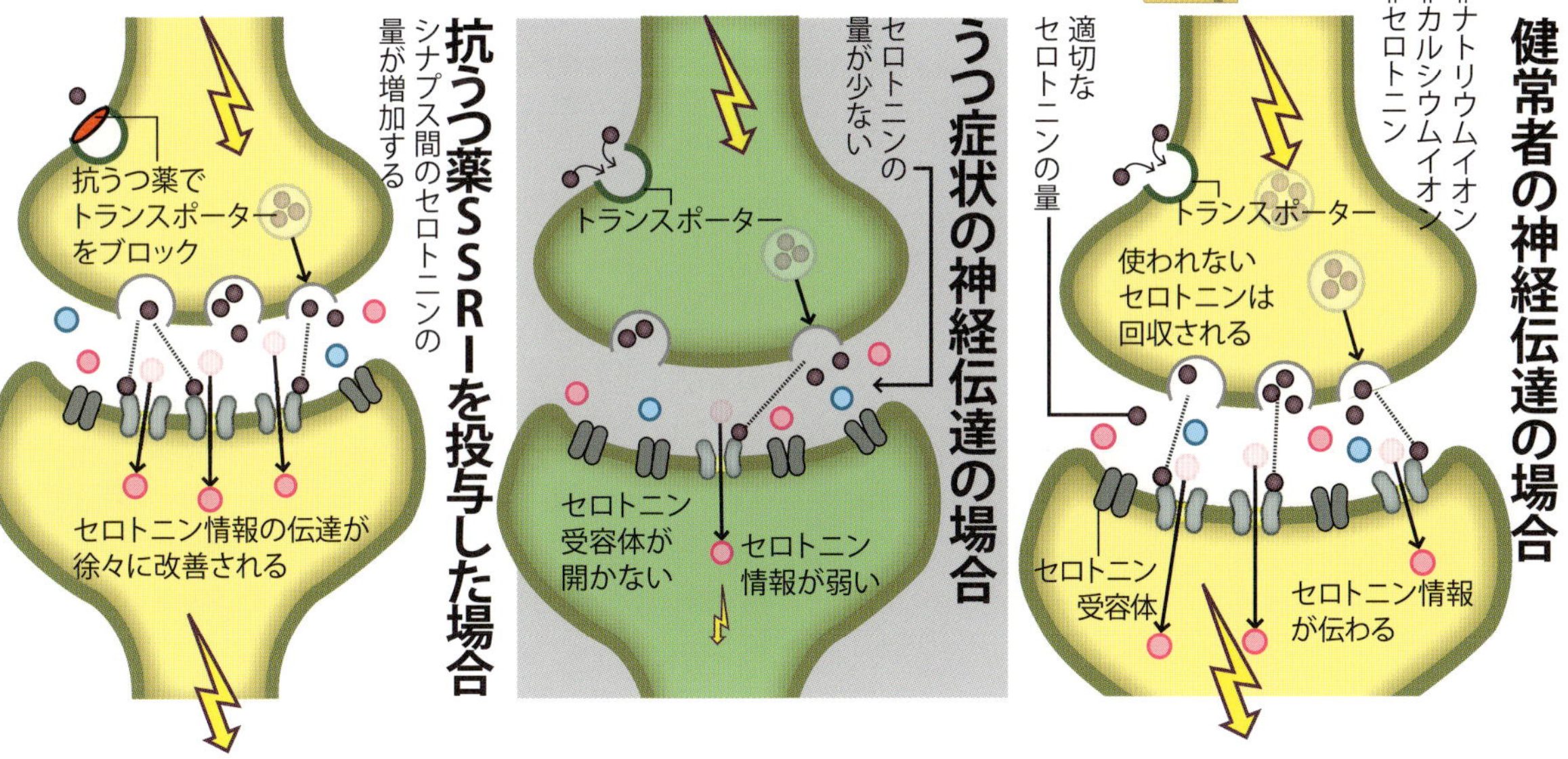
健常者の神経伝達の場合
=ナトリウムイオン
=カルシウムイオン
=セロトニン
適切なセロトニンの量
トランスポーター
使われないセロトニンは回収される
セロトニン受容体
セロトニン情報が伝わる
うつ症状の神経伝達の場合
セロトニンの量が少ない
トランスポーター
セロトニン受容体が開かない
セロトニン情報が弱い
抗うつ薬SSRIを投与した場合
シナプス間のセロトニンの量が増加する
抗うつ薬でトランスポーターをブロック
セロトニン情報の伝達が徐々に改善される

経伝達物質のこと。セロトニンは幸福感、ノルアドレナリンとドーパミンは意欲を高める働きがあります。これらが少なすぎるとうつ状態が、多すぎると躁状態が引き起こされるのではないかと考えられています。

　実際に、これらのモノアミン系神経伝達物質を調整するいくつかの薬剤が、うつ病治療に効果を上げています。なかでも、うつ病治療に最もよく使われているのが、選択的セロトニン再取り込み阻害薬（SSRI）と呼ばれるものです。

　セロトニンに限らず、神経伝達物質は、シナプスで放出されると、一部は受け取る側の神経細胞にある受容体に作用しますが、一部は残ってしまいます。上の図に示したように、残ったセロトニンは、膜タンパク質の一種、トランスポーターに速やかに回収（再取り込み）され、リサイクルされます。SSRIは、この回収システムを阻害し、セロトニンの量を増やすことで、うつ状態を改善しようとするものです。

　このほか様々な抗うつ薬がありますが、人によって効果の有無や副作用が異なるため、気分障害の治療では、個々人に合った治療薬を選ぶことが重要視されています。

# 人づきあいが苦手な自閉症スペクトラム 脳の機能不全がコミュニケーションを阻害

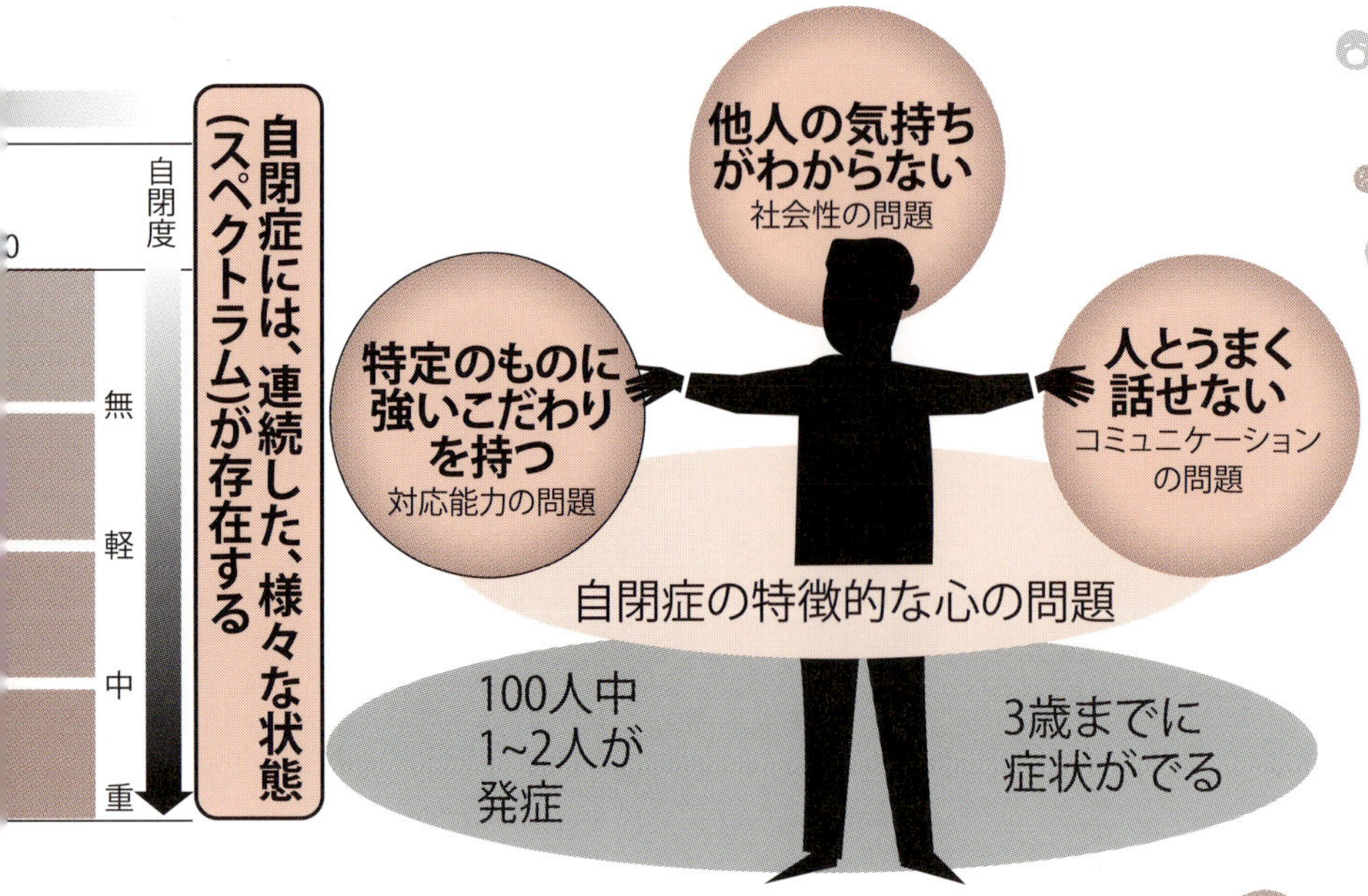
自閉症には、連続した、様々な状態(スペクトラム)が存在する
自閉度
無
軽
中
重
他人の気持ちがわからない
社会性の問題
特定のものに強いこだわりを持つ
対応能力の問題
人とうまく話せない
コミュニケーションの問題
自閉症の特徴的な心の問題
100人中1~2人が発症
3歳までに症状がでる

## 自閉症とアスペルガー症候群

近年、マスコミなどで発達障害について見聞きする機会が増えています。発達障害は、幼少期から学齢期にかけて露見することが多く、かつては生育環境やしつけに原因があるとされ、育児に悩む親たちを孤立させてもいました。しかし現在では、何らかの原因で脳の機能が阻害される脳の障害であることがわかっています。

発達障害には、自閉症《じへいしょう》、アスペルガー症《しょう》候群《こうぐん》、注意欠陥多動性《ちゅういけっかんたどうせい》障害、学習障害などがあります。ひとりで複数の障害をもつこともあり、人によって症状も程度も異なります。ここではまず、自閉症とアスペルガー症候群を総称する自閉症スペクトラム（ASD）について見ていきましょう。

自閉症というと、自分の殻に閉じこもる引きこもりのようなイメージをもたれがちですが、主な症状には次の3つがあります。

**①言語の発達が遅れ、人とコミュニケーションをとるのが苦手**

**②他者の気持ちが読みとりにくく、社会性に乏しい**

**③特定のものや行動に強いこだわりをもつ**

こうした症状が現れていても、知的な発達に遅れがないものは高機能自閉症、知能も言語も遅れを伴わないものは、アスペルガー症候群と呼ばれます。これらの線引きは難しく、現在では、自閉症の特徴をもつ発達障害を、重度から軽度まで境界のあいまいな連続体（スペクトラム）としてとらえる考え方が主流となっています。

## 原因は脳機能の活動不全

ASDを引き起こす脳機能異常のひとつとして考えられているのは、情動《じょうどう》に関わる扁桃体《へんとうたい》の活動不全です。相手の目を見ない、

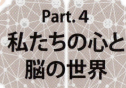

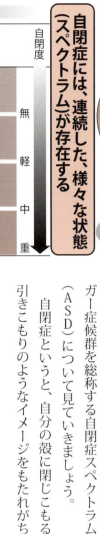

## 自閉症の原因のひとつとして、脳機能との関連が研究されている

### 自閉症とミラーニューロン系

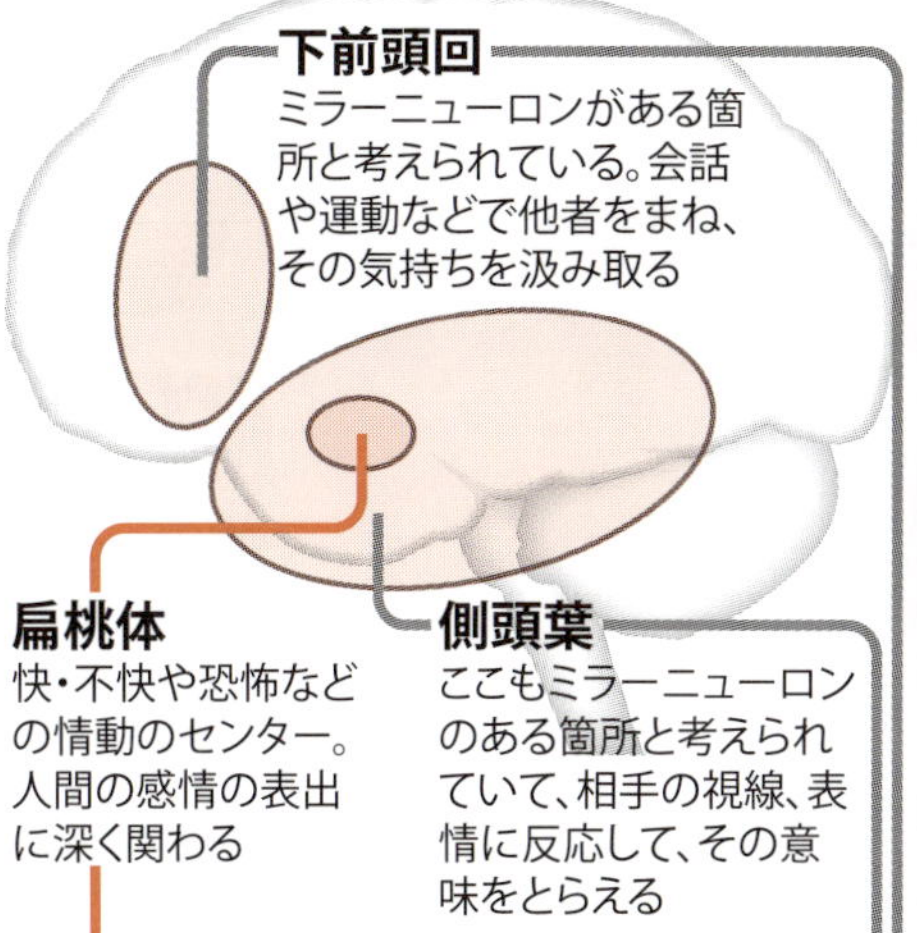

下前頭回
ミラーニューロンがある箇所と考えられている。会話や運動などで他者をまね、その気持ちを汲み取る
扁桃体
快・不快や恐怖などの情動のセンター。人間の感情の表出に深く関わる
側頭葉
ここもミラーニューロンのある箇所と考えられていて、相手の視線、表情に反応して、その意味をとらえる


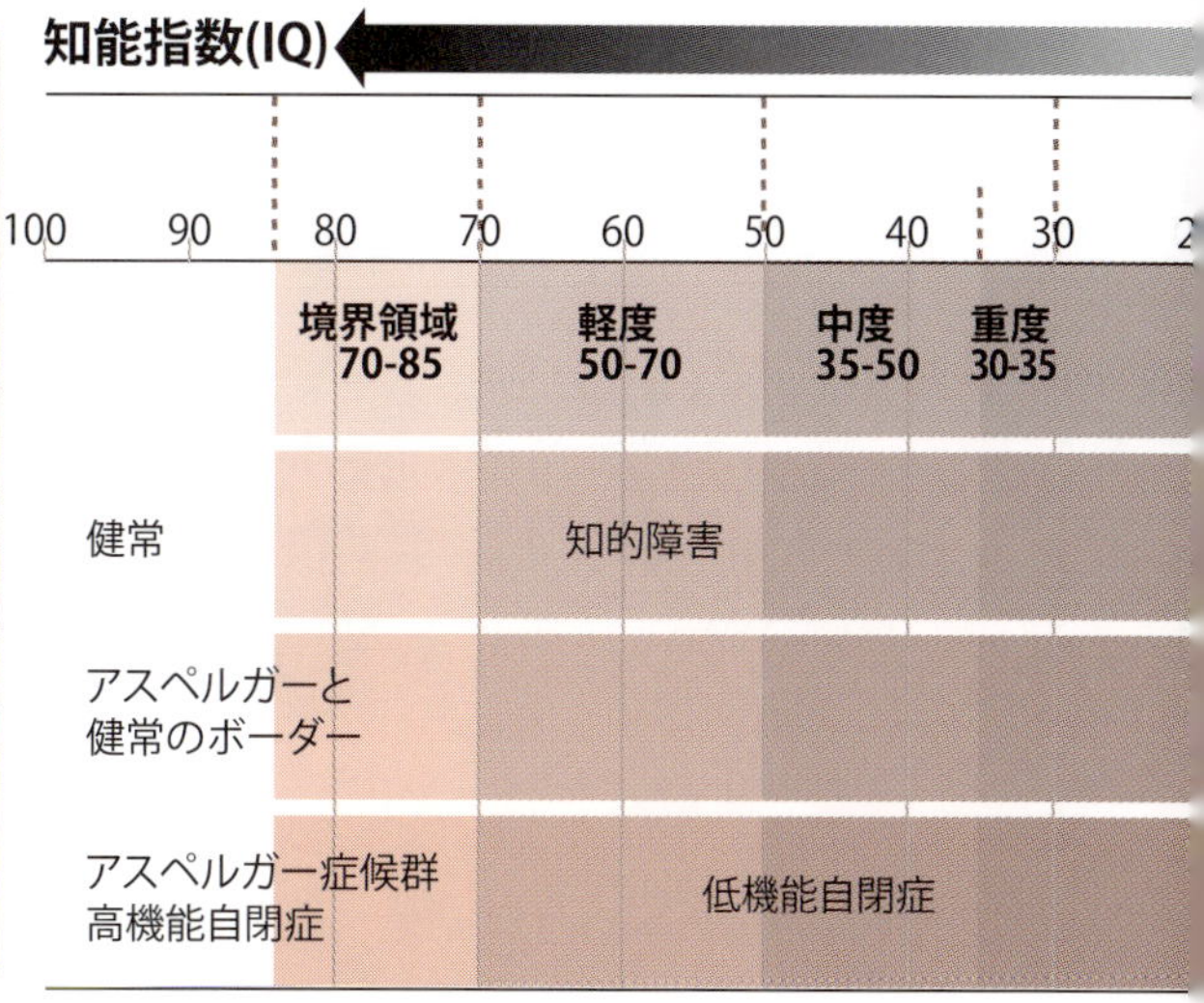

知能指数(IQ)
100
90
80
70
60
50
40
30
境界領域 70-85
軽度 50-70
中度 35-50
重度 30-35
健常
知的障害
アスペルガーと健常のボーダー
アスペルガー症候群 高機能自閉症
低機能自閉症


### 神経伝達物質の不足

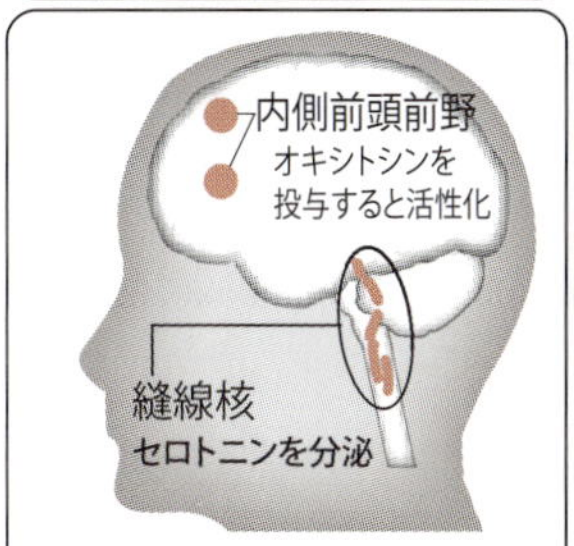

内側前頭前野
オキシトシンを投与すると活性化
縫線核
セロトニンを分泌


縫線核から分泌されるセロトニンの量が少ないとする説も。また他人への信頼を感じるオキシトシンも同様に少なく、内側前頭前野の活動低下との関連性が指摘されている

### ミラーニューロンの不活性化

自閉症の症状として、表情を通したコミュニケーション障害がある。ミラーニューロン系の不活性、連携の低下が原因との実験結果が発表されている

### 扁桃体の不活性

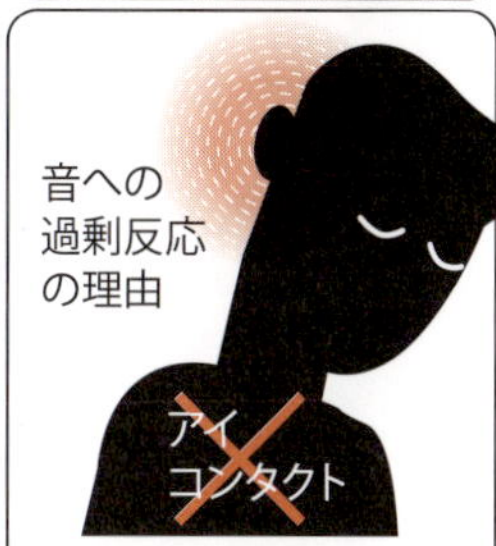

音への過剰反応の理由
アイコンタクト


相手の視線を避け、突発的な音に過剰に反応するのは、情動の認知をコントロールする扁桃体の活動不全が考えられている

### 現在は、脳機能に関しては9割が遺伝によると考えられている

自閉症に関して、以前は母親の育児法が原因と言われた時期があった。現在この自閉症母親原因説は、完全に否定されている

相手の感情が読みとれない、といった自閉症に典型的な症状は、扁桃体を損傷した人の症状によく似ています。そのため扁桃体には、視覚情報から感情を読みとって認知する機能があると考えられています。

また、他者の気持ちを読み取って、コミュニケーションをとるのが苦手なのは、ミラーニューロン（p66～67）が機能していないからだとする説もあります。fMRIを使った研究では、自閉症患者は、ミラーニューロンがあるとされる下前頭回《かぜんとうかい》（前頭葉《ぜんとうよう》の一部）、上側頭溝《じょうそくとうこう》（側頭葉《そくとうよう》の一部）の活動が弱いという結果が示されています。

このほか、神経伝達物質との関連性を指摘する説もあります。ひとつは、ASDでは、脳幹《のうかん》にある縫線核《ほうせんかく》の活動低下により、安心感を促すセロトニンが減少しているというもの。もうひとつは、他者との信頼関係を高めるオキシトシンとの関連性です。東京大学の実験では、ASDは、他者との交流にも関与する内側前頭前野《ないそくぜんとうぜんや》の活動が弱いことが判明。オキシトシンを投与したところ、内側前頭前野が活発化し、コミュニケーション障害が改善されたことから、オキシトシンの有効性が注目されています。

# 注意欠陥多動性障害と学習障害も脳機能のトラブルから起きている

注意欠陥多動性障害（ADHD）
注意欠陥
多動症
衝動性
学齢期の子供の3～7%がADHDといわれる
きゃあーっ
ガターン
ガタガタ
ウロウロ
ソワソワ
あっ、ハエだ
あっ、鳥だ

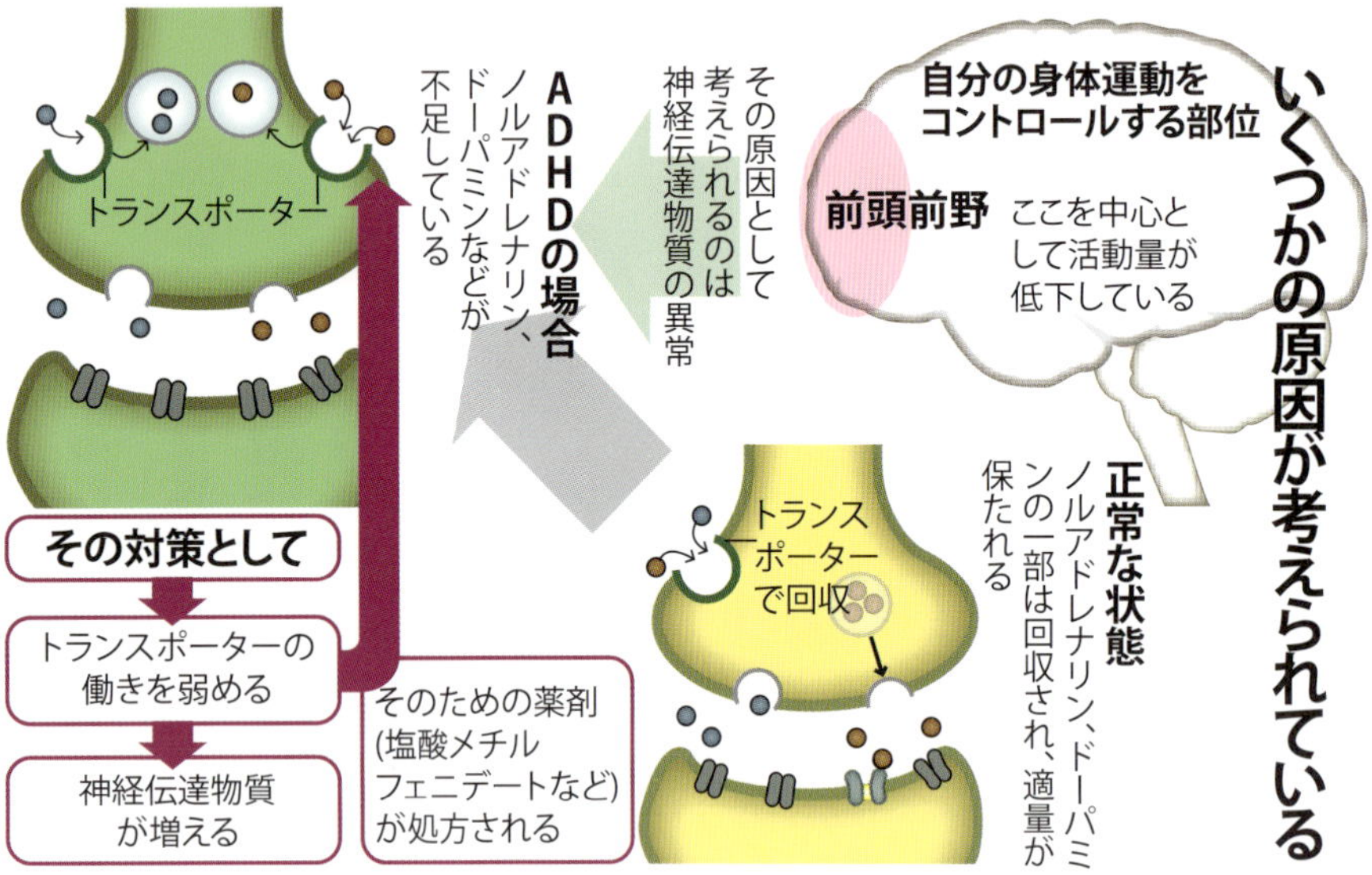
いくつかの原因が考えられている
自分の身体運動をコントロールする部位
前頭前野
ここを中心として活動量が低下している
正常な状態
ノルアドレナリン、ドーパミンの一部は回収され、適量が保たれる
トランスポーターで回収
その原因として考えられるのは神経伝達物質の異常
ADHDの場合
ノルアドレナリン、ドーパミンなどが不足している
トランスポーター
その対策として
トランスポーターの働きを弱める
神経伝達物質が増える
そのための薬剤（塩酸メチルフェニデートなど）が処方される

## ADHDは神経伝達物質が不足

自閉症《じへいしょう》スペクトラム以外の発達障害として、ここでは注意欠陥《ちゅういけっかん》多動性《たどうせい》障害（ADHD）と学習障害（LD）をとりあげます。

ADHDは、その名のとおり、注意力に乏しく、落ち着きなく動き回り、思いつくと衝動的に行動するのが特徴です。多くは学齢期に発症し、学校でトラブルを起こしてしまうことも少なくありません。

原因として考えられているのは、やる気や快感を生む神経伝達物質、ドーパミンやノルアドレナリンが不足していること。一般のイメージでは、ドーパミンが多すぎて、興奮して多動になるように思われがちですが、実は逆なのです。健常者は、ドーパミンが増加すると、やる気がわいて集中力が持続します。しかし、ADHDでは、ドーパミンが少ないため、やる気や関心がもて

## 学習障害（LD）

知能は普通なのに、なぜ文字が書けないんだ!!
どうして、こんな簡単な計算ができないんだ!?
その子たちを責めないで、脳のトラブルなんだから

**学習障害の定義**（文部科学省による）
知的障害がないにも関わらず「聞く、書く、読む、話す、計算する、推論する」能力のうち、特定の能力の習得と使用が困難な状態。
日本人の約1～2%がこの障害をもつ

### 発達性ディスレクシア（DD）

音（読み）と文字を結びつけ、意味を認識するのが苦手

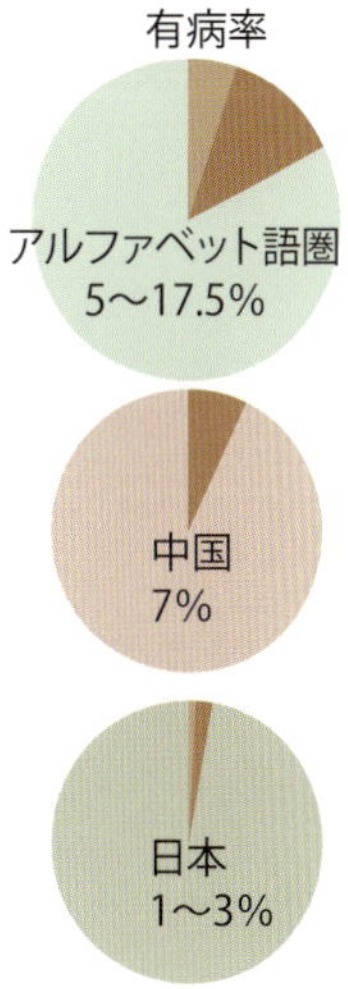
有病率
アルファベット語圏
5～17.5%
中国
7%
日本
1～3%

### 言語によって機能不全が疑われる部位が違う

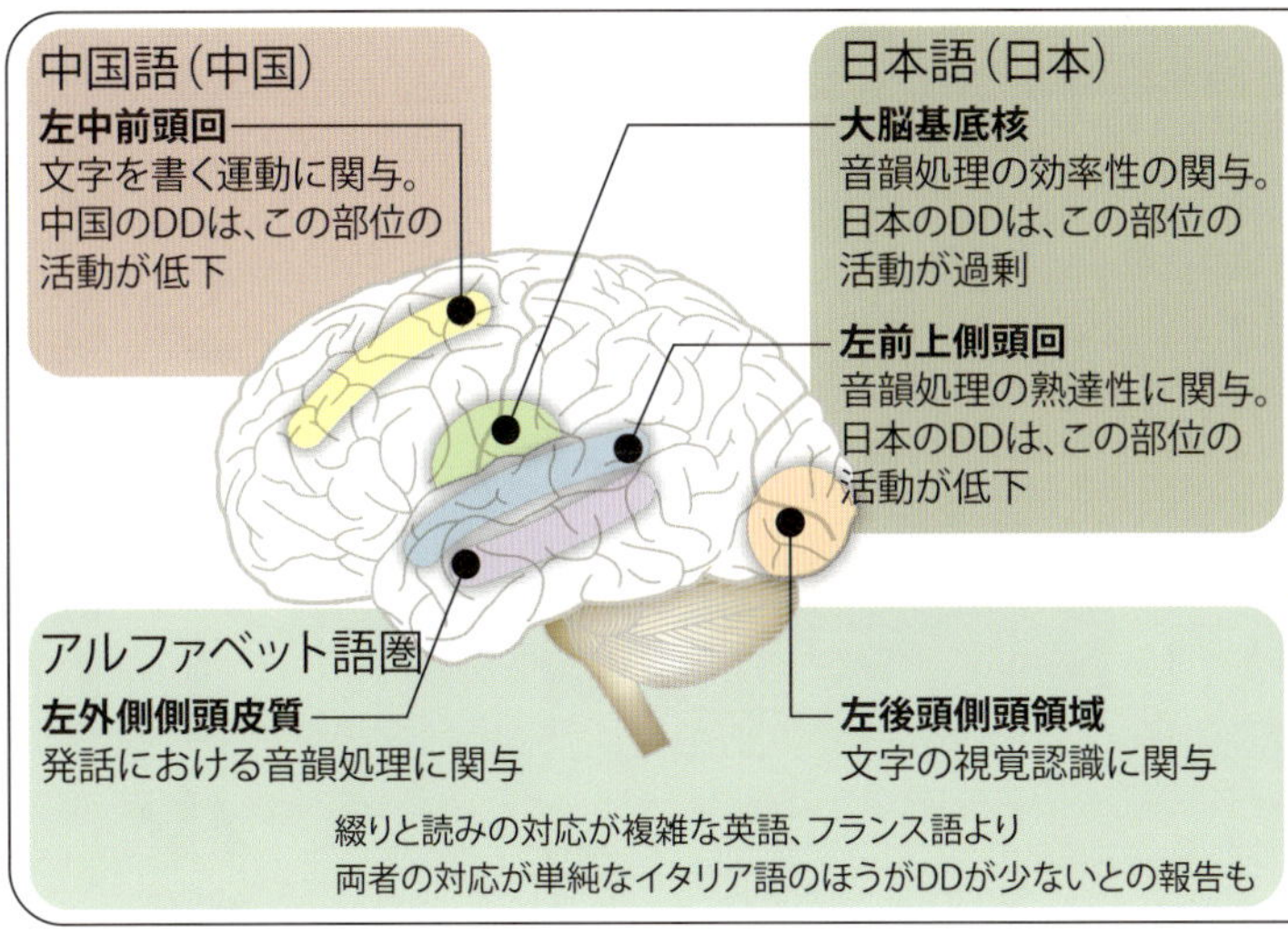
中国語（中国）
左中前頭回
文字を書く運動に関与。中国のDDは、この部位の活動が低下
日本語（日本）
大脳基底核
音韻処理の効率性の関与。日本のDDは、この部位の活動が過剰
左前上側頭回
音韻処理の熟達性に関与。日本のDDは、この部位の活動が低下
アルファベット語圏
左外側側頭皮質
発話における音韻処理に関与
左後頭側頭領域
文字の視覚認識に関与
綴りと読みの対応が複雑な英語、フランス語より
両者の対応が単純なイタリア語のほうがDDが少ないとの報告も

ず、ひとつのことが長続きしません。そのためドーパミンを増やす薬剤が、症状の改善に効果を上げることがあります。

### 読み書き障害は脳機能不全

一方、LDは、知的障害はないのに、読み書きや会話、計算、推論などのうち、特定の分野に著しい遅れが見られる障害です。ほかの勉強はできるのに、算数の計算ができない、文字を正確に読み書きするのが苦手、など人によって症状は様々です。

LDの原因はまだ解明されていませんが、LDのひとつである発達性ディスレクシア（読み書き障害）は、音韻《おんいん》処理という脳機能の障害だと考えられています。音韻処理とは、字と音を結びつけて認識すること。この障害のある人は、言語野のある左半球、特に左側頭葉《ひだりそくとうよう》の活動が低下しており、言語が違えば、機能不全が見られる部位や有病率も異なるといわれています。日本はアルファベット語圏に比べると有病率は少ないのですが、音韻処理の熟達性に関与する左前上側頭回《じょうそくとうかい》の活動低下が見られるほか、アルファベット語圏ではほとんど指摘のない大脳基底核《だいのうきていかく》の異常が報告されています。

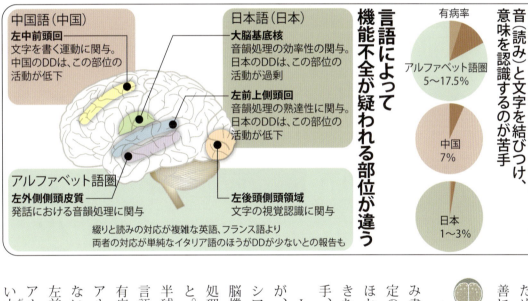

# 私たちを休息と夢に誘い睡眠と覚醒をコントロールする脳

眠らない脳

## 眠りのスイッチと目覚めのスイッチ

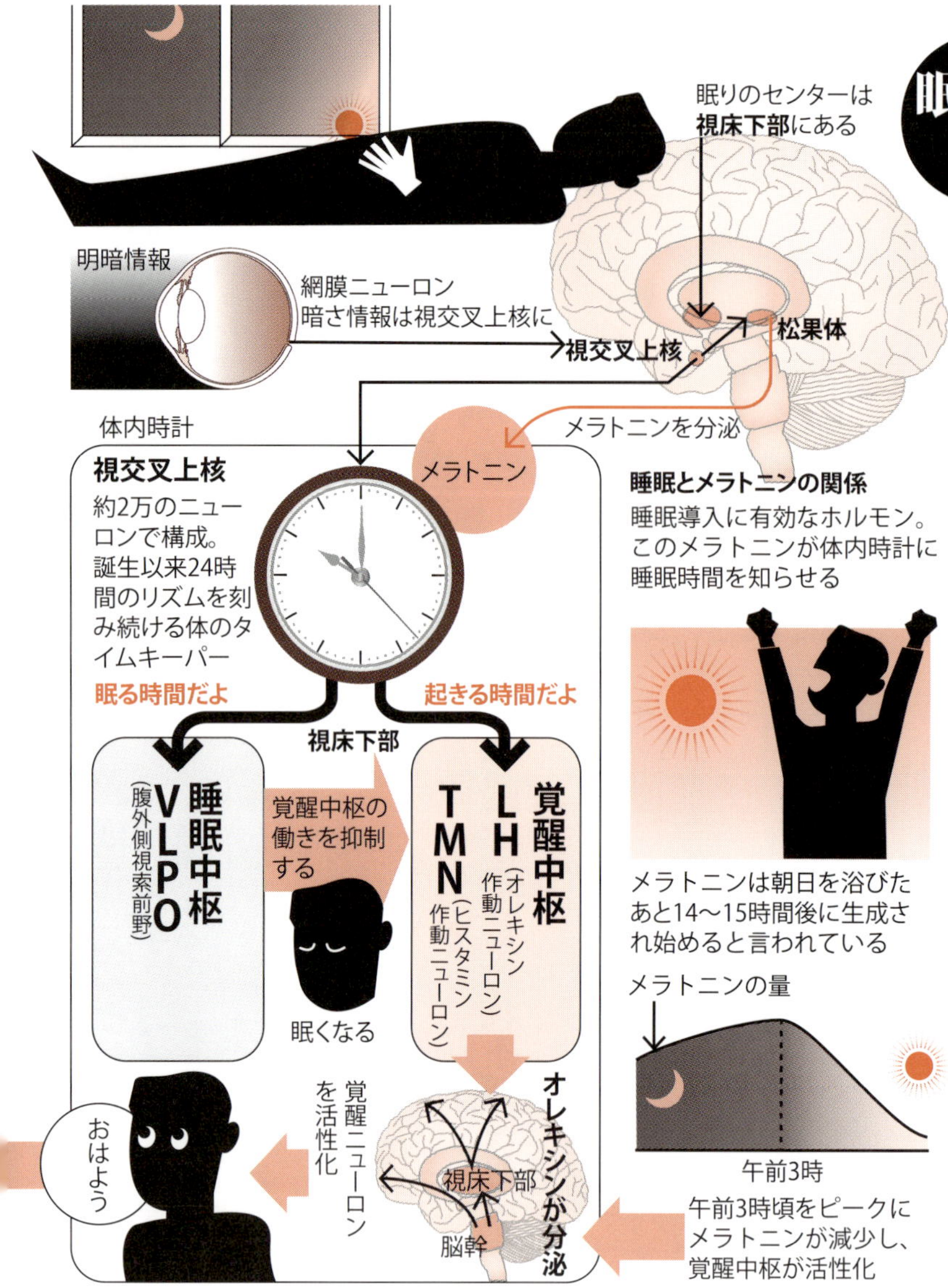
眠りのセンターは
視床下部にある
明暗情報
網膜ニューロン
暗さ情報は視交叉上核に
視交叉上核
松果体
メラトニンを分泌
体内時計
メラトニン
視交叉上核
約2万のニューロンで構成。誕生以来24時間のリズムを刻み続ける体のタイムキーパー
眠る時間だよ
起きる時間だよ
視床下部
睡眠中枢
VLPO
（腹外側視索前野）
覚醒中枢の働きを抑制する
眠くなる
覚醒中枢
LH
（オレキシン作動ニューロン）
TMN
（ヒスタミン作動ニューロン）
おはよう
覚醒ニューロンを活性化
視床下部
脳幹
オレキシンが分泌
睡眠とメラトニンの関係
睡眠導入に有効なホルモン。このメラトニンが体内時計に睡眠時間を知らせる
メラトニンは朝日を浴びたあと14〜15時間後に生成され始めると言われている
メラトニンの量
午前3時
午前3時頃をピークにメラトニンが減少し、覚醒中枢が活性化

### 朝起きて夜眠るメカニズム

朝になると目が覚め、夜になると眠くなるのは、視床下部《ししょうかぶ》を中心とした脳内の様々な部位が働くためです。

視床下部の奥、左右の視神経が交わる場所の近くにある視交叉上核《しこうさじょうかく》は、生体リズムの最高司令部ともいうべき存在。光の明暗など外界の情報を受けて、体内時計を調整し、1日のリズムを刻みます。暗くなると、視床上部にある松果体《しょうかたい》に働きかけ、「夜のホルモン」とも呼ばれるメラトニンを分泌させます。このメラトニンが増えると、私たちは眠気を催すのです。

睡眠状態と覚醒状態をコントロールしているのも、視床下部です。日中は、オレキシンやヒスタミンなど、興奮性の神経伝達物質を生み出す神経細胞を活性化させ、覚醒状態を保とうとします。反対に、夜にな

## レム睡眠とノンレム睡眠は90分間隔で交互に現れる

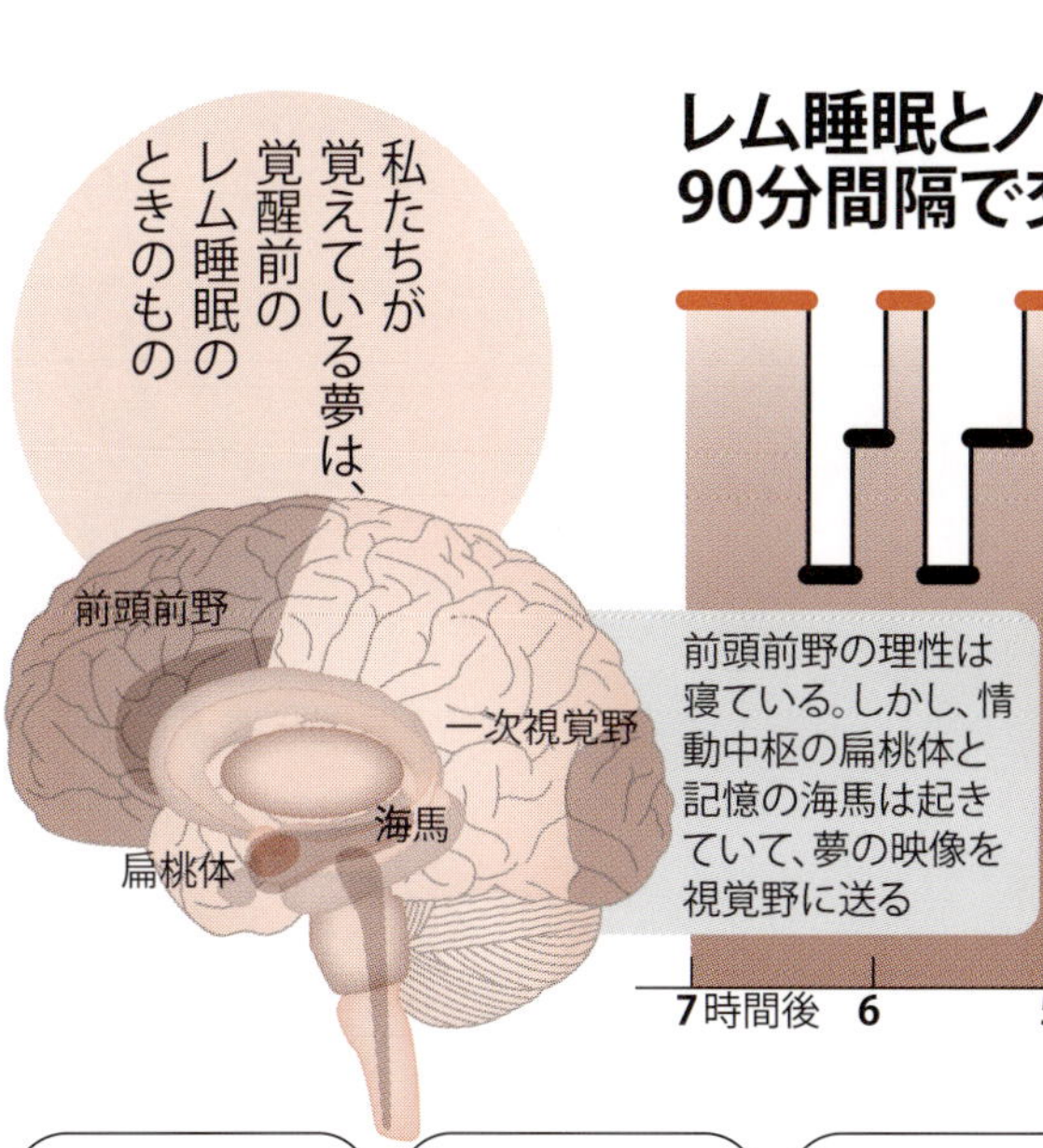
私たちが覚えている夢は、覚醒前のレム睡眠のときのもの
前頭前野
一次視覚野
海馬
扁桃体
前頭前野の理性は寝ている。しかし、情動中枢の扁桃体と記憶の海馬は起きていて、夢の映像を視覚野に送る

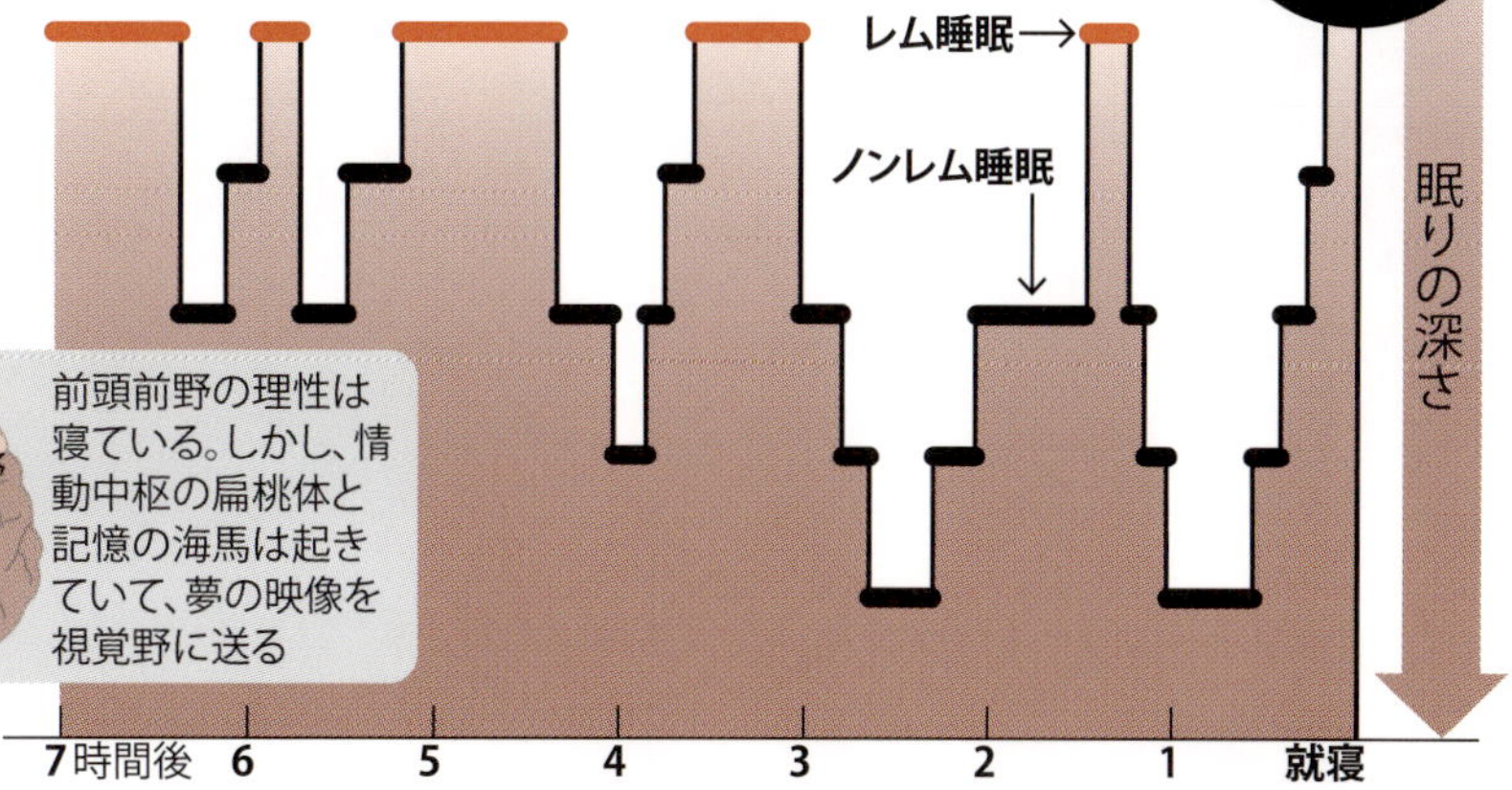
レム睡眠→
ノンレム睡眠
眠りの深さ
7時間後
6
5
4
3
2
1
就寝

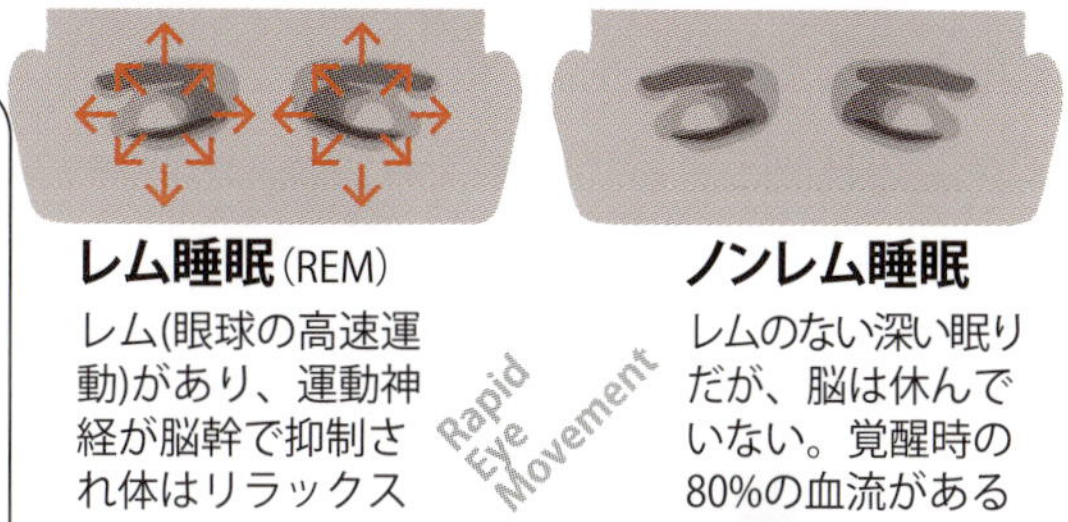
Rapid Eye Movement

**レム睡眠**（REM）
レム（眼球の高速運動）があり、運動神経が脳幹で抑制され体はリラックスしている

**ノンレム睡眠**
レムのない深い眠りだが、脳は休んでいない。覚醒時の80%の血流がある

PC
昼間突然熟睡してしまう

このオレキシンが不足すると睡眠障害に

睡眠中枢の覚醒抑制ホルモンが優勢になる。この症状はナルコレプシーと呼ばれる

### 睡眠と記憶の定着

学習の直後に眠ると学習成果が上がる実験結果が多数あり、睡眠が記憶と深く結びついているのは確か。睡眠中も海馬が活発に働き、覚醒中の記憶をプレイバックしているという説もある（p55）

### 夢が荒唐無稽なのはなぜ？

夢を見ているとき、海馬と同時に扁桃体、脳幹などの恐怖、不安、敵意感情に関わる部位が活性化する。逆に前頭前野などの判断、倫理などの部位は活動しない。そのため、夢は理性の縛りのない、荒唐無稽なものとなる

### レム睡眠では体が動かないわけ

眠った猫を使った実験で、脳幹の運動神経の遮断を解除した。すると存在しない餌を食べようとしたり、跳躍したり、見ている夢のままに動いた

ると、抑制性の神経伝達物質GABA《ギャバ》を生み出す神経細胞を活性化させ、覚醒状態を抑えます。このバランスが崩れると、不眠症やナルコレプシー（過眠症）などの睡眠障害を引き起こしてしまいます。

眠りには、レム睡眠とノンレム睡眠があります。レム（REM）とは、Rapid Eye Movement（高速眼球運動）の略で、寝ている間もまぶたの下で眼球がピクピク動いている状態を指します。レム睡眠中は、脳《のう》幹《かん》の運動神経が抑制されるため、体はリラックスしていますが、記憶に関わる海馬《かいば》、感情に関わる扁桃体《へんとうたい》、視覚に関わる視覚野などは活動しています。レム睡眠中に夢を見ることが多いのは、このためです。出来事の記憶や感情が断片的に現れ、目を閉じていても視覚野が「見て」いるのです。

一方、ノンレム睡眠は、レム状態のない深い眠りのこと。大脳皮質《だいのうひしつ》の神経細胞の活動が低下し、脳もリラックスします。レム睡眠とノンレム睡眠は、90分周期で交互に繰り返されます。そして朝が近づくと、レム睡眠となり、脳は起きる準備を始めます。私たちが覚えている夢は、この起きる直前のレム睡眠中に見ている夢です。

# やめたくてもやめられない依存症 脳が快感を求め続けるわけ

## 私たちの脳には快感回路がある

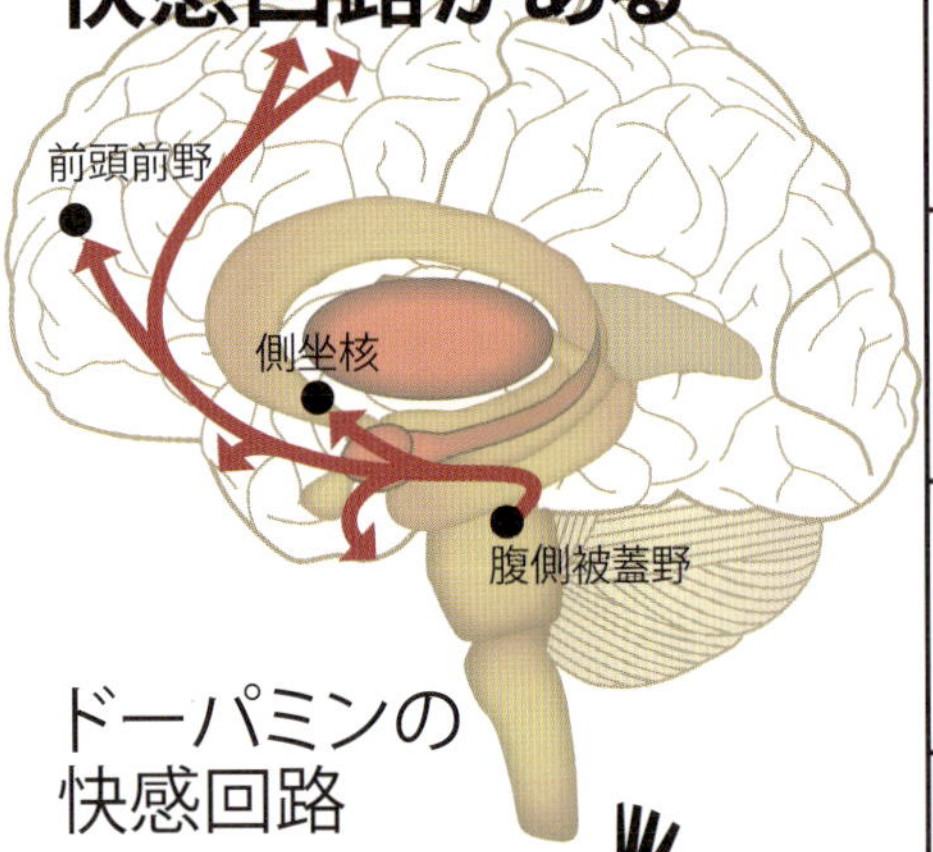
前頭前野
側坐核
腹側被蓋野

ドーパミンの快感回路

## 依存症を生み出す脳の罠

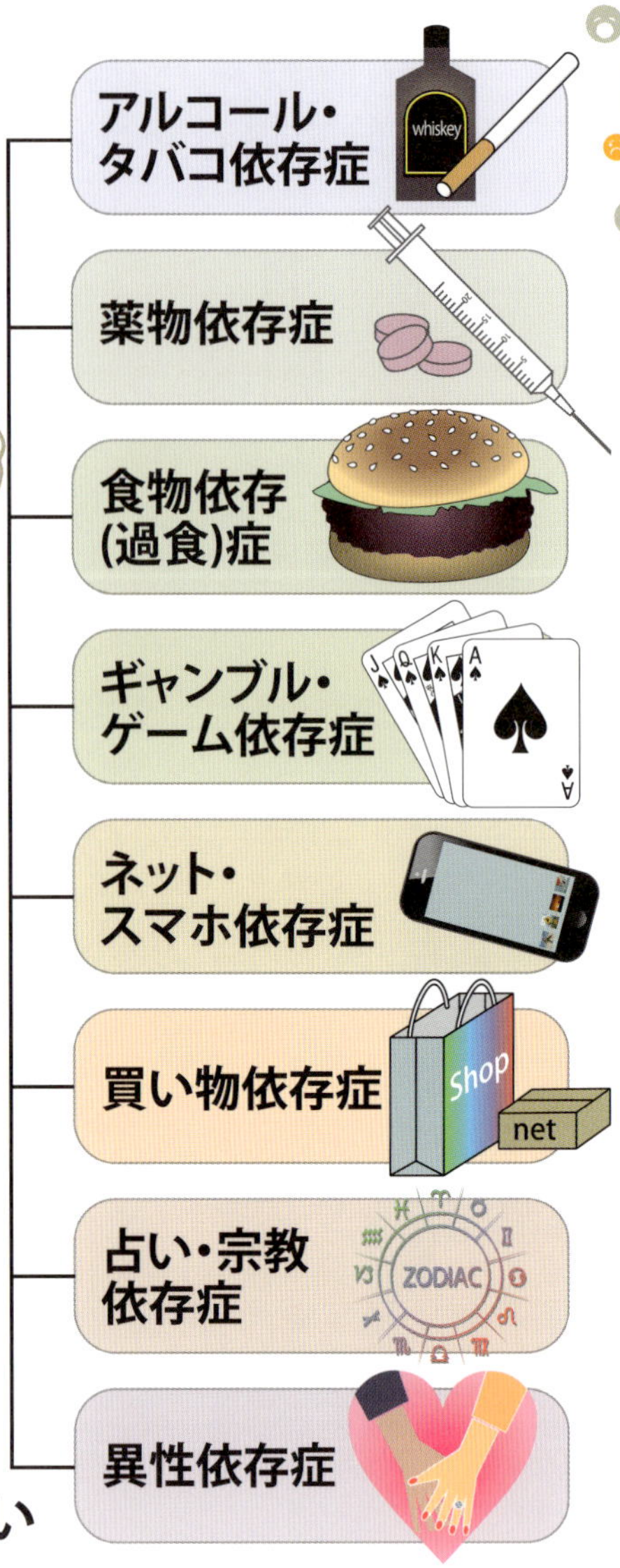
アルコール・タバコ依存症
whiskey
薬物依存症
食物依存(過食)症
ギャンブル・ゲーム依存症
ネット・スマホ依存症
買い物依存症
Shop
net
占い・宗教依存症
ZODIAC
異性依存症

**私たちは、誰しもが、何かの依存症かもしれない**

### 快感の記憶が依存性を強める

依存症《いぞんしょう》は、特定のものや行為に快感や刺激を求め、それなしでは平常心が保てなくなる状態を指します。上に挙げたように、アルコールや薬物、ギャンブルなどの依存症に加え、近年ではゲームやインターネットに熱中して日常生活に支障をきたしたり、買い物がやめられずにカード破綻《はたん》したりする人も増え、社会問題になっています。

依存することがやめられないのは、脳が一度知った快感を求め続けるためでもあります。快感を生み出す原因のひとつは、本書でここまで何度も登場した神経伝達物質ドーパミンです。p61で見たように、快の情報を受けると、脳幹《のうかん》にある腹側被蓋野《ふくそくひがいや》が反応します。そこから信号を受けた側坐核《そくざかく》がドーパミンを放出し、快感や喜びが生じます。この快の情報は、扁桃体《へんとうたい》で認識され、

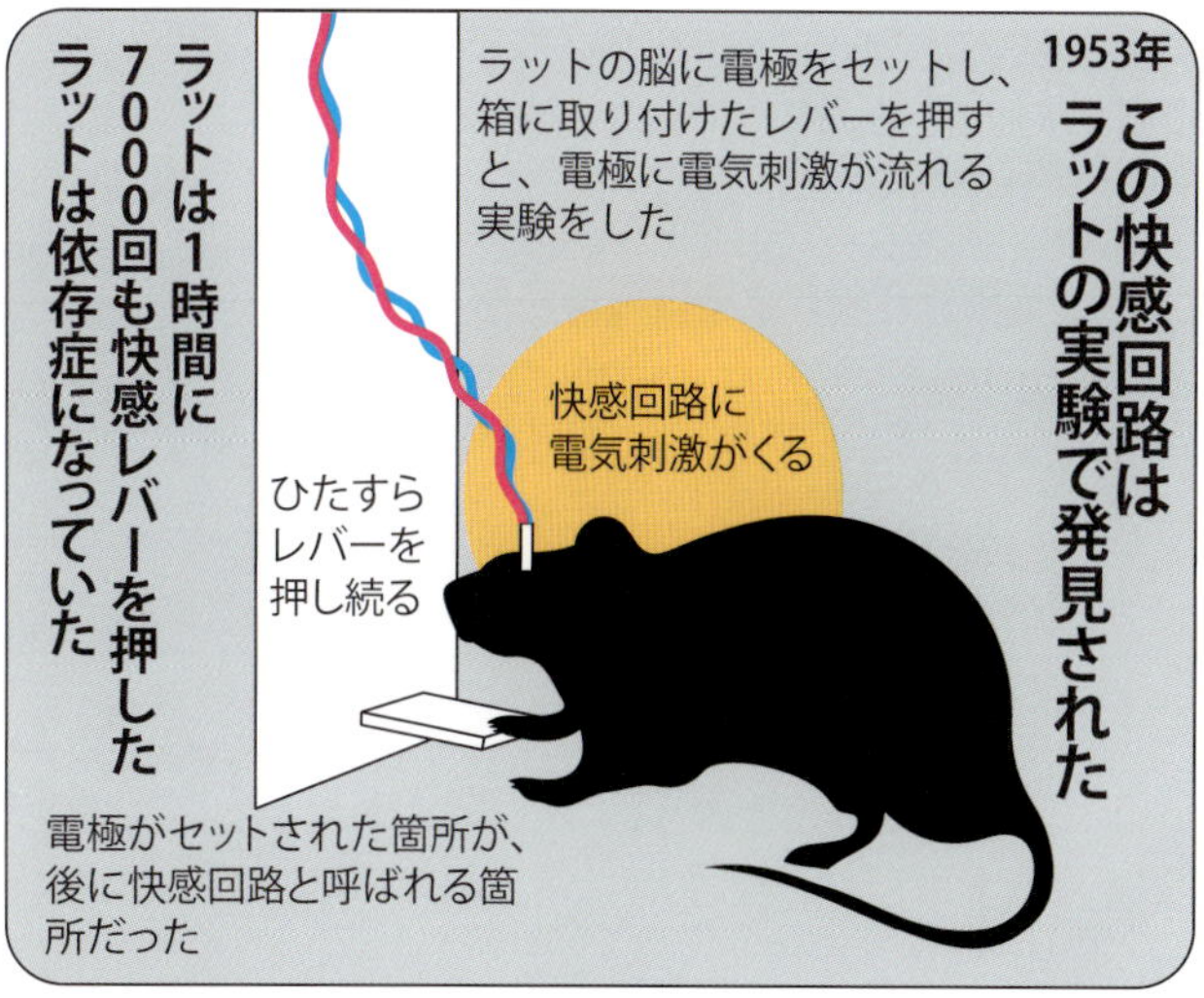


1953年
この快感回路はラットの実験で発見された
ラットの脳に電極をセットし、箱に取り付けたレバーを押すと、電極に電気刺激が流れる実験をした
快感回路に電気刺激がくる
ひたすらレバーを押し続ける
ラットは1時間に7000回も快感レバーを押したラットは依存症になっていた
電極がセットされた箇所が、後に快感回路と呼ばれる箇所だった

そして、人間でも実験された
うつ病や、統合失調症の治療が目的だったが
患者は健康も食事も気にせず、自分を刺激し続けた

MAX
刺激ダイヤルの強度マックス
しかし、現在ではこのような実験は、倫理的に許されていない

海馬《かいば》に送られて記憶として貯蔵されます。脳内には、このように快感に関わるネットワークがあり、「快感回路」あるいは「報酬系」とも呼ばれています。

人間や動物に快感回路が備わっているのは、もともとは生存に必要な食欲や性欲を促すためだと考えられています。ドーパミンも適度に放出されると、やる気のもとになります。ところが、依存性の強い物質を

## 薬物依存症でも、この快感回路が働く

ところが、コカインなどの薬物を摂取すると
薬物がトランスポーターを閉じてしまう
その結果ドーパミンの量が増える
正常な状態
ドーパミントランスポーター
ドーパミンが回収される
ドーパミン受容体からの信号

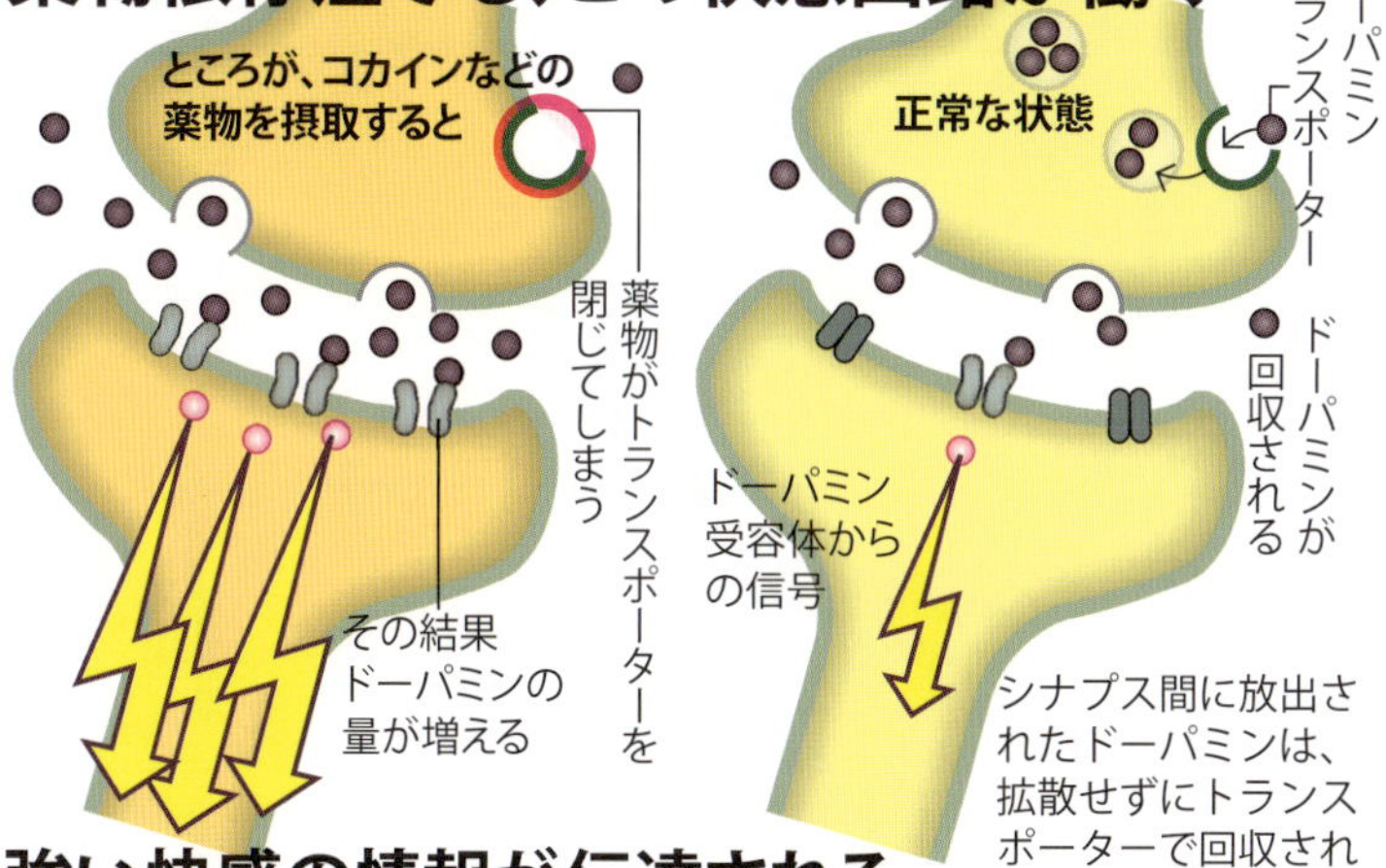
シナプス間に放出されたドーパミンは、拡散せずにトランスポーターで回収されて、次の使用に備える


## 強い快感の情報が伝達される

摂取すると、ドーパミンが大量に放出され、強い快感が生じます。ドーパミンの大量放出を招く原因は、依存性物質によって異なります。例えば覚せい剤の場合、薬物に含まれる化学物質が、シナプス伝達の際に余分なドーパミンを回収するトランスポーターの働きを阻害し、その結果、ドーパミンの量を増加させることが知られています。

この体験が一度では済まなくなるのは、快感の記憶が固定化されるため。快感を得るために同じ行動を繰り返し、やめると禁断症状が出てしまい、再び繰り返す。こうして快感回路の虜《とりこ》になってしまうのです。

## 依存症に陥るのは、快感回路で、この快感の記憶が固定されるから

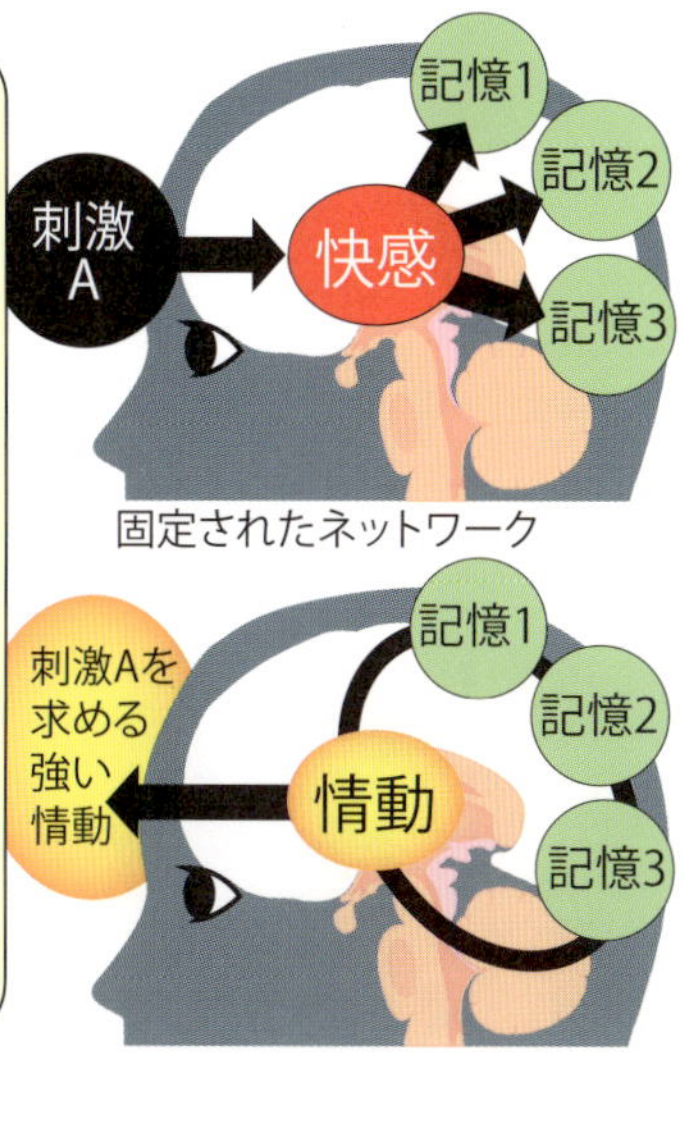


刺激A

記憶1
記憶2
記憶3
固定されたネットワーク
刺激Aを求める強い情動
情動
記憶1
記憶2
記憶3

薬物の依存症では、ニューロンの破壊も起こっている

# 様々なアプローチにより進展する脳研究 その主要な4つのフィールドとは

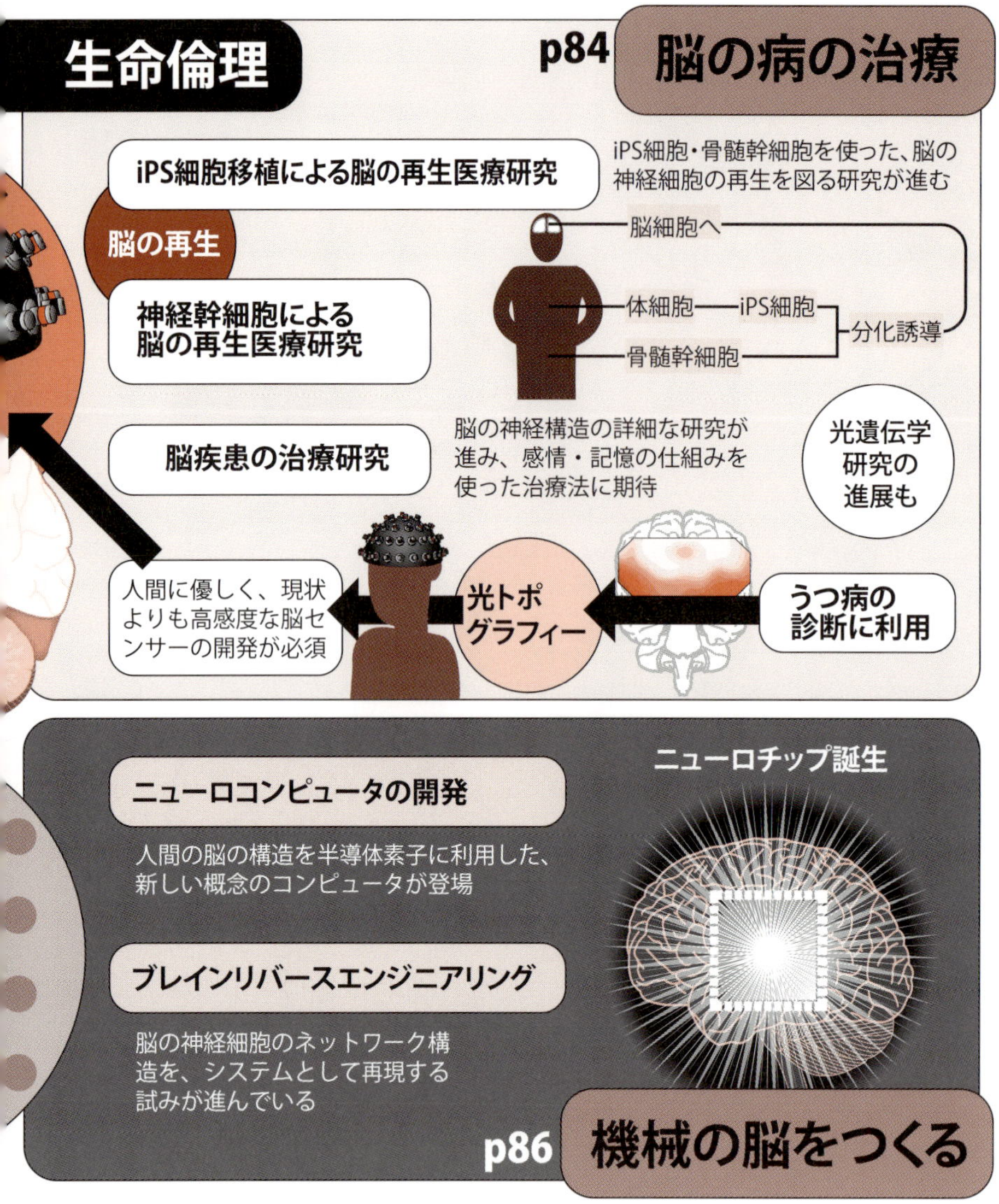
生命倫理
p84
脳の病の治療
iPS細胞移植による脳の再生医療研究
iPS細胞・骨髄幹細胞を使った、脳の神経細胞の再生を図る研究が進む
脳の再生
脳細胞へ
体細胞
iPS細胞
分化誘導
骨髄幹細胞
神経幹細胞による脳の再生医療研究
脳疾患の治療研究
脳の神経構造の詳細な研究が進み、感情・記憶の仕組みを使った治療法に期待
光遺伝学研究の進展も
人間に優しく、現状よりも高感度な脳センサーの開発が必須
光トポグラフィー
うつ病の診断に利用
ニューロチップ誕生
ニューロコンピュータの開発
人間の脳の構造を半導体素子に利用した、新しい概念のコンピュータが登場
ブレインリバースエンジニアリング
脳の神経細胞のネットワーク構造を、システムとして再現する試みが進んでいる
p86
機械の脳をつくる

## 生身の脳研究から機械脳の開発まで

21世紀の新たな科学のフロンティアは、人間の「脳」である。アメリカのオバマ前大統領は、そう宣言し、2013年に国家プロジェクト「ブレイン・イニシアチブ」を稼働させました。ヨーロッパの「ヒューマン・ブレイン・プロジェクト」、日本の「革新脳」を始め、オーストラリア、カナダ、中国、韓国などがそれに続き、脳研究は、いまや国家的大事業の様相を呈しています。

ここからのページでは、このように加速度的に進展する脳研究の現状と、その先に研究者が見る未来図を概観していきます。ここでは、現状の脳研究の領域を大きく4つの分野に整理してみました。

ひとつは、人類が抱える脳の病を治療するための最新医療技術というフィールドです。脳の神経細胞の再生を目指すｉＰＳ細

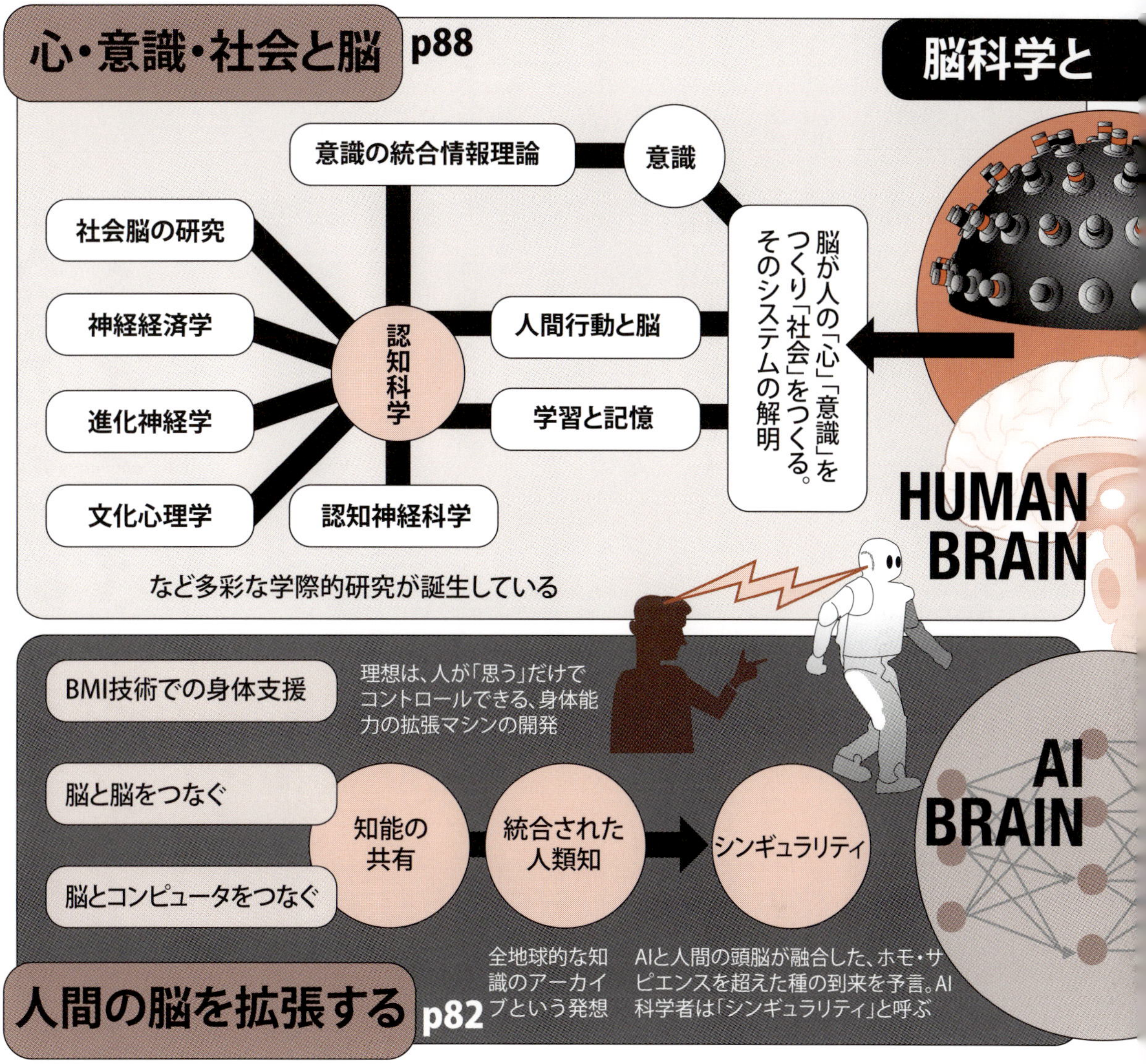

脳科学と
心・意識・社会と脳
p88
意識の統合情報理論
意識
社会脳の研究
神経経済学
進化神経学
文化心理学
認知科学
人間行動と脳
学習と記憶
認知神経科学
脳が人の「心」「意識」をつくり「社会」をつくる。そのシステムの解明
など多彩な学際的研究が誕生している
HUMAN BRAIN
BMI技術での身体支援
理想は、人が「思う」だけでコントロールできる、身体能力の拡張マシンの開発
脳と脳をつなぐ
脳とコンピュータをつなぐ
知能の共有
統合された人類知
シンギュラリティ
AI BRAIN
全地球的な知識のアーカイブという発想
AIと人間の頭脳が融合した、ホモ・サピエンスを超えた種の到来を予言。AI科学者は「シンギュラリティ」と呼ぶ
人間の脳を拡張する
p82


胞、幹《かん》細胞の移植や、遺伝子の書き換えによる脳疾患《のうしっかん》治療などが、これに含まれます。

第二のフィールドは、私たちの「心」と「意識」、あるいは社会を営む能力を生み出す「社会脳」を探る研究です。広くは「認知科学」と呼ばれ、様々な領域からアプローチがなされています。

第三のフィールドは、生身の私たちの脳活動を、様々な技術を駆使して拡張、あるいは共有しようとする試みです。そのひとつが、日本で研究が先行する、脳の思考によって機械操作を可能にするブレイン・マシン・インターフェイス（BMI）です。

そして第四のフィールドは、コンピュータシステム上で、人間の脳機能を再現しようとする試みです。人間の脳に匹敵するニューロンとシナプス回路を持つコンピュータ、人間の脳の神経回路を正確に描きだす脳マッピングなどの研究が進んでいます。

これら4つのフィールドは、人工知能（AI）、遺伝子研究、精緻《せいち》な脳スキャニング技術によって重なり合い、互いに刺激し、未来へとつながっています。次のページからは、それぞれのフィールドの現状と未来図を詳しく見ていきましょう。

2

# 人間の脳と機械をつなげる ブレイン・マシン・インターフェイス

## 脳の拡張と共有を目指す技術開発

２０１３年、大阪大学医学部附属病院で、世界初の画期的実験が行われました。身体機能の失われた筋萎縮症《きんいしゅくしょう》患者が、頭で思っただけで、文字入力機械を使って意思を伝達し、ロボットハンドを操作してボールを握ることができたのです。

脳と外部の機械を結びつけ、その操作を可能にする一連の技術は、ブレイン・マシン・インターフェイス（ＢＭＩ）と呼ばれます。この実験の成功を受けて、人間の脳と機械をつなぐ技術の開発は、当初の目的だった障害者支援だけではなく、医療・介護・福祉・教育など幅広い用途を視野に入れて大きく進展しています。

2013年
アメリカとブラジルのラットの脳がつながった
ブラジル・ナタルの研究所

ＢＭＩの研究開発は、脳科学だけではなく、脳と機械の間をつなぐ幅広い分野の技術を要します。例えば、脳の微弱な磁気データから脳の機能を検知する研究、そのデータを機械言語に翻訳する情報科学、マシン操作を実現する機械工学などを結集させる必要があります。こうした電子工学、制御工学は、日本の得意分野といえるでしょう。

ＢＭＩ技術の最初の関門、脳で考えたことを読み取る技術は、新しい研究分野を生み出しもします。例えば、京都大学大学院情報学研究科の神谷之康《かみたにゆきやす》教授が進める、知覚した画像や見た夢を脳の信号としてエンコードし、コンピュータ上で画像として再現する研究もそのひとつ。人間の多様な思考をコンピュータにつなげる技術は、ブレイン・コンピュータ・インターフェイス（ＢＣＩ）と呼ばれ、人間の能力の拡張という21世紀の科学の夢と直結するものです。

２０１６年、米国テスラ社のＣＥＯイーロン・マスク氏は、人間の脳に脳内チップを埋め込み、ＡＩコンピュータと接続する技術を開発する新会社を設立。ＳＮＳの世界最大手フェイスブックも同様の技術開発を表明しています。かねてからＡＩの危険性について懸念を表明していたマスク氏は、この技術を使い、人間の脳によってＡＩの暴走を防ぐことが目的だと語っています。

人間の脳をコンピュータではなく、他者の脳と直接つなげようというアイデアもあります。すでにラットの実験では成功しており、研究者たちは、将来の目標として人間の脳の知識を伝送すること掲げています。人類の知性を共有しようというこの夢は、はたして実現するのでしょうか。

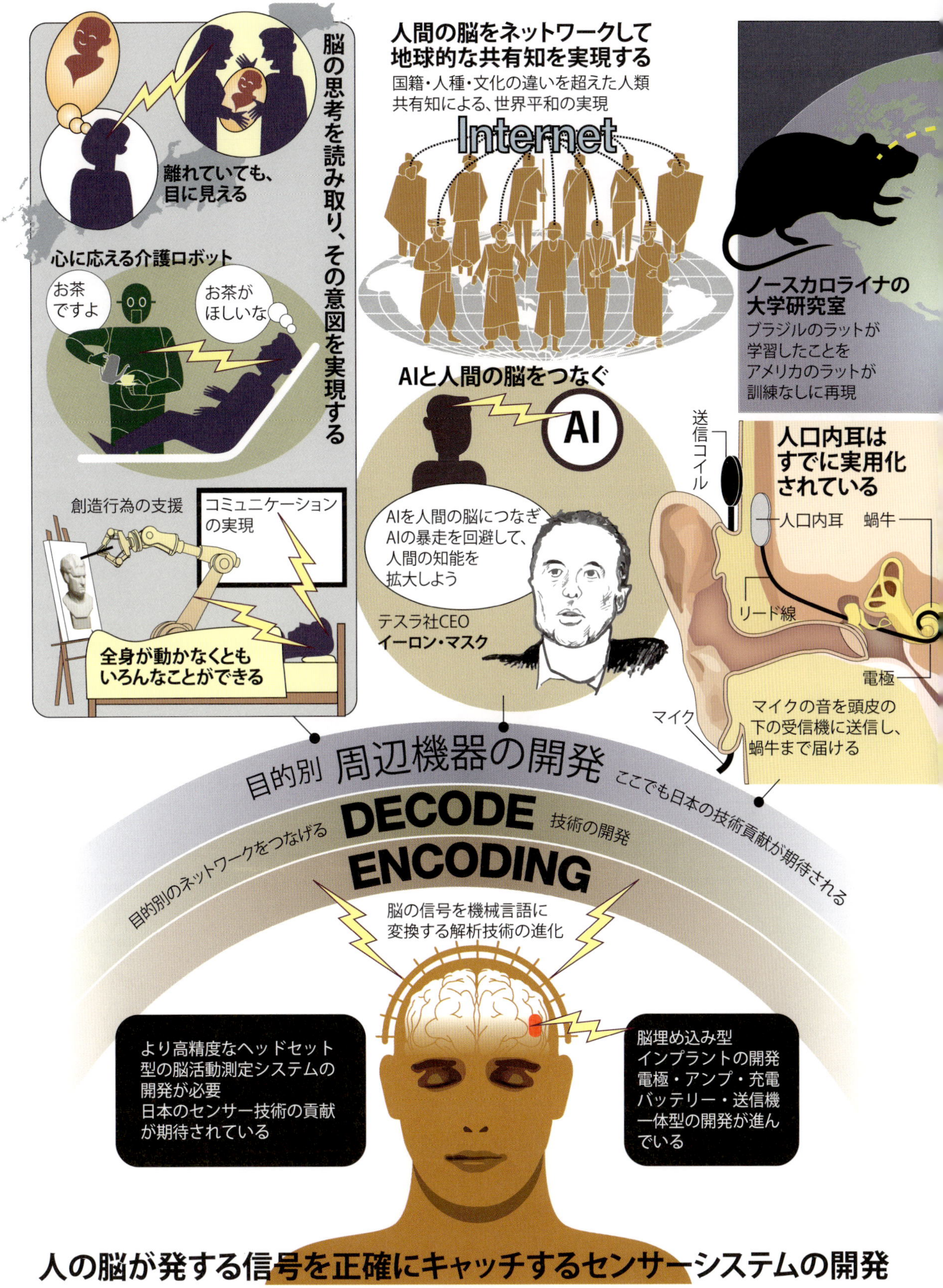

脳の思考を読み取り、その意図を実現する
離れていても、
目に見える
心に応える介護ロボット
お茶
ですよ
お茶が
ほしいな
創造行為の支援
コミュニケーション
の実現
全身が動かなくとも
いろんなことができる
人間の脳をネットワークして
地球的な共有知を実現する
国籍・人種・文化の違いを超えた人類
共有知による、世界平和の実現
Internet
ノースカロライナの
大学研究室
ブラジルのラットが
学習したことを
アメリカのラットが
訓練なしに再現
AIと人間の脳をつなぐ
AI
AIを人間の脳につなぎ
AIの暴走を回避して、
人間の知能を
拡大しよう
テスラ社CEO
イーロン・マスク
送信コイル
人口内耳は
すでに実用化
されている
人口内耳
蝸牛
リード線
電極
マイク
マイクの音を頭皮の
下の受信機に送信し、
蝸牛まで届ける
目的別 周辺機器の開発
ここでも日本の技術貢献が期待される
目的別のネットワークをつなげる
DECODE
技術の開発
ENCODING
脳の信号を機械言語に
変換する解析技術の進化
より高精度なヘッドセット
型の脳活動測定システムの
開発が必要
日本のセンサー技術の貢献
が期待されている
脳埋め込み型
インプラントの開発
電極・アンプ・充電
バッテリー・送信機
一体型の開発が進ん
でいる
人の脳が発する信号を正確にキャッチするセンサーシステムの開発

# 「再生する脳細胞」の発見を機に日本で進展する脳の再生医療研究

## 脳疾患治療に期待される幹細胞

神経細胞は主に胎児のうちに生み出され、出生後は神経新生が激減することが知られています。成人になると新しい神経細胞は生まれず、まして疾患《しっかん》で失われた細胞を再生することは不可能と思われてきました。

ところが１９９８年に、慶應義塾大学の岡野栄之《おかのひでゆき》教授によって、成人の脳室周囲に新たな神経細胞をつくり出す幹《かん》細胞が発見されたのです。これを機に、脳の再生医療研究が大きな飛躍の時を迎えています。

神経細胞を再生する治療法とは、どのようなものでしょう。現在、最もその必要性が指摘される認知症の一因となるパーキンソン病について見てみましょう。パーキンソン病は、中脳《ちゅうのう》の黒質《こくしつ》から大脳基底核《だいのうきていかく》の線《せん》条体《じょうたい》へ、ドーパミンを送る神経が壊れてしまうことによって発症する疾患です。

現在研究が進んでいるのは、この破壊された箇所に、細胞の再生を促進する細胞（ドナー細胞）を移植する治療法です。用いられるドナー細胞の候補として、現在期待されているのが幹細胞です。幹細胞とは生物の体をつくる細胞のもとになる細胞。増殖する過程で様々な細胞に分化（変化）して、私たちの体の臓器をつくっていきます。この幹細胞を、目的の細胞に分化させて培養し、損傷した脳の部分に移植するのです。

近年の研究によって、ドナー細胞として利用できそうな幹細胞が次々と発見されてきました。骨髄から発見された骨髄幹《こつずいかん》細胞、脳の神経に分化する神経幹細胞、人間の受精卵の胚からつくられるＥＳ細胞（胚性幹《はいせいかん》細胞）、そして京都大学の山中伸弥《やまなかしんや》教授がマウスの皮膚からつくりだしたｉＰＳ細胞（人工多能性幹細胞）などです。

これらのドナー細胞候補が実用化されるには、まだ多くの課題があります。ＥＳ細胞は人間の受精卵を使うため、倫理的な問題があり、ｉＰＳ細胞には、癌《がん》化する危険性など安全性の課題が残されています。

そのような研究の中で、すでに臨床実験が始まっているのが、脳梗塞《のうこうそく》の再生治療のための骨髄幹細胞移植です。まず、脳梗塞患者本人の骨髄から骨髄幹細胞を分離し、増殖培養します。次に、この培養細胞を大量培養して凍結保存します。この間に検査を経たのち解凍し、これを静脈注射によって投与します。この方法は、患者本人の幹細胞であることから免疫の拒絶反応がなく、また、注射であることで患者への負担が少ない点が優れているといえます。

これらの治療法は、まだまだ実用段階に達してはいませんが、近い将来、注射一本で脳疾患の治療ができるような時代がくるかもしれません。

# 脳の再生医療

1960年代にラットで、80年代にカナリアで、そして90年代に人間で、神経細胞が再生されることが確認された

脳の再生医療がスタートする。例えばパーキンソン病のケース

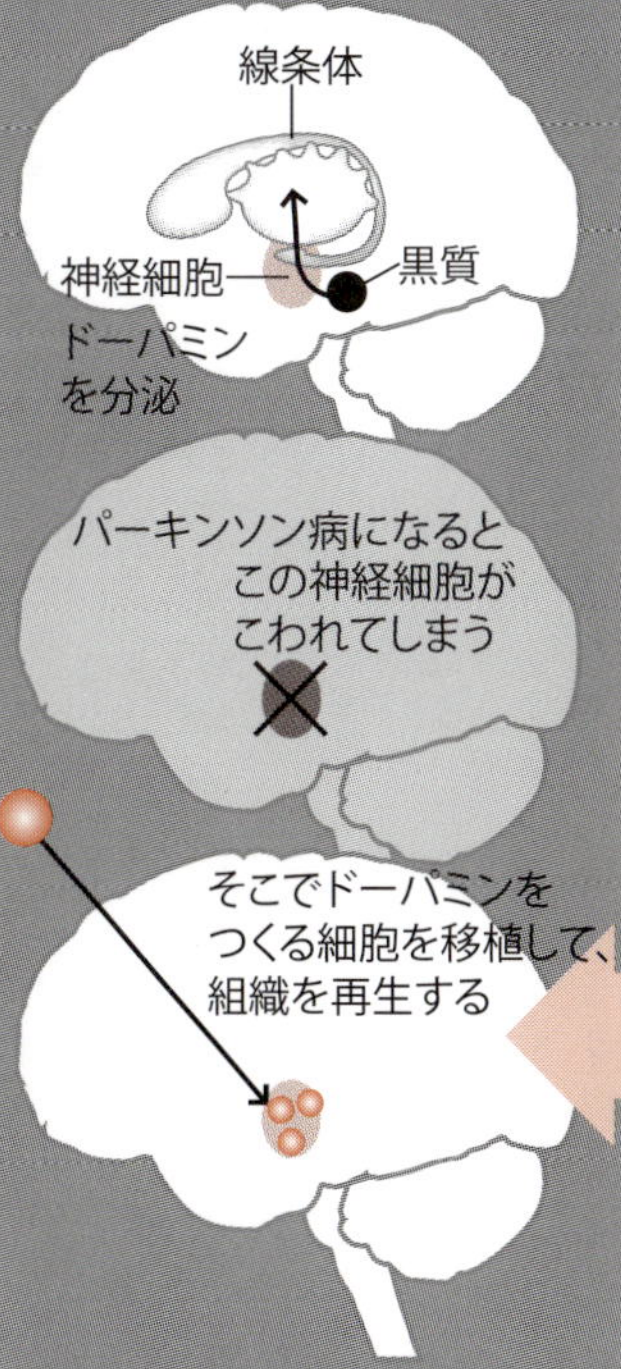

線条体
神経細胞
黒質
ドーパミンを分泌
パーキンソン病になるとこの神経細胞がこわれてしまう
そこでドーパミンをつくる細胞を移植して、組織を再生する


期待されている脳疾患

- 脳梗塞
- 脳腫瘍
- 脳の外的損傷
- 脳の神経疾患

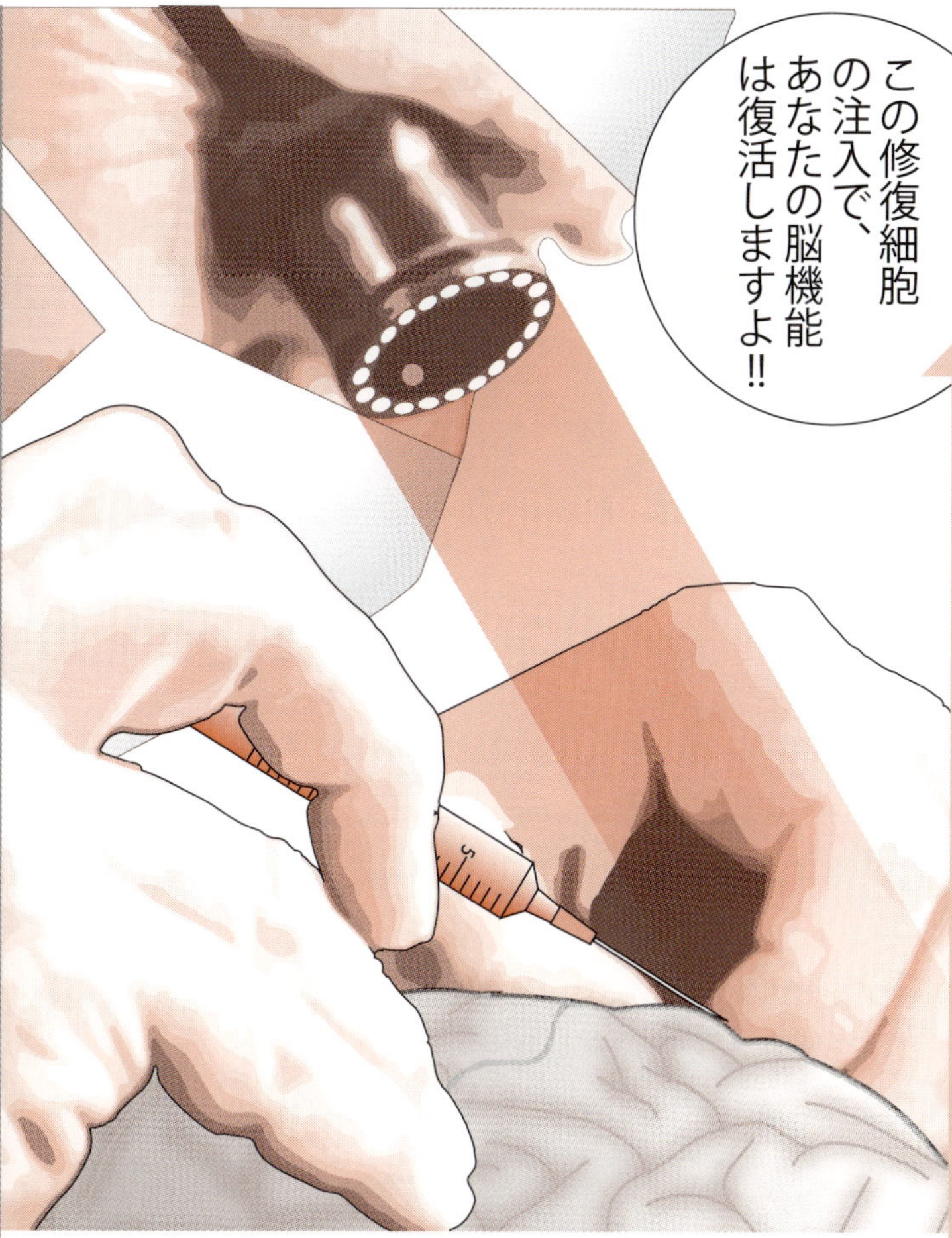

この修復細胞の注入で、あなたの脳機能は復活しますよ!!


将来は、これが普通の治療法になる!?

## 脳の再生治療を行う

その主要な方法は

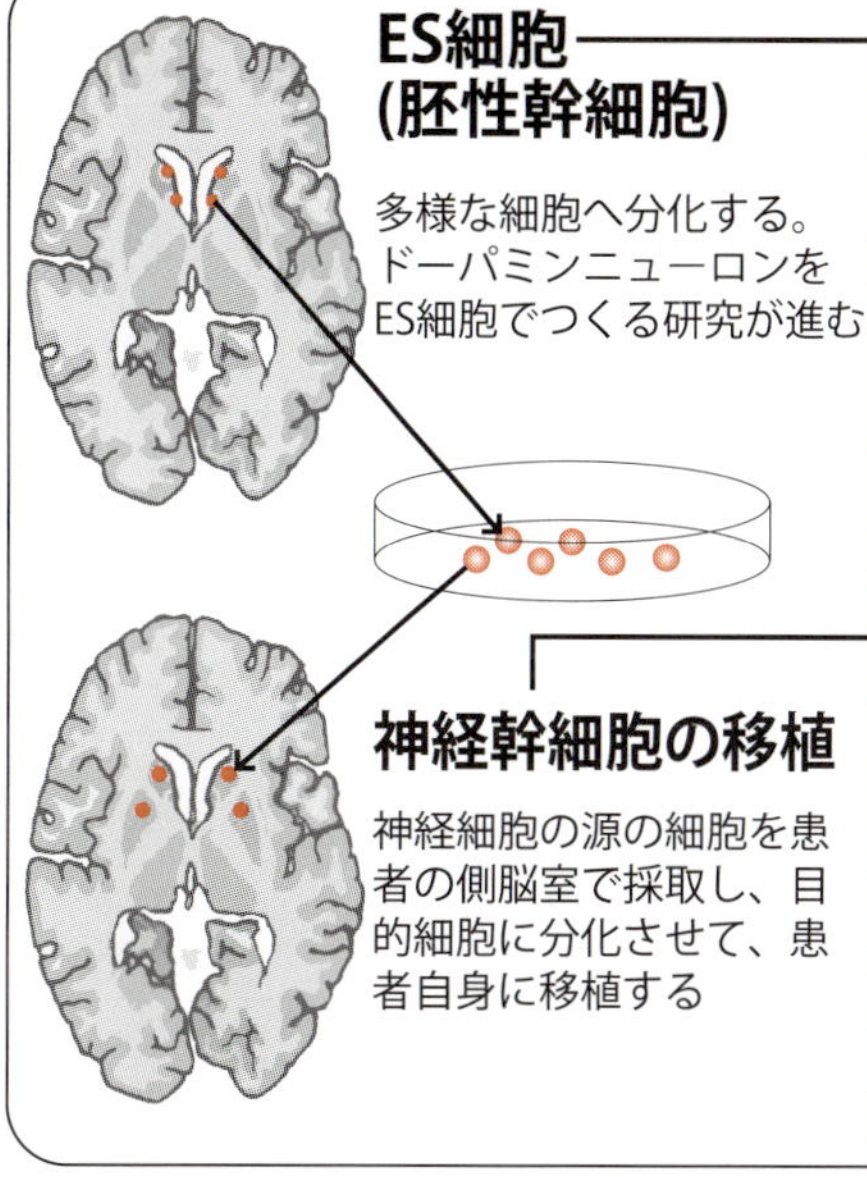

### ES細胞（胚性幹細胞）

多様な細胞へ分化する。ドーパミンニューロンをES細胞でつくる研究が進む

### iPS細胞の移植

京都大学山中伸弥教授が体細胞からつくった、人工多能性幹細胞。この業績により山中教授は2012年ノーベル生理学・医学賞受賞。神経細胞の再生にも期待が寄せられる

### 神経幹細胞の移植

神経細胞の源の細胞を患者の側脳室で採取し、目的細胞に分化させて、患者自身に移植する

### 骨髄幹細胞の移植

脳梗塞の脳の患部に直接注入し、患部の細胞の再生を促す効果が期待されている

# 機械脳ニューロコンピュータと脳のリバースエンジニアリング

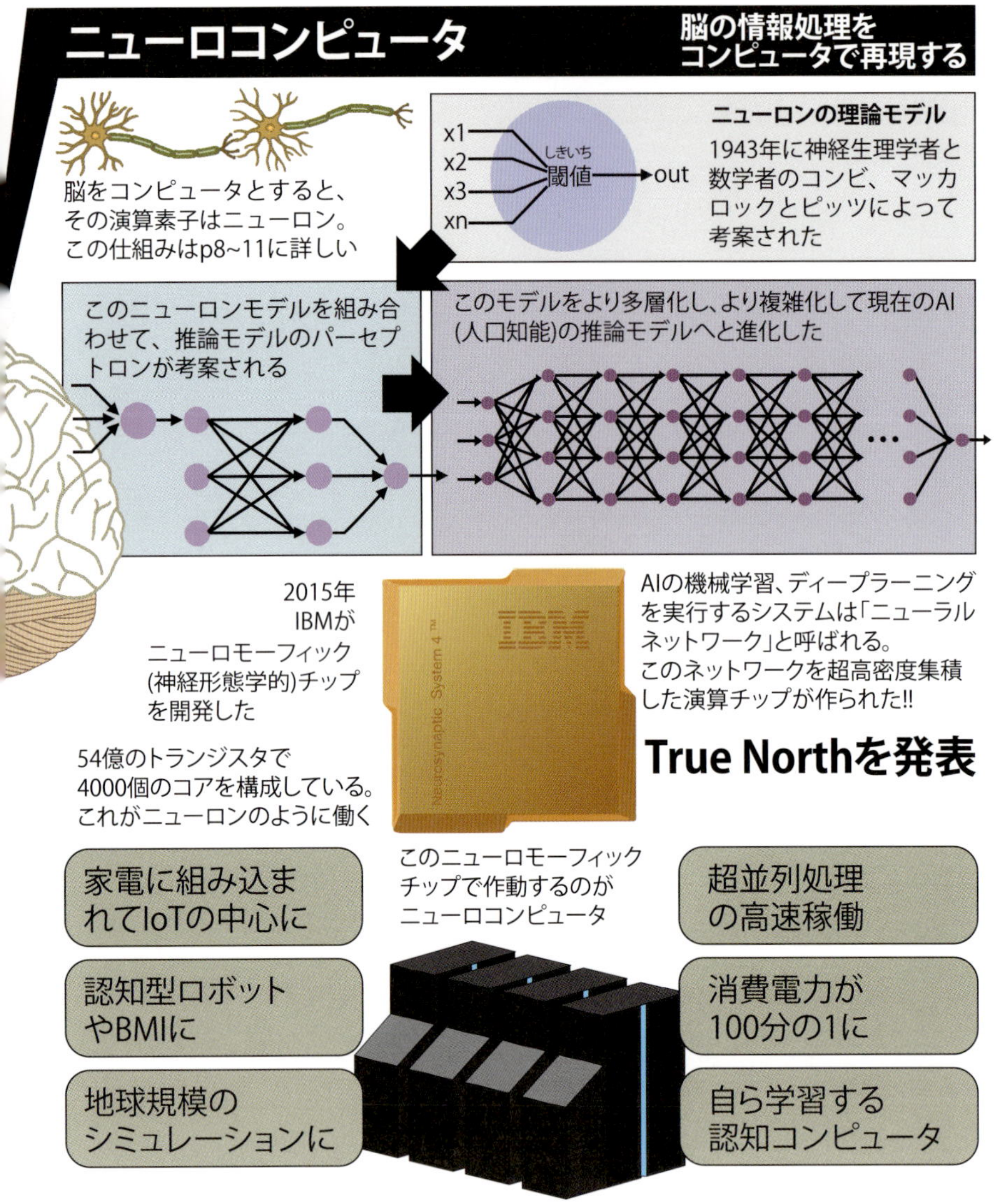
ニューロコンピュータ
脳の情報処理をコンピュータで再現する
脳をコンピュータとすると、その演算素子はニューロン。この仕組みはp8~11に詳しい
x1
x2
x3
xn
閾値《しきいち》
out
ニューロンの理論モデル
1943年に神経生理学者と数学者のコンビ、マッカロックとピッツによって考案された
このニューロンモデルを組み合わせて、推論モデルのパーセプトロンが考案される
このモデルをより多層化し、より複雑化して現在のAI(人口知能)の推論モデルへと進化した
2015年IBMがニューロモーフィック(神経形態学的)チップを開発した
54億のトランジスタで4000個のコアを構成している。これがニューロンのように働く
IBM
Neurosynaptic System 4™
AIの機械学習、ディープラーニングを実行するシステムは「ニューラルネットワーク」と呼ばれる。このネットワークを超高密度集積した演算チップが作られた!!
True Northを発表
このニューロモーフィックチップで作動するのがニューロコンピュータ
家電に組み込まれてIoTの中心に
認知型ロボットやBMIに
地球規模のシミュレーションに
超並列処理の高速稼働
消費電力が100分の1に
自ら学習する認知コンピュータ

## 人間のように考えるコンピュータ

コンピュータ科学者の究極の夢は、人間の頭脳のように思考するコンピュータの実現です。脳科学者たちが20世紀初頭に発見したニューロンの働きを、数学的にモデル化するアイデアが生まれ、1958年に心理学者フランク・ローゼンブラットが数学的ニューロンモデルを考案。このモデルはパーセプトロンと呼ばれ、人工知能研究もここからスタートしました。以来60年以上を経て、2015年にニューロンモデルの素子《そし》を集積化したICチップが開発されました。このチップを搭載したコンピュータがニューロコンピュータです。

　では、このコンピュータは従来のものとどう違うのでしょう。それを示したのが、上の図です。これを踏まえて極めて簡略化して言えば、仮に百回の演算が必要だとし

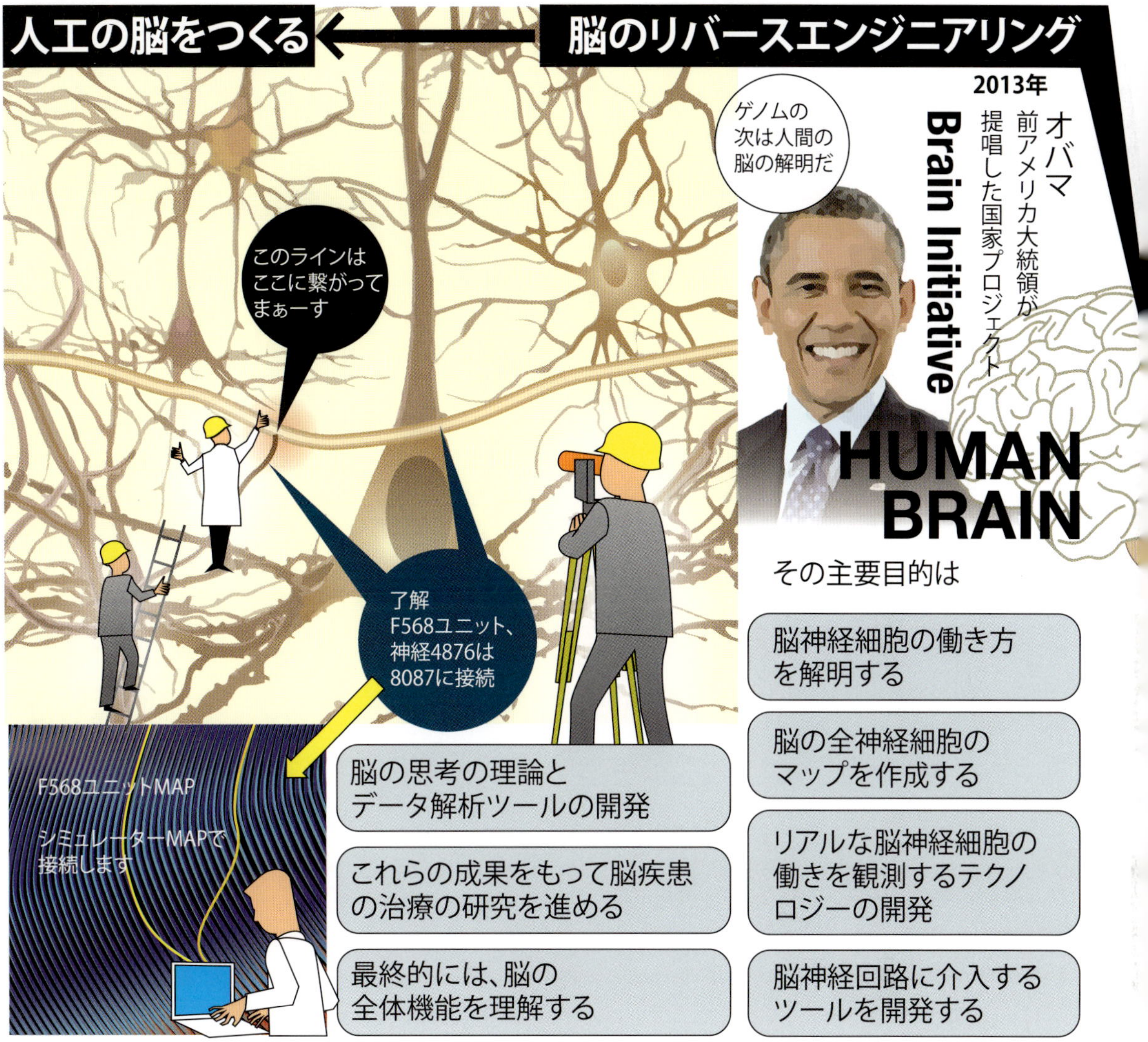


て、従来のものは律儀に百の計算をするところを、このコンピュータは大雑把にデータを分類し、必要ないと判断した90の計算は省き、必要な10の計算だけを複数の回路で同時に高速で行います。このようにデータを大雑把に分類し、その分類精度を高めていくロジックは、人間の視覚神経の働きをモデル化したディープラーニングと呼ばれる推論モデルから得られました。

もうひとつ、脳をつくる試みとして注目されるのは、脳のリバースエンジニアリングです。既存の機械を分解し、詳細な設計図を作り、微細なパーツから自製し、その機械の動く仕組みを理解する。この工業製品作りの基本手法を脳研究に応用しようというのです。そのために、脳科学者たちは脳をミクロ単位に分解し、張り巡らされた神経組織の詳細なマップ作りに励んでいます。脳神経のネットワークを解明し、そこを流れる情報の経路を追跡するためには、光遺伝学によるマーキング手法など、新しい知見が力になります。この試みが成功すれば、完治の難しい脳疾患《しっかん》も、ニューロンの配線を修復して治療する。そんなことも夢ではなくなるかもしれません。

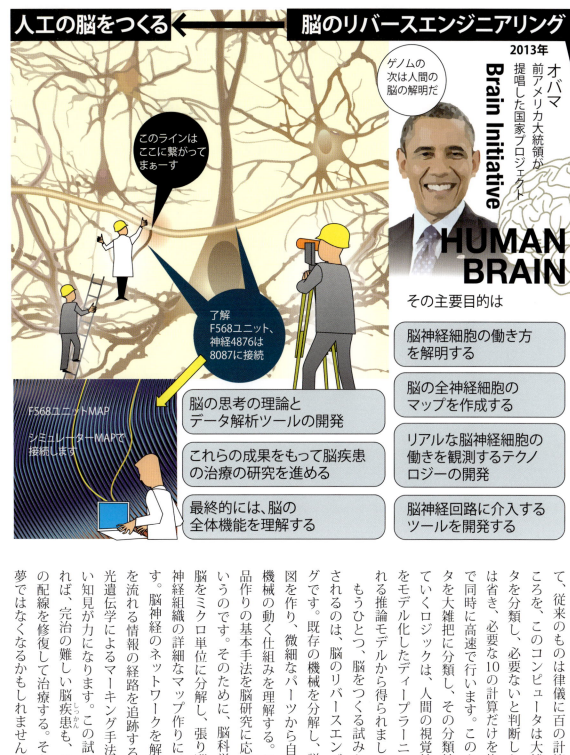

# 認知科学によって明らかにされる人間の「意識」や「社会的行動」の仕組み

## 人間の社会性を生む「社会脳」

かつての経済学者は数値グラフを睨《にら》んでいましたが、近年の経済学者はｆＭＲＩの脳スキャン画像に目を凝らしています。神経経済学と呼ばれるこの新しい経済学は、人間の経済活動を理解するために、人間の脳の仕組みを知ろうとしているのです。

脳機能の研究を通して、人間を理解しようとする試みは、現在、経済学のみならず、心理学、言語学、哲学など、様々な分野で行われています。脳神経の働きから心のありようを探る認知神経科学も、もともとは心理学の流れをくむものです。このように、学問の領域を超えて、脳と心の関係を解明しようとする研究は、「認知科学」と呼ばれ、ｆＭＲＩなど脳の活動を可視化する技術が進歩するのに伴い、急速に発展してきました。

こうした背景のもと、従来の脳研究の視点にはなかった、人間の社会的行動と脳の関係にも目が向けられるようになりました。現在では、集団生活を営む人間の脳には、社会的環境に適応する機能があるのではないかと考えられており、「社会脳《しゃかいのう》」の研究が進められています。

## 意識は情報の統合によって宿る

物質である脳は、いかにして「意識」や「心」をもつのか？この哲学的な問いかけに、現代の脳科学は脳の情報処理の論理で答えようとしています。そのひとつであり、現在、広い支持を集めているのが、アメリカの精神科医ジュリオ・トノーニらが提唱する「意識の統合情報理論（ＩＩＴ）」です。

この理論は、「意識」を数学的に理解しようとするもので、意識の生成には、情報と統合が必要だといいます。Ｐ34で図解したように、デジタルカメラは膨大な画像情報を処理することはできても、見たものを意識することはできません。一方、人間の脳は、神経細胞同士が情報をやりとりし、それらが統合されるために意識が生まれる、とするのがＩＩＴの考え方です。統合された情報量は意識の量と対応する、という仮説もあり、これが正しければ、意識がないように見える植物状態などにおいても、意識レベルを測定できる可能性があることを示唆しています。

この統合された「意識」がつくられる過程には、感情として意識される前の「情動《じょうどう》」など、全身から集まった無数の情報があることを、本書では解説してきました。脳科学者たちは近い将来、精緻《せいち》な神経回路図を作成し、統合された「意識」と、それを生み出す無意識の動きを、そこに再現するかもしれません。私たち人間の「心」を知ることは、そこから始まるのかもしれません。

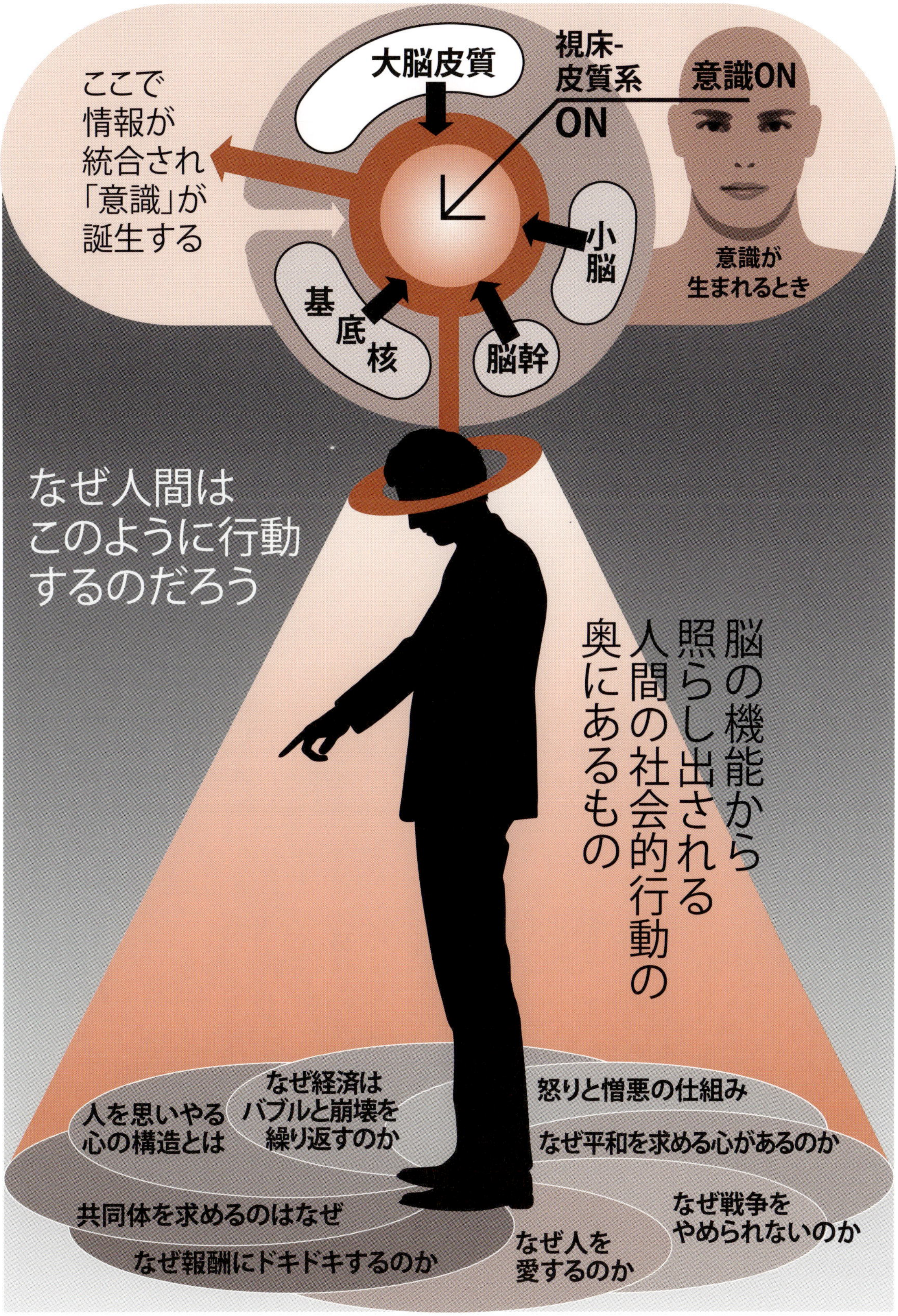

大脳皮質
視床-皮質系ON
意識ON
ここで情報が統合され「意識」が誕生する
小脳
基底核
脳幹
意識が生まれるとき
なぜ人間はこのように行動するのだろう
脳の機能から照らし出される人間の社会的行動の奥にあるもの
人を思いやる心の構造とは
なぜ経済はバブルと崩壊を繰り返すのか
怒りと憎悪の仕組み
なぜ平和を求める心があるのか
共同体を求めるのはなぜ
なぜ戦争をやめられないのか
なぜ報酬にドキドキするのか
なぜ人を愛するのか

おわりに

# 脳が肉体を捨てる日が来る⁉ 脳研究の前途にある大きな別れ道

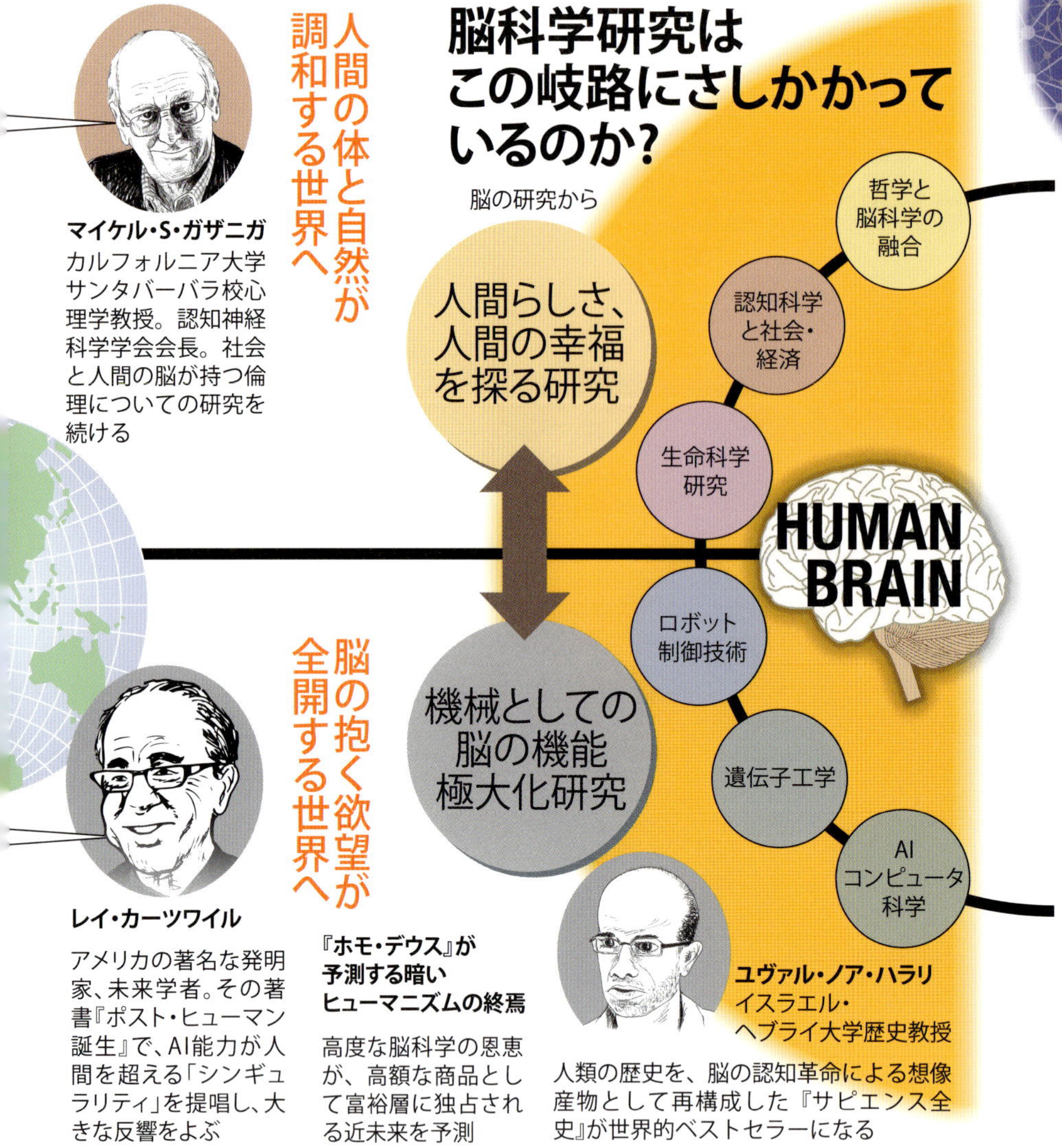
脳科学研究はこの岐路にさしかかっているのか？
脳の研究から
人間らしさ、人間の幸福を探る研究
機械としての脳の機能極大化研究
人間の体と自然が調和する世界へ
脳の抱く欲望が全開する世界へ
哲学と脳科学の融合
認知科学と社会・経済
生命科学研究
HUMAN BRAIN
ロボット制御技術
遺伝子工学
AI コンピュータ科学
マイケル・S・ガザニガ
カルフォルニア大学サンタバーバラ校心理学教授。認知神経科学学会会長。社会と人間の脳が持つ倫理についての研究を続ける
レイ・カーツワイル
アメリカの著名な発明家、未来学者。その著書『ポスト・ヒューマン誕生』で、AI能力が人間を超える「シンギュラリティ」を提唱し、大きな反響をよぶ
『ホモ・デウス』が予測する暗いヒューマニズムの終焉
高度な脳科学の恩恵が、高額な商品として富裕層に独占される近未来を予測
ユヴァル・ノア・ハラリ
イスラエル・ヘブライ大学歴史教授
人類の歴史を、脳の認知革命による想像産物として再構成した『サピエンス全史』が世界的ベストセラーになる

かつて解剖学者の養老孟司東大名誉教授は、その著書『唯脳論』で、脳と身体についてこう指摘しました。

「脳はその発生母体である身体によって、最後にかならず滅ぼされる。それが死である」と。この本が書かれてから約30年経ったいま、世界的ベストセラーとなった『サピエンス全史』の著者であるイスラエルの歴史学者ユヴァル・ノア・ハラリは、近刊『ホモ・デウス』の中で、人類の生命科学の近未来について暗い調子でこう語っています。

「先行きは見えている。社会経済的な平等は流行遅れになり、不死がもてはやされるだろう」

その例としてアメリカの巨大IT企業グーグルのAI開発責任者レイ・カーツワイルに代表される楽観的な発言を引きます。

「2050年の時点で、健全な肉体と豊富

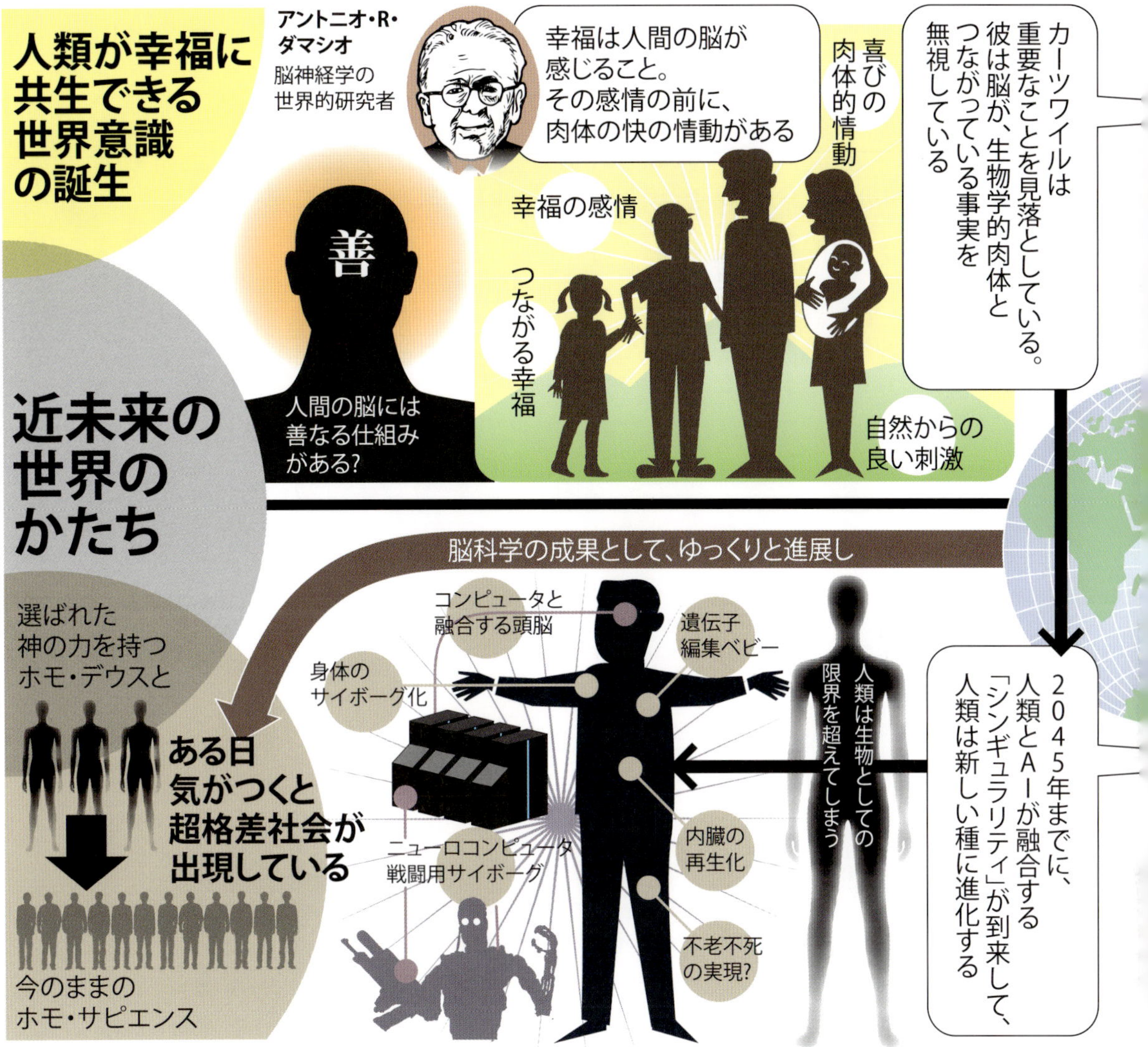
人類が幸福に共生できる世界意識の誕生
アントニオ・R・ダマシオ
脳神経学の世界的研究者
幸福は人間の脳が感じること。その感情の前に、肉体の快の情動がある
喜びの肉体的情動
カーツワイルは重要なことを見落としている。彼は脳が、生物学的肉体とつながっている事実を無視している
善
人間の脳には善なる仕組みがある?
幸福の感情
つながる幸福
自然からの良い刺激
近未来の世界のかたち
脳科学の成果として、ゆっくりと進展し
選ばれた神の力を持つホモ・デウスと
ある日気がつくと超格差社会が出現している
今のままのホモ・サピエンス
コンピュータと融合する頭脳
身体のサイボーグ化
遺伝子編集ベビー
ニューロコンピュータ戦闘用サイボーグ
内臓の再生化
不老不死の実現?
人類は生物としての限界を超えてしまう
2045年までに、人類とAIが融合する「シンギュラリティ」が到来して、人類は新しい種に進化する

な資金を持っている人なら誰でもが、死を10年単位で引き延ばしにする」ことが可能だと。彼らは、遺伝子コードを書き換え、脳の回線を変更し、AIコンピュータとつなげ、有機体の限界＝「死」を超えた存在になるというのです。養老教授の指摘を超えて、身体は脳によって捨てられるのです。

このアメリカIT企業の目指す未来に対して、鋭い警告を発する人々がいます。マイケル・S・ガザニガ、アントニオ・R・ダマシオに代表される脳神経学の権威たちです。彼らは、人間の脳と身体は不可分なものとしてとらえます。そのうえで、人間らしさとは何か？　人間の幸福とは何か？　そして、人間が世界で共生するための制度とは何かを、人間の脳の中に探ろうとしています。他人に共感する心、芸術や物語に感動する心、そして社会に対して善をなそうとする本能の所在を脳に求めます。

この脳科学の未来についての、両者の違いは極めて象徴的です。脳が認知革命でつくりあげたバーチャルな世界を、そのまま突き進むのか、いま一度自然と身体というリアルな世界と出合うのか。人類は、どちらの未来を望むのでしょう。

## 参考文献


『**イラストレクチャー　認知神経科学　心理学と脳科学が解くこころの仕組み**』村上郁也編（オーム社刊）

『**これからの「正義」の話をしよう**』マイケル・サンデル著（早川書房刊）

『**感じる脳　情動と感情の脳科学　よみがえるスピノザ**』アントニオ・R・ダマシオ著（ダイヤモンド社刊）

『**無意識の脳　自己意識の脳**』アントニオ・R・ダマシオ著（講談社刊）

『**自己が心にやってくる　意識ある脳の構築**』アントニオ・R・ダマシオ著（早川書房刊）

『**神の発明　カイエ・ソバージュ4**』中沢新一著（講談社刊）

『**つながる脳**』藤井直敬著（NTT出版刊）

『**人間らしさとはなにか?**』マイケル・S・ガザニガ著（インターシフト刊）

『**社会的脳**』マイケル・S・ガザニガ著（青土社刊）

『**人はなぜ悪をなすのか**』ブライアン・マスターズ著（草思社刊）

『**ヒトの心はどう進化したのか**』鈴木光太郎著（筑摩書房刊）

『**ホモ・デウス　テクノロジーとサピエンスの未来（上・下）**』ユヴァル・ノア・ハラリ著（河出書房新社刊）

『**意識はいつ生まれるのか　脳の謎に挑む統合情報理論**』マルチェッロ・マッスィミーニ、ジュリオ・トノーニ著（亜紀書房刊）

『**脳と無意識　ニューロンと可塑性**』フランソワ・アンセルメ、ピエール・マジストレッティ著（青土社刊）

『**脳の意識　機械の意識　脳神経科学の挑戦**』渡辺正峰著（中央公論新社刊）

『**ソーシャルブレインズ　自己と他者を認知する脳**』開一夫、長谷川寿一編（東京大学出版会刊）

『**ヴィジュアル版　脳の歴史　脳はどのように視覚化されてきたか**』カール・シューノーヴァー著（河出書房新社刊）

『**脳の科学史　フロイトから脳地図、MRIへ**』小泉英明著（角川SSC新書刊）

『**つながる脳科学「心のしくみ」に迫る脳研究の最前線**』理化学研究所脳科学総合研究センター編（講談社刊）

『**脳科学の教科書　神経編**』理化学研究所脳科学総合研究センター編（岩波ジュニア新書刊）

『**21世紀の脳科学　人生を豊かにする3つの「脳力」**』マシュー・リーバーマン著（講談社刊）

『**脳科学の真実　脳研究者は何を考えているか**』坂井克之著（河出書房新社刊）

『**ニュートンムック　ここまで解明された脳と心のしくみ**』（ニュートンプレス刊）

『**別冊日経サイエンス191　心の迷宮　脳の神秘を探る**』日経サイエンス編集部編（日本経済新聞出版社刊）

『**別冊日経サイエンス193　心の成長と脳科学**』日経サイエンス編集部編（日本経済新聞出版社刊）

『**大人のための図鑑　脳と心のしくみ**』池谷裕二監修（新星出版社刊）

『**病気を見きわめる　脳のしくみ事典**』高木繁治監修（技術評論社刊）

『**言語の脳科学　脳はどのようにことばを生みだすか**』酒井邦嘉著（中央公論新社刊）

『**ブルーバックス　発達障害の素顔　脳の発達と視覚形成からのアプローチ**』山口真美著（講談社刊）

『**メカ屋のための脳科学入門　脳をリバースエンジニアリングする**』高橋宏知著（日刊工業新聞社刊）

『**脳はいいかげんにできている　その場しのぎの進化が生んだ人間らしさ**』デイヴィッド・J・リンデン著（河出文庫刊）

『**精神としての身体**』市川浩著（勁草書房刊）

『**唯脳論**』養老孟司著（青土社刊）

『**平気で暴力をふるう脳**』デブラ・ニーホフ著（草思社刊）

『**サイボーグとして生きる**』マイケル・コロスト著（ソフトバンククリエイティブ刊）

**脳科学辞典** https://bsd.neuroinf.jp/wiki

**科学技術情報発信・流通総合システム（科学技術振興機構）** https://www.jstage.jst.go.jp

**理化学研究所** http://www.riken.jp

**文部科学省脳科学研究戦略推進プログラム** http://www.nips.ac.jp/srpbs/index.html

**日経サイエンス** http://www.nikkei-science.com

**ナショナルジオグラフィック日本版サイト** https://natgeo.nikkeibp.co.jp

**ATR脳情報通信総合研究所** https://bicr.atr.jp

**生理学研究所** https://www.nips.ac.jp

**日本IBM** https://www.ibm.com/jp-ja

**京都大学** http://kyoto-u.ac.jp/ja

**東京大学大学院医学系研究科・医学部** http://www.m.u-tokyo.ac.jp

**大阪医科大学脳神経外科学教室** https://www.osaka-med.ac.jp/deps/neu

**名古屋大学大学院医学系研究科・医学部医学科** https://www.med.nagoya-u.ac.jp/medical_J

# 索引


## あ

iPS細胞……80、84～85
アスペルガー症候群……72～73
アセチルコリン……13、28～29
アリストテレス……18～19
アルツハイマー病……57
ES細胞……84～85
イオンチャネル……9、10～11、28～29、39
意識……58～59、81、88～89
意識の統合情報理論（IIT）……88～89
依存症……78～79
一次運動野……46
一次視覚野……35、77
一次体性感覚野……44～45
一次聴覚野……38～39
一次味覚野……42～43
意味記憶……50～51、54
ウェルニッケ……21
ウェルニッケ野……14～15、21、26、48～49
うつ病……70～71
運動前野……46～47
運動ニューロン……46～47
運動野……14～15
エイドリアン……23
エピソード記憶……50～51
fMRI（機能的磁気共鳴画像法）……31、32～33
MRI（磁気共鳴画像法）……31、32
エングラム……53
延髄……17
エンドルフィン……13、61
小川誠二……31
オキシトシン……13、61、73
オレキシン……76～77

## か

快感回路……78～79
外側膝状体……35
海馬……16～17、21、40～41、51、52、54～55、57、64～65、77
蝸牛……38～39
学習障害（LD）……74～75
ガザニガ……90～91
下垂体……17、62
下前頭回……66～67、73
活動電位……10～11
カーツワイル……90～91
カハール……24～25
カプグラ症候群……37
ガル……18～19
ガルヴァーニ……22
ガレノス……18～19
幹細胞……81、84～85
桿体細胞……34～35
間脳……6～7、17
γ-アミノ酪酸→GABA
記憶……21、40～41、50～51、52～53、54～55、56～57
機能局在……14、18～19、20
キャノン=バード説……59
GABA（ギャバ）……13、77
嗅覚……40～41
嗅覚野……40～41
橋……17
グリア細胞……8～9
グリシン……12～13
グルココルチコイド……64～65
グルタミン酸……12～13、69
ゲージ（フィネアス）……20
後頭葉……14～15
黒質……12～13、84～85
固視微動……36～37
骨相学……18～19
コーマック……30
ゴルジ……24～25
ゴルジ染色……24～25
ゴルトン……19

さ


細胞体……8～9、12
錯視……37
サッカード……36～37
ジェームズ=ランゲ説……59
視覚……34～35、36～37
軸索……8～9、10～11
視交叉上核……76
視床……17、35、38～39、40～41、42～43
歯状回……51
視床下部……17、44～45、59、60～61、62～63、76
CT（コンピュータ断層撮影）……30
シナプス……10～11、12、52～53
シナプス間隙……10～11、12
シナプス小胞……10～11、12
自閉症……72～73
自閉症スペクトラム……67、72～73
社会脳……81、88
樹状突起……8～9、11
受容体……10～11、12
上オリーブ核……39
松果体……76
情動……44～45、58～59、60～61
小脳……6～7、16～17、54～55
小脳皮質……16～17
シンギュラリティ……81、90～91
神経細胞（ニューロン）……7、8～9、10～11、12～13、24～25、28～29
神経伝達物質……10～11、12～13、28～29
心身二元論……18～19
心理学……27
髄鞘……8～9
錐体細胞……34～35
スパイン（棘突起）……52～53
静止電位……7
セロトニン……13、61、62～63、70～71、73
線条体……32～33、84～85
前頭眼窩野……62～63
前頭前野（前頭連合野）……14～15
前頭葉……14～15、20～21
双極性障害……70～71
側坐核……60～61、78
側頭葉……14～15、21


た


帯状回……16
体性感覚……44～45
大脳……6～7、14～15
大脳基底核……16、54～55、75
大脳皮質……6～7、14、26
大脳辺縁系……6～7、16～17、40
ダーウィン……19
ダマシオ……59、91
ダマディアン……31
短期記憶……50
注意欠陥多動性障害（ADHD）……74～75
中脳……17
聴覚……38～39
長期記憶……50～51、52～53、55
長期増強（LTP）……53
チョムスキー……48
陳述記憶……50～51
ディープラーニング……86～87
デカルト……18～19
テストステロン……62～63
手続き記憶……50、54
デール……28～29
デルガード……22～23
電気生理学……22
統合失調症……68～69
頭頂葉……14～15
ドーパミン……13、54～55、61、69、70～71、74～75、78～79、84～85
トランスポーター……71、79


な


内側膝状体……38～39
ナトリウムポンプ……10

ナルコレプシー……77
ニューロコンピュータ……80〜81、86
ニューロン→神経細胞
ニューロン説……25、28
認知科学……81、88
認知症……56〜57
脳幹……6〜7、17、60〜61
脳波……22〜23
ノルアドレナリン……13、70〜71、74
ノンレム睡眠……77

は

ハウンズフィールド……30
パーキンソン病……84〜85
ハクスリー……28〜29
パーセプトロン……86
バーソロウ……22〜23
発達性ディスレクシア……75
ハラリ……90〜91
PTSD（心的外傷後ストレス）……64〜65
ヒスタミン……13、76
非陳述記憶……50〜51
ヒッツィヒ……22〜23
ヒポクラテス……18
ヒューマン・ブレイン・プロジェクト……80
腹側被蓋野……61、78
プラトン……18〜19
プルキンエ細胞……16〜17
ブレイン・イニシアチブ……80、87
ブレイン・コンピュータ・インターフェイス（BCI）……82
ブレイン・マシン・インターフェイス（BMI）……81、82〜83
ブローカ……21
ブローカ野……14〜15、21、26、48〜49
ブロードマン……26
ブロードマンの脳地図……26〜27、39
ベルガー……23
ヘロフィロス……18〜19
扁桃体……16〜17、37、40〜41、54〜55、60〜61、62〜63、72〜73、77
ペンフィールド……22〜23、44、46
報酬系……79
縫線核……13、73
ホジキン……28〜29
補足運動野……46〜47
ホメオスタシス……44〜45

ま

マンスフィールド……31
味覚……42〜43
味蕾……42〜43
ミラーニューロン……66〜67、73
メラトニン……76
網状説……24〜25
モニス……27
モノアミン……70〜71
モレゾン（ヘンリー）……21

や

ヤング……28〜29
夢……54〜55、77

ら

ラウターバー……31
ランナーズハイ……61
リゾラッティ……66
リバースエンジニアリング……87
レーヴィ……28〜29
レム睡眠……77
ロボトミー……27
ロンブローゾ……18〜19

わ

ワーキングメモリー……51

**監修／松元 健二（まつもと けんじ）**

玉川大学脳科学研究所教授。1996年、京都大学大学院理学研究科霊長類学専攻博士後期課程修了。博士(理学)。理化学研究所基礎科学特別研究員、理化学研究所脳科学総合研究センター研究員、カリフォルニア工科大学神経科学訪問研究員等を経て現職。専門は認知神経科学。「人間の主体性」を支える脳機能を研究し、Science誌や Nature Neuroscience誌などに論文を多数発表。監訳書に『ビジュアル版 脳と心と身体の図鑑』（柊風舎）がある。

監修協力／飯島 和樹（玉川大学脳科学研究所特任助教）

**著／インフォビジュアル研究所**

2007年より代表の大嶋賢洋を中心に、編集、デザイン、CGスタッフにより活動を開始。これまで多数のビジュアル・コンテンツを編集・制作・出版。主な作品に、『イラスト図解 イスラム世界』（日東書院本社）、『超図解 一番わかりやすいキリスト教入門』（東洋経済新報社）、「図解でわかる」シリーズ『ホモ・サピエンスの秘密』『14歳からのお金の説明書』『14歳から知っておきたいＡＩ』『14歳からの天皇の皇室入門』『14歳から知る影響と連鎖の全世界史』（いずれも太田出版）などがある。

| | |
|---|---|
| 企画・構成・執筆 | 大嶋 賢洋<br>豊田 菜穂子 |
| イラスト・図版制作 | 高田 寛務 |
| カバーデザイン・DTP | 河野　謙 |
| 人物イラスト | 二都呂 太郎 |
| 校正 | 鷗来堂 |
| カバーイラスト | ©123RF |

図解でわかる
**14 歳から知る 人類の脳科学、その現在と未来**

2019 年 4 月 25 日 初版第 1 刷発行

監修　松元 健二
著者　インフォビジュアル研究所

発行人　岡 聡
発行所　株式会社太田出版
〒 160-8571 東京都新宿区愛住町 22 第三山田ビル4階
Tel.03-3359-6262　Fax.03-3359-0040
振替 00120-6-162166
http://www.ohtabooks.com
印刷・製本　株式会社シナノパブリッシングプレス

ISBN978-4-7783-1667-9 C0030